● 国家社会科学基金项目资助
● 上海外国语大学学术著作出版资助

U0653984

半个世纪的
中国缘

内山完造与
中日文化交流

吕慧君◎著

上海交通大学出版社
SHANGHAI JIAO TONG UNIVERSITY PRESS

内容提要

  本书的研究对象为与鲁迅交往最密切的日本友人内山完造（1885—1959）半个世纪以来从事的中日文学文化交流活动和中日友好活动，以及他的著述中对中国文化的认识与推介。本书共包含 4 部分，分别为内山完造与中日文学文化交流、中日报刊中的内山完造、内山完造的中国认识、中日文化交流的新篇章。本书适合研究日本文学、中国文学、中日比较文学、中日文学文化交流的专业人士以及对以上领域感兴趣的大众读者使用。

图书在版编目（CIP）数据

  半个世纪的中国缘：内山完造与中日文化交流 / 吕
慧君著. -- 上海：上海交通大学出版社，2025. 7.
ISBN 978-7-313-32769-7

  Ⅰ. K833. 137＝5

  中国国家版本馆 CIP 数据核字第 20252YX338 号

半个世纪的中国缘：内山完造与中日文化交流
BANGE SHIJI DE ZHONGGUOYUAN: NEISHAN WANZAO YU ZHONGRI WENHUA JIAOLIU

著 者：吕慧君
出版发行：上海交通大学出版社   地 址：上海市番禺路 951 号
邮政编码：200030   电 话：021 - 64071208
印 制：苏州市古得堡数码印刷有限公司 经 销：全国新华书店
开 本：710 mm×1000 mm 1/16   印 张：17
字 数：252 千字
版 次：2025 年 7 月第 1 版   印 次：2025 年 7 月第 1 次印刷
书 号：ISBN 978 - 7 - 313 - 32769 - 7
定 价：99.00 元

前言

　　本书成稿的2022年,对于中日两国的文化交流而言,正是非同寻常的一年。

　　第八届鲁迅文学奖于8月25日揭晓,日本作家藤泽周平的《小说周边》是继2007年大江健三郎的作品获奖以来,日本作家的作品第二次在文学翻译类目获奖;9月29日,中日两国迎来中日邦交正常化50周年,这是中日友好的一个重要里程碑,从此两国关系迈向新的起点;10月16日,习近平总书记在中国共产党第二十次全国代表大会的报告中呼吁:"世界各国弘扬和平、发展、公平、正义、民主、自由的全人类共同价值,促进各国人民相知相亲,尊重世界文明多样性,以文明交流超越文明隔阂、文明互鉴超越文明冲突、文明共存超越文明优越,共同应对各种全球性挑战,"①重申了中外文明交流与文明互鉴的重要性;11月26日,在上海内山书店旧址基础上扩建而成的"1927·鲁迅与内山纪念书局"在上海市虹口区四川北路2056号全新亮相;12月7日至8日,第18届"北京—东京论坛"在北京、东京两地以线上线下结合的形式举行,在构建契合新时代要求的中日关系发展方面凝聚了广泛共识。中日两国一衣带水,比邻而居。回望中日两千年的交往史,两国曾经密切交往,也曾兵戎相见,然而,在漫长的中日文化交流史上,依然出现了不少为两国文化交流作出巨大贡献的人物。

　　本书的研究对象,如鲁迅在《赠邬其山》一诗所言:"廿年居上海,每日见中华",选取的正是20世纪上半叶久居中国上海三十余年,观察中国、了解中国、热爱中国、书写中国,为中日友好和文化交流鞠躬尽瘁的中日友好活

---

① 习近平.高举中国特色社会主义伟大旗帜　为全面建设社会主义现代化国家而团结奋斗——在中国共产党第二十次全国代表大会上的报告[R].人民日报,2022-10-17(1).

1

动家内山完造（1885—1959）。内山不仅是鲁迅交往最密切的一位日本友人，还多次为鲁迅的安全保驾护航。两人无坚不摧的跨国友谊，早已成为传世美谈。鲁迅逝世后，内山继承鲁迅的遗志，将毕生精力都献给了中日文化交流事业，与中国结下了长达半个世纪的友好情缘。

内山完造出生于日本冈山县后月郡芳井村，1913年作为日本参天堂眼药公司的海外派遣职员来到中国上海，从此造就了他和中国半个世纪的情缘。内山不仅是中日两国文化交流中的一位重要的民间友好人士，同时还是一位随笔家，为中日两国人民留下了大量阐释和传播中国文化的文字。他凭借自己在中国长期的生活经历和对中国人民的细致观察，对中日两国文化的认识逐渐深入，写作了《活中国的姿态》《上海漫语》《上海夜话》《上海风语》等十四部随笔集（包括编著在内）和一部自传《花甲录》，这些作品对研究中日文化具有相当大的价值。自他逝世以来，中日两国学界编撰他的著作集多部，并重版了他的传记。然而，他在著作集之外还有大量佚文发表在中日两国期刊，至今有待挖掘整理。

内山完造来华后，为促进中日两国的文学与文化交流，积极开展了多项活动。1917年，内山书店作为夫人美喜的副业在上海北四川路魏盛里开张，经过多次移址与扩建，最终坐落在北四川路底施高塔路11号，临近鲁迅居住的大陆新村。从20世纪20年代开始，中日文学爱好者聚集在内山书店，开展"文化沙龙"的活动。内山为谷崎润一郎等到访上海的日本人做导游，为日本作家和中国学者提供交流的场所，因此被冠以"老上海"的名号。同时他与鲁迅、郭沫若等多位中国文人保持着亲密友好的关系，努力从事中日文化交流的活动。抗日战争结束后内山回到日本，完成了自传《花甲录》，并在日本各地展开巡回演讲活动，继续为中日友好活动尽心竭力。最终，他在北京与世长辞。"以书肆为津梁，期文化之交互，生为中华友，殁作华中土，吁嗟乎，如此夫妇！"夏丏尊为内山夫妇的墓碑所题的这首诗，正是对内山夫妇以及内山书店在中日友好交流中的功绩的完美写照。本书旨在从研究者的视角出发，以文本为依托，在文学、文化、媒体、历史等学科视域下，系统梳理他所从事的文化交流活动，深入解读内山的文学作品，通过运用中日两国报刊刊载的佚文及相关报道史料，重点揭示这位文化使者在中日两国文化交流中发挥的重要媒介作用。

目录

第一部　内山完造与中日文学文化交流

第三部　内山完造的中国认识

第四部　中日文化交流的新篇章

绪　论

一、国内外研究综述

内山完造作为中日近代文化交流史上的重要人物，近年来有关论述层出不穷，在中国和日本都积累了一定的研究成果。在学术研究领域，从 20 世纪末开始，中日学界已开始关注与之相关的中日比较文学研究，例如日本作家的中国体验等相关研究逐年升温，中日两国在文学与文化领域的交流互动已成为学界关注的热点。

中日两国对内山完造的关注，首先体现在著作集的出版和译介上。内山的著作集自 1935 年到 1981 年在日本陆续出版 17 部，2011 年日本重版他的传记《花甲录》，同时新编著作选集《内山完造批评文集》。而在中国，从内山著作集的译介情况来看，早在 1936 年就出版了内山首部著作集的中译本《一个日本人的中国观》，由尤炳圻翻译。接下来的半个多世纪以来，在中国竟没有任何译文集问世。直至 1995 年内山的上述著作再版，题名从日文直译为《活中国的姿态》。之后便陆续出现内山的译文集，无论题名和编辑如何变化，其内容都来源于上述随笔集。从 2012 年至今的十年间，内山的译文集数量逐渐增多，共计 8 本。除 2015 年再版《一个日本人的中国观》之外，《上海下海：上海生活 35 年》《我的朋友鲁迅》《内山完造：魔都上海》《隔壁的中国人：内山完造眼中的中国生活风景》《中国人的生活风景：内山完造漫语》等翻译选集像雨后春笋般面世。尽管译文的选篇有重叠的地方，但作品选择的范围有所扩大，不再局限于他的第一本随笔集，并且围绕"上海""中国人""鲁迅"等关键词将他在日文随笔集中的作品进行重新编译。随着日本 2011 年对内山自传《花甲录》的再版，在中国，2020 年和 2021 年也由曹珺红和刘柠分别翻译出版了《花甲录》的中译本。

在对内山完造的相关研究方面，在中国学界，首先，从 20 世纪 20 年代起，在中国各大报刊上可以发现内山书店出售甚至独家代理书籍的广告，以及与内山相关的报道多篇。从 20 世纪八九十年代开始，国内出版了不少中译本，分别译自小泽正元、胜尾金弥和吉田旷二为内山撰写的传记。接着，在内山完造诞辰 110 周年的 1995 年，由上海鲁迅纪念馆、上海国际友人研究室编撰的《中日友好的先驱：鲁迅与内山完造图集》，将共同为中国文化事业作出贡献的两人之间的交往，以图片的形式集中呈现。2009 年，在内山完造逝世 50 周年之际，由上海鲁迅纪念馆编撰的《内山完造纪念集》一书中收录了周海婴、王锡荣、周国伟、李浩、陈福康、江枫等学者纪念和研究内山完造以及内山书店的文章 22 篇，还有 7 篇内山作品的译文，这些文章大多与鲁迅相关。特别是王锡荣在《内山完造与中国文化——纪念内山完造先生逝世 50 周年》一文中回顾了内山一生对中日友好所做的贡献和崇高精神，论述了内山对中国文化的热爱、融入和传播，并指出内山创立的文化事业，正是中日文化双向交流的平台，对他给予了高度评价。

除此之外，在涉及 20 世纪上半叶日本作家、文化人的上海表象、中国观的专题研究，或是讲述上海日本侨民生活史的论著中，也屡屡出现有关内山的论述。这方面的研究，国内主要有徐静波、秦刚、陈祖恩等的研究。徐静波在 2021 年出版的著作《魔都镜像：近代日本人的上海书写（1862—1945）》的最后一章，对"老上海"内山完造描绘的上海市井生活进行了论述。秦刚就鲁迅和内山书店对 20 世纪 30 年代中国左翼美术发展的媒介作用，以及内山书店和日本改造社的关系展开了深入的研究，成果发表在日本期刊。此外，还有不少论文散见在中国的现代报刊中，其中多为与鲁迅相关的文章，当中提到了内山及其书店。

就笔者的学术积累和研究心得而言，中国学界的成果较多论述内山完造与中国的文化交流，有些达到了一定的深度，但论述的视角偏于单一，论述的范围还不够广阔和立体，有将内山扁平化的倾向。主要集中表现在两个方面。一是内山著作的文学性被人忽略。近来开始有人注意到了他对中国的观察，陆续有一些他的随笔集被译成了中文，但对他的随笔集以及通过这些作品透发出来的内山完造的中国观,还很少见到进行深度研究的文字,更不用说对 20 世纪 20 年代到 50 年代发表在中日两国各大报刊上的佚文的整理与研究。第二,对内山从事的中日文化交流研究集中在他与鲁迅的关系(主要突出他们之间的友情)以及他战后从事的一些中日友好活动。其实,在内山与鲁迅近 10 年的交往之外,还有大量与中日两国友好交流相关的文学、文化活动,这些史实因一手资料未被发掘,几乎不被人提起。因此,在中国,涉及以上两方面的研究及学术成果非常鲜见。

相对而言,日本学界对内山完造的研究经历了首先从内山出发,然后研究视野辐射到周边,之后又回归到内山本身的三个阶段。

早期的日本学者与中国学者相同,关注点在内山完造的人生经历,特别是与鲁迅的情谊。20 世纪 70 年代,小泽正元首次为内山著述传记《内山完造传》;80 年代和 90 年代初,以小泉让、吉田旷二等学者为代表,主要围绕内山与鲁迅的关系,为其著述传记。

从 20 世纪 90 年代开始,日本学者展开了多样化的研究。第一类是日本近代文学中的中国体验或上海体验。继和田博文等编著的《言语都市·上海 1840—1945》之后,在这方面最集中的成果要数大桥毅彦的《昭和文学的上海体验》,这些成果为内山完造研究提供了文学创作和文化交流活动的研究背景支撑。第二类是与内山相关的同时代报刊研究,主要是对战时或战后初期在上海发行的日文报刊的研究,日本学者对此显示出极大的兴趣。大桥毅彦、竹松良明、木田隆文、赵梦云等日本学者和在日中国学者组成的日本学术振兴会科研团队对日文报纸《大陆新报》《改造日报》、日文杂志《上海文学》以及中日文化协会上海分会等文化团体进行了一定程度的文献梳理和相关研究,特别是出版了《大陆新报》登载的文艺文化相关报道目录。以竹松良明为核心的研究团队(2018)将中国上海、北京、南京等地出版的部分日文期刊目录整理成书出版。第三类即是从研究上海近代历史的学者团队当中,衍生出与内山相关的成果。原日本上海史研究会会长、日本大学高纲博文教授在上海史的框架下,对内山完造及其书店展开了史学角度的研究。进入 21 世纪以来,太田尚树、本庄丰等也以内山书店为研究对象,出版了相关成果。

　　笔者在日本攻读博士学位期间，对内山完造的文学作品、文化活动和与中日报刊媒体的关系进行了较为集中的研究，并于 2013 年提交了博士论文。2016 年底，由日本神奈川大学孙安石教授领衔，在东京内山书店社长、内山完造之侄内山篱的支持下，菊池敏夫、大里浩秋、松本和也、川崎真美、中村绿等学者结成了"内山完造研究会"，无论是对内山的传记、未公开日记的整理与解读，还是对他的文化活动的梳理，以及对他在中日友好交流中的贡献等方面，都开展了研究。特别是在内山书店对医学书籍的引进这一前人并未关注的领域，笔者和孙安石教授几乎在同一时间对其产生关注并分别产出了不同的成果。此研究团队不局限于文本研究，还实地调查探访内山在中国、日本的主要活动区域，并举办多场内部和外部的研究会、线上线下演讲会。笔者也于 2021 年 8 月受邀，评述了内山在中国的研究情况。此团队的最终成果凝聚在 2024 年 3 月出版的论文集《内山完造研究的新展开》当中。此外，继大桥毅彦在 2009 年对内山书店的同人杂志《万华镜》进行开创式研究之后，多摩大学教授中泽弥对此期刊进行进一步的资料发掘和研究，期刊目录在日本期刊发表后，期刊全文的复刻版也已结集出版。

　　综上所述，以上国内外研究成果，特别是日本学界将研究对象的范围拓展到同时代日文报刊，同时涉及文学、历史、媒体等多门学科，为本研究的资料搜集和深入展开提供了大量的研究基础，为我们从一个更为广阔的视角来研究内山完造，提供了学术上的更多可能性。然而，第一，在中日两国研究界，以往对于内山随笔的研究还是缺乏深度和学理性，大多只是停留在中日文化对比的层面，忽视了它的文学特性，也未能对内山中国书写的内蕴从同时代文人对中国文化的认识的角度展开深入探讨。第二，在 20 世纪上半叶上海的日本文学界、中日文学交流场域中，内山起到的核心作用之相关研究不够详细深入。第三，对内山在中国开创和参与的文化事业，特别是中国学界，鲜有借助一手中日文资料来挖掘他从 20 年代一直到 50 年代从事的各项文学文化相关的活动。事实上，内山与中日近代的报纸、杂志媒体及文化团体的关系密不可分。笔者通过对一手报刊文献的查阅，发现此处存在大量空白等待填补。最后，内山在中日文化交流方面，不仅是中日文人与两国文学界交流的重要媒介,还是中国文化的大力传播者,他通过各路中日媒体所表现出的在中日关系中的媒介作用,在迄今的研究中极少被提及,甚至可说处于空白状态,而这正是本书特别关注的领域。

二、研究内容与意义

本书共 12 章,由 4 个部分组成。

第一部分为"内山完造与中日文学文化交流",总体研究内山完造及内山书店在近代中日文化沟通、中日文学交流中起到的媒介作用。第一章主要论述内山书店成为中国新文学界成长的平台的同时,还向日本输出中国文化,由此完成了从外国文化输入到中国文化输出的历史性跨越。特别是中日左翼出版物的流通,促进了中国左翼文学的发展。内山书店还在推进中日文学译介、文学家交流和中日共同策划出版等方面提供了资源与媒介,架起了中日出版界的桥梁。第二章按照时间先后,分别介绍 20 世纪 20 年代内山在日本文豪谷崎润一郎与郭沫若、田汉等中国作家的接触中起到的重要媒介作用,以及直至 30 年代,内山在鲁迅与日本文学界的沟通、中国文学在日本的传播当中起到的重要作用。内山书店作为中日文人的"会客厅",是诸多日本来沪文人与中国产生联系的重要枢纽。第三章对最新披露的鲁迅致内山日文亲笔信札进行考释,在此基础上新发现日本作家小田岳夫对鲁迅杂文的译介史实,还原鲁迅与同时代日本文人的交流现场。

第二部分为"中日报刊中的内山完造",主要通过发掘和梳理中日报刊文献的新资料,研究内山完造的文化活动、文学思想和对内山的评价。第四章和第五章分别选取 20 世纪 30 年代、40 年代在上海发行的两部代表性日文报纸《上海日日新闻》和《大陆新报》对内山的报道,以及内山在《大陆新报》和《上海文学》杂志的言论,并结合许广平对 40 年代的内山的回忆录等相关文献,在探寻内山在上海期间从事的文化活动的同时,客观地审视他的言行态度;在第六章,通过挖掘 20 世纪上半叶具有代表性的《申报》《杂志》等中文报刊的新资料,在关注他的中文作品发表情况的同时,尤其关注《申报》对他赈灾捐款、捐资助学等活动的报道，概观 20 世纪上半叶内山在中国的影响与对内山的评价。

第三部分为"内山完造的中国认识"，重点探讨内山完造的中国书写与中国认知。通过解读内山完造的随笔集以及中日报刊登载的佚文文本，分析内山在中国近三十五年间对中国社会的观察、体验和对中国文化的认识，探寻其中国认知的历史轨迹和内在的思想特质。对其思想特质的把握，不是单一的视角和单线性的描述，而是将其与同时代有过中国体验经历的村松梢风、金子光晴等日本作家（第七章）、同时代在中国（尤其是上海）长期居住的文化人小竹文夫（第八章），以及"中国通"学者后藤朝太郎的作品或言论（第九章）进行横向比较，剖析内山的中国书写的独特性，以及构成其独特性的人生体验和思想资源，探究近代中国的存在对于以内山等为代表的近代日本人世界观形成的意义。

第四部分为"中日文化交流的新篇章"。在第十章，通过 20 世纪 40 年代后半期的《改造日报》《导报》等未受前人关注的中日报刊文献资料，探讨内山完造的文学思想，在第十一章梳理和把握内山在同一时期的文化活动轨迹。内山回到日本后，依然笔耕不辍，在日本全国巡回演讲，宣传中国文化，继续积极从事中日友好活动，为两国做出了不可磨灭的贡献，因此在最后的第十二章，借助《人民日报》等文献资料，对内山生涯最后十年从事的中日文化交流活动展开深入全面的探讨。

本书通过以上论述，客观地评价内山完造在长达半个世纪里在中日文化交流中起到的重要媒介作用。本书不局限于以往的内山完造研究中偏重的他与鲁迅的交往，或是泛泛介绍他所从事的中日友好活动的一面，而是通过对 20 世纪初至今的中日文献一手资料的大量挖掘，按照年代区分，梳理内山主办及参与的重要文化活动的同时，细读他的著作文本，分析内山对中国人以及中国传统文化的理解和阐述，并与同时期日本作家、文人进行横向比较，深入探讨内山对中国社会及国民性认知的内涵与独特性。本书研究使用的文献对象，除了内山本人的著作外，还有上海发行的《上海日日新闻》《大陆新报》《上海文学》《改造日报》等日文报刊和《申报》《时报》《新闻报》《杂志》《导报》《人民日报》等多种中文报刊以及他人与此相关的信函、日记、回忆录等文献。

　　此外还需说明的一点是,作为内山完造的研究,鲁迅的重要性不可撼动。本书一方面作为研究性论著,更多从内山的文学文本以及不为人知的活动记载史料出发,另一方面也是为了避免与前人介绍鲁迅的文字有太多相似之处,因此并未将重点放在内山与鲁迅的关系介绍上,与鲁迅相关的论述主要浓缩在第一部分。

　　作为研究意义,本书是在原始的语境下对内山完造的文学作品和文化活动进行的全方位、多角度、多元化的综合性研究,避免了扁平化和单一化,因此在一定程度上也是一项跨学科的交叉性研究,期待对近现代日本文学、中日比较文学、中国文学、中日文学交流史、中日文化交流史等学科研究的进一步发展有所裨益。

　　另外,相信本书对当下思考中日关系与文化对话也具有十分重要的现实意义。在中日关系波诡云谲的今天,立足中国文化立场,研究这样一位在近代具有媒介作用的日本文人的中国文化认知和友好交流事业,总结中日文学文化交流的历史经验与规律性内涵,对于透视和把握当今中日文学文化关系,促进中日之间的内在理解,应该具有相当大的价值。期待本书为我们今日如何推进中日关系的健康发展,如何进一步提升民族自信与文化自信,加强世界文明交流互鉴,提供有益的思考和启示。

三、研究路径与创新

　　本书力求站在学术研究的高度,重新审视内山完造在中日文学文化交流事业中的沟通、媒介作用。在宏观层面,通过梳理与内山相关的各类中日报刊文献,可从历史的脉络中把握内山在 20 世纪上半叶的中国以及战后回到日本继续致力于中日友好交流的文化活动轨迹,从而探究他以及内山书店在中日文化交流史上传播中国文化、沟通中日文化方面的影响和意义。内山生活在中国的 35 年岁月中,他的形象在不同时期也会呈现出一定的差异。本书避免简单的一元论的价值观和机械的是非评判方式,运用历史唯物主义的理论,将内山研究置于历史语境,呈现出一个立体的、真实的内山的形象。

在微观层面,在充分掌握资料文献的基础上细致深入地解读内山完造的文学作品。内山对中国的观察和书写,主要基于长达三十余年上海生活的经验。20世纪上半叶的上海,作为一个融合多样文化的国际文化大都市,包含了中国文化的母体、西洋文明以及由大量日本侨民形成的日侨文化。另外,内山经历了中日关系相对平和的时期,"九一八事变""一·二八事变"以及"七七事变"等中日关系急剧恶化乃至日本开始全面侵华战争的时期,"八一三"淞沪战役以后汪伪政权统治的时期,太平洋战争爆发以及战后的不同时期。内山对中国的书写,既有其不变的一贯的内容,也有因不同的历史时期而有所相异的部分,他的中国认知的内涵和特点值得去深入探讨。通过详细解读内山在文学作品中对中国社会的观察、体验,对中国文化和国民性的认知,来把握内山对中国特有的认知及思想的变化,也可映射出近代中国对近代日本人的思想意义和精神价值。

本书作为一项学术研究成果,首先在文献上力求创新。无论是在文学作品的分析,还是在文化活动的挖掘与梳理,本书除了使用已出版的单行本之外,更多的资料来源于中日两国发行的报纸、杂志上刊载的内山完造佚文和有关内山及内山书店的记载或报道。这些在以往研究中未曾提到,甚至是从未发现的第一手资料。据笔者在中日两国长年搜集资料的结果,内山散见在《改造》《中央公论》等日本报刊的佚文已近三百篇,在中国发行的《大陆新报》《上海文学》《大陆往来》等日文报刊发表的作品数量更多。此外,各类中文报刊上的译文数量也达两百篇以上,有关内山、内山书店(上海、东京)以及内山嘉吉的报道数不胜数。本书使用的资料,一部分藏于中国国家图书馆、上海图书馆(徐家汇藏书楼),还有一部分在日本各图书馆或由个人收藏,还有一些资料由中日两国学者陆续发掘,比如杂志《上海文学》第二期于近年刚在日本由日本学者发现。这些资料是迄今为止几乎尚未被挖掘或对此展开具体且深入研究的新资料、一手资料。本书对这些珍稀文献进行归纳整理、分析鉴别,力图做到系统、全面的叙述和评论。

其次是对研究方法的综合运用。一是文本分析法,将内山完造的随笔,运用文本分析的方法,使用国内外(包含欧美的)文学理论进行分析,是迄今未有的尝试。本书不拘泥于现有研究中经常提及的内山与鲁迅等人的友情，或是内山著作中呈现的中日文化相异的内容，而是尽量去挖掘他的中国书写作品的特色以及思想的变化，映射出近代中国对内山等近代日本人的思想意义和精神价值。内山的随笔作品不仅关注到中日两国文化的差异，更重要的是描绘了近代上海作为一个国际化大都市，同时也是一个充满人情味的具有中国传统文化特征的都市空间。二是比较研究法，将内山的中国认知与同时期有过中国体验的日本文人或是"中国通"学者的中国认知进行比较，结论之一是，内山是以平民的视角来看中国，而一些所谓的"中国通"则是站在政治家的角度来研究中国文化。并且，学者看待中国文化理论当先，而内山的笔下则是活生生的中国人。通过横向与纵向深入对比分析内山和其他文化人对中国书写的异同，可以呈现内山的中国认知的独特性，避免了迄今为止对内山著作的扁平化、简单化的一元论分析。三是在本研究中不可缺少的是基于历史唯物主义的文献调查法和实证分析法。通过爬梳近代中国上海出版的日文报纸、期刊以及同时代的中日文报刊，重视新闻报道等历史文献的调查和运用，立体地再现内山（包括内山书店及开展的各种活动）在中日文化沟通中的媒介作用。

最后是跨学科领域的研究尝试。本书以内山完造的著作和报纸杂志的记载内容为依托，跳出日本文学研究的传统思路和方法，将中日比较文学与文化结合起来的同时，在与近现代中日交流史、媒体研究等各种研究领域的交织中，通过探究各个报刊媒体的不同立场与性质，以全方位的视角对内山在两国文化交流中起到的媒介作用、推动作用进行客观评价与定位。在此过程中，对中日报刊媒体的全面检视是必不可少的。比如，中日媒体对内山的报道倾向有相同的一面，也有由于历史原因所相异的一面。再如，日文报纸《大陆新报》刊载的内山作品显示了其不偏不倚的中立的政治态度，但通过细致查阅，我们也可发现内山在战争时期的一些真实想法，这些内容与内山在战后回忆的文字有所出入。内山在当时的中日两国都具有强大影响力，同时他也有被日本媒体所需要的一面、顺从日本当局的一面。他与中日各类报刊媒体之间的复杂关联，以及他通过媒体表现出来的中日关系中的媒介作用，以往的研究未曾重视。本书将日本近代文学与中日比较文学、文学译介研究相结合的同时，与近现代中日文学文化交流史、中日报刊媒体研究、中日关系研究等各种研究领域相交织，加之探究各个报刊媒体的不同立场与性质，以全方位的视角对近代中日文学关系进行客观评价与定位。

　　站在历史与未来的交汇点，中日关系蕴藏新的发展机遇，我们应该以中日邦交正常化 53 周年为契机，推动构建契合新时代要求的中日关系，中日两国各界需要重温初心、共创未来。我们需要在正视历史的基础上，广泛开展人文交流和民间交往，促进民心相互理解，推进中日睦邻友好合作关系。2024 年 12 月 25 日，在中共中央政治局委员、外交部长王毅同日本外相岩屋毅共同出席的中日高级别人文交流磋商机制第二次会议上，中日两国达成 10 项重要共识，其中包括：深化教育领域合作；支持影视、音乐、出版、动漫、游戏等文娱产业继续合作，互派高水平艺术团交流互访，支持两国经典著作互译出版；加强媒体、智库交流合作；搭建更多友好城市交流桥梁，扩大两国地方、民间友好交往等。再次确认了全面推进中日战略互惠关系的共识，标志着中日两国在人文交流上的进一步深化。中日关系在新时代已迈出了重要的、积极的一步。

　　另，本书所引大量日文文献，若无特别标注，均为笔者自译。对于日语中"支那""满洲"等历史遗留的日本对华蔑称，以及一些与当今的人权意识不太相符的一些有关人种、身份、职业等方面的用词，译为中文时予以改动，而在引用日文原文时，为保留原貌则不做删改。

— 第一部 —

内山完造与中日文学文化交流

第一章
从"外国文化输入"到"中国文化输出"：
上海内山书店与中日出版文化交流

一、引言

上海内山书店是中日文化交流史中不可忽视的重要文化地标。上海内山书店所在的虹口区，被习近平总书记誉为"海派文化发祥地、先进文化策源地、文化名人聚集地"①。初代店主内山完造以日本参天堂眼药公司海外职员的身份于 1913 年来到上海，四年后的 1917 年，在北四川路魏盛里 169 号（今四川北路 1881 弄）创立内山书店，1929 年由于业务规模扩大，迁至北四川路底施高塔路（今山阴路）11 号。

内山书店当时所在的北四川路一带，在 20 世纪二三十年代聚集了许多出版相关行业单位，有上海商务印书馆虹口分店、良友图书印刷公司、创造社出版部等。此外，太阳社、上海艺术剧社、举办过左翼作家联盟成立大会的中华艺术大学、中共中央宣传部旧址等组织机构也聚集在此，鲁迅、茅盾、柔石、冯雪峰、郭沫若、郑伯奇等进步文人都在此聚集过，因此这一带与中国近代文化运动有着深厚的因缘。

本章以中日两国一手资料为基础，首先回顾了民国时期的上海内山书店如何通过日文书籍，特别是医学、左翼出版物的引进流通，为中国知识分子带来国外新知，影响中国的新文化界；其次将目光投射在内山书店日文期刊、书籍的出版以及对中国左翼、版画书籍的出版代售事业；最后探讨了内

① 上海市习近平新时代中国特色社会主义思想研究中心，上海市中国特色社会主义理论体系研究中心.新思想引领上海新实践（上）[M].上海：上海人民出版社，2023：106.

山书店与日本改造社、岩波书店等出版社的联系，以及它在中日出版界间和两国文学文化交流中起到的媒介作用。

二、中国新文化界成长的重要平台

(一) 有识之士了解世界的窗口

内山完造与夫人内山美喜都是基督教徒。据内山回忆，当初上海没有出售日文版《圣经》的地方，内山书店从东京的警醒社订购了一箱图书，开始经营基督教书籍。第一个月营业额是 84 日元 20 钱，第二个月就达到 120 日元。日本正金银行和三菱银行的人来店指导内山，认为可考虑经营其他书籍，因此内山订购了日本著名出版社岩波书店出版的一批哲学丛书，这可以说是内山书店经营普通书籍的开端。① 当时上海的书店对日本的新书刊多视而不见，在中国买到外文书籍，是非常不容易的事情。因此，内山书店开设不久，就吸引了一群"内山书店粉"，有基督教信徒、爱好读书的银行职员等，上海东亚同文书院的学生几乎都是书店顾客。②

内山书店开设当初，每次新书入货，内山完造便把书目油印成"邀请信"，每封信都亲笔写上对方的姓名地址，邮寄给上海的各大日商公司，近处则让店员送去。每周一次，效果堪比广告，每次信件送出后的当天下午，客人数量就会剧增。内山还在巷子路口立起看板，写上"知识的源泉，人格的原动力"等标语，在店内也将"人生食粮""文化种子"等金句写在报纸大小的白纸上，贴满墙壁③。

20 世纪 30 年代的《大公报》设有"读者问答"栏目，屡有读者询问日本艺术刊物、《茶花女》剧本外文版，及医学、生物学、陆地测量问题、纺织、水产等书籍，甚至还有问询关于水果的书籍去何处购买的问题，编辑均回复读者可去内山书店选购。早在 20 世纪 20 年代后期，中日两国报刊媒体上便开始出现经售处为内山书店的新书广告：《新闻报》在 1927 年 3 月至 4 月间刊

---

① 内山完造.上海内山书店[M]//そんへえ・おおへえ.东京：岩波书店,1949：2.
② 内山完造.花甲録：日中友好の架け橋[M].东京：平凡社,2011：243.
③ 内山完造.上海内山书店[M]//そんへえ・おおへえ.东京：岩波书店,1949：20.

登《最近上海金融史》广告；《时报》在 1930 年 4 月至 5 月间登载《现代日语（上卷）》广告；《新闻报》于 1931 年 5 月 19 日刊登《大学高中适用现代日语》广告；《中央日报》于 1933 年 12 月 30 日先行登出沈觐鼎《东文新教程》新书广告，其后《新闻报》还数次为此书打广告。内山书店还是日本岩波书店唯一的中国代理店，从《时报》1935 年 11 月 30 日的《岩波版词典短期特卖》广告中，可以看到《日俄字典》《理化学词典》《动物学词典》《西洋人名词典》《哲学词典》《经济学词典》等由岩波书店出版的各类词典。《时报》与《大公报（上海版）》1936 年 6 月刊登《汉字索引日华大字典》广告，《大公报（天津版）》于 1936 年 8 月刊登《最完善之日文教程：日文津梁》广告。此外，1937 年 5 月 10 日的《大公报（上海版）》有《中国工商业美术选集》的介绍。以上书籍内容涉及日语教材、辞典、金融、医学、艺术等各个领域，内山书店的广告遍布民国时期最具人气的商业报纸，如《新闻报》《时报》《大公报》等。

上海的日文报纸《上海日日新闻》《大陆新报》上也多次刊登"名著案内"广告，加之报社对内山多本随笔集出版的宣传以及书评，达到极好的广告效应。除此之外，各大日文报纸还刊载《实用速成上海语》《上海的历史》等在上海出版的消息，以及富有当地特色的日文书籍在内山书店销售的广告。书店积极拓展和日本出版社的联系，特别是与东京堂结成合作伙伴关系，大量进口图书。笔者收集到 1936 年的日语《旬刊：新刊案内》，每月三份，每期封面都印有"上海北四川路底（本店）内山书店"的字样，封底的出版社为日本的东京堂。可见，内山书店的新刊目录与东京堂的目录保持一致，即日本东京堂的书籍均可从内山书店订购到，其内容包含哲学、宗教、教育、日本文学、外语、美术、音乐、戏剧、社会、经济、工商业、农业、理科、考试用书、妇女儿童读物等。内山书店的图书在当时就可通过邮政包裹发往全国多地。毋庸置疑，内山书店业已成为民国时期全面经营中日文书籍的大型综合性书店，对上海乃至全国出版都发挥着不可替代的作用。

当时日本出版业兴盛，日本书籍比起其他外国书籍的价格要便宜一些，并且日语相对英、法、俄、德语等容易习得，因此日语书籍自然而然成为中国有识之士直接或间接了解世界思想、文化和局势的简便途径。1920 年前后，上海的日侨以及留日归国的中国知识分子人数逐年增加，内山书店作为输入日文及其他外文书籍的有力渠道,成为中国有识之士瞭望世界的窗口。加之鲁迅、郭沫若、田汉、欧阳予倩等书店常客的引领作用,很多人慕名而来。更有一些读者为了读懂日文书籍,主动开始学习日语,之后便成为书店常客。① 书店顾客不仅有知识分子,还有来自商务印书馆、中华书局、开明书店等出版社及上海文库、中山文化研究所等政府研究机构,以及四川大学、中山大学等高等院校的人员。②

日本亚洲历史资料中心发布的 1937 年 3 月有关日本图书的调查报告中③,首先对上海的日本图书销售情况进行了总结。报告开头即说明"出售日本书籍的书店,在上海有北四川路的内山书店、内山书店杂志部、吴淞路的至诚堂和日本堂共四家,其中内山书店的表现最为惊人,发展显著"。报告还调查统计了 1936 年至 1937 年的数据(见表 1.1)。

表 1.1　上海书店日本书籍销售额、册数及购读者国籍比率表

书店名	1 年的销售册数/册	1 年的销售额/元	购读者国籍比率	
			日本人	中国人
内山书店	100 000	200 000	30%	70%
日本堂	4 000	6 000	100%	/
至诚堂	13 500	25 000	85%	15%

如表 1.1 所示,内山书店一年中书籍销售册数达 10 万册,是日本堂的25 倍、至诚堂的 7.4 倍,销售额是日本堂的 33.3 倍、至诚堂的 8 倍,在上海的日本书店中居领先地位。调查显示,内山书店经营的书籍不仅数量居多,且图书种类涉及精神科学、历史科学、社会科学、自然科学、工艺学、产业、美术、语言学、文学等门类。更重要的是,内山书店 70% 的销售对象为中国人,大大超出其他书店。调查报告还对日本杂志销售情况进行了统计。内

① 内山完造.私の広告術[M]//そんへえ・おおへえ.东京：岩波书店,1949：46-47.
② 高綱博文.上海内山书店小史[M]//日本上海史研究会.上海——重層するネットワーク.东京：汲古书院,2000：372.
③ アジア歴史資料センター.上海地方ノ日本図書及日本語ニ関スル上崎司書ノ視察報告[R].1939-03-23.

山书店杂志部的销量是 18 000 册,虽没有其他两家书店杂志的销量高,但中国人购读比例为 35％,仍占首位,令人叹服。日本堂的销售对象没有中国人。至诚堂的中国读者比例增至 20％,这是每月花费 150 元将广告投放在《申报》《大公报》等中国报纸上产生的效果。中国人在内山书店购买的并非娱乐杂志,而是《改造》《中央公论》《日本评论》《外交时报》等在日本盛行的文学文艺综合刊物。

由此可见,在中日文学文化交流史甚至是世界文化交流史上,内山书店所作的贡献不可小觑。上海自 20 世纪 20 年代开始,逐渐成为中国新文化的中心。1915 年 9 月在上海创办《青年杂志》(后改名为《新青年》)的陈独秀等,即是在日本接受了近代的新思想。中国新文学史上最重要的社团之一的创造社,成员为清一色的日本留学归来者,他们后来成为与日本新文学界对话的主要存在。1927 年鲁迅来沪,壮大了中国左翼文学力量。所有这一切,特别是 1927 年以后,几乎都与内山书店密不可分。难以想象,如果当时上海没有内山书店,相当一批中国知识分子将会从何处吸收先进文化知识,了解日本,与世界同步? 中国的新文化界很大程度上是通过日本这一媒介来汲取西方和日本的新知识的,这一方面,内山书店为中国新知识的产生和中国新文化界的成长提供了一个重要的平台。

(二) 填补中外文医学书籍的不足

1921 年,内山完造从浙江省立医药专科学校的招待会上得知,该校教授大多在日本留过学,但苦于国内没有日本医书,教学科研十分不便,内山便下决心解决难题。他向日本的南山堂、南江堂、金原书店、吐凤堂、半田屋、凤鸣堂等要求寄送目录,之后自己负担运费以原价购入,为中国各地的医学学校提供了便利。[①] 20 世纪 30 年代,内山书店依然以顾客需求为先,曾为满足同济大学医学院学生的需求,特意从东京订购了德文解剖学书籍。[②]

日本财团法人同仁会出版部主管森先生,因上海其他书店的销售情况

---

① 参见内山完造.上海内山书店[M]//そんへえ・おおへえ.东京：岩波书店,1949：28、内山完造.花甲録：日中友好の架け橋[M].东京：平凡社,2011：200.
② 内山书店.来函照登[J].同济旬刊,1936(111)：13.

不尽如人意，希望内山书店能独家代理，内山完造却答复道："可以通过内山书店来销售，但我并没有独占市场的野心，也请给予其他书店销售的自由。"①据《华北医报》广告，同仁会发行的日文书籍《四季之卫生》《中华民国医事卫生之现状》，杂志《同仁》《同仁医学》，汉译书籍《解剖学》《药理学》《产科学》《眼科学》《医院专用日华会话乃刊》在中国的总经售处就是内山书店，内山书店杂志部、启智书局、有正书局、汉口的思明堂书店为寄售处。② 同仁会在北京、汉口、青岛、济南设立医院，却将中国总经售处放在上海的内山书店，可见内山书店在当时的名气与地位。另据《时报》1935 年 9 月 12 日、《新闻报》1936 年 6 月 5 日与 9 月 20 日的广告，内山书店出售的同仁会书籍比先前增加了《内科学》《生理学》《儿科学》《外科学总论》《局所麻醉》《妇科学》等多种医学用书。另据日本亚洲历史资料中心记载，《同仁医学》在日本国内外一共发行 1 700 册，除去寄赠、宣传，订购册数为 917 本，其中内山书店占到 130 册，是订购数目最多的书店。③ 1936 年同仁会在上海举办医疗器械展会，鉴于医疗仪器的缺乏和单独进口的不便，以此次展会为契机，内山书店开始代理医疗器械，购买了右邻店铺，开张的"东店二层全部摆满了仪器"④，为我国医疗行业提供了便利，为中国医疗事业的发展作出了贡献。

（三）日本左翼出版物的大量引进

近代日本文学的中译本，大多出现在内山书店开设之后，译者也多为书店的熟客，这些日文书籍大多为内山书店供给，其中有 330 种左翼书籍来自内山书店。⑤ 李汉俊、白逾桓、陈望道、李大钊等是内山书店的常客，他们在这里浏览或购买了不少左翼书籍。1927 年 10 月 6 日，鲁迅来沪的第三天就到内山书店购书，十年间共计购入一千种以上的书籍，从人文社会科学到自然科学，吸收了日本及世界最新的思想文化。其中，1929 年由鲁迅和冯雪峰等人翻译、水沫书店出版的"科学的艺术论丛书"，共八本，都是译自内

---

① 内山完造.上海内山書店［M］//そんへえ・おおへえ.东京：岩波书店，1949：28 - 29.
② 同仁会.同仁会发行书目［N］.华北医报，1931 - 04 - 01(4).
③ アジア歴史資料センター.同仁会発行雑誌ニ関スル调查报告［R］.1937 - 02 - 17.
④ 内山完造.花甲録：日中友好の架け橋［M］.东京：平凡社，2011：338.
⑤ 内山完造.花甲録：日中友好の架け橋［M］.东京：平凡社，2011：312.

山书店出售的《艺术与社会生活》等日文版的无产阶级马克思主义文学艺术理论书籍。鲁迅在日记中有购买上述日文图书的记录。除此之外，鲁迅还购买过日本无产阶级画家柳濑正梦编著的《无产阶级画家：乔治·格罗斯》、柳濑生前唯一的作品集《柳濑正梦画集》等美术作品。鲁迅在编辑左翼文学期刊《萌芽月刊》《巴尔底山》时，也转载了柳濑正梦的多幅作品。① 鲁迅作品的日译本，如山上正义翻译的《阿Q正传》作为国际无产阶级丛书，也在内山书店销售，鲁迅还曾因等不及日方出版社的寄送而在内山书店自购。②

内山书店地处越界筑路地带，即公共租界出资在界外修筑道路的地区，名义上受中国政府管辖，但道路管理权属租界，故租界在此地区也派有巡捕。此地区的管理实际上由于两国共管而存有漏洞。在日本受到监管的图书，在内山书店却有销售，因此内山书店曾被田汉称作"无产阶级的俱乐部"③。在民国时期的纷争年代，内山书店投身时代洪流，为中国的左翼无产阶级知识分子提供了大量的知识理论来源和有力的思想斗争武器。

三、中日书籍的出版与代售事业

（一）日文期刊、书籍的出版

1922年开始，戏剧研究者田汉、欧阳予倩、石井政吉、塚本助太郎、升屋治三郎，创造社成员郁达夫、王独清、郑伯奇等中日文化人和文艺爱好者经常在内山书店集会，内山完造将其称作"文艺漫谈会"。1927年起鲁迅也加入其中，内山书店成了文人可以自由聚会谈话的文化沙龙场所。内山书店于1924年发行京剧研究专门性期刊《支那剧研究》，之后随着漫谈的话题日渐丰富，1927年出版文艺杂志《万华镜》。内山亦以"邬起山"等笔名发表多篇文章。正是从这两本杂志创刊后，内山开始意识到要做有助于中日友好、

① 秦剛.柳瀬正夢の漫画と一九三〇年代中国の左翼美術——媒介としての魯迅と内山書店[J].Juncture 超域的日本文化研究,2015(6)：73-74.
② 尾崎秀樹.上海 1930 年[M].东京：岩波书店,1989：173.
③ 乌衣.内山书店里的栗子头[J].中国摄影学会画报,1928,3(134)：2.

文化交流的事情。

内山书店出版的日文书籍，至今未有学者论及。经笔者调查发现有《支那经济研究》（1930 年版）、《中国各种纪念日的由来》（汤浅正一著，不倒翁编，1934 年版）、《酒》（须藤五百三著，1939 年出版）、《沪畔随想》（栗本寅治著，1943 年版）、《基督教的再生》（田川大吉郎著，1944 年版）等经济、文化、生活、宗教、社会各领域的书籍。1944 年，日本改造社和中央公论社关闭，内山买入与中国相关书籍的纸型，在上海由内山书店进行出版，其中包括《上海漫语》《活中国的姿态》《上海夜话》《上海风语》等内山的著作。①

（二）中文左翼出版物的代售

内山书店所在的虹口北四川路，不仅是日侨集中活动的区域，而且也是不少日本文化人及中国左翼文人的居住区域。"内山书店虽然位居偏僻的北四川路底，并不在号称文化区的四马路上，但它的发行力却也不弱于四马路上各书店，因为正有不少思想进步的青年愿意自动找上门去作成内山书店的生意。"②内山书店不仅引进日本左翼思想书籍，还发行、代售中国的左翼出版物。当时上海很少有书店敢冒此风险出售，只有内山书店几乎成为公开销售左翼出版物的唯一发行点。内山书店也因此受到警告和威胁，内山却不以为意，岿然不动。③

1935 年 6 月，瞿秋白被国民党杀害后，鲁迅与茅盾、郑振铎一起整理他的译作，以"诸夏怀霜社"的名义，经由内山书店代办在日本印刷事宜，从1936 年 10 月开始，分上下两卷出版了《海上述林》，在内山书店销售。书报介绍的标题为《海外述林》，或许是为了隐匿真正的书名。王愈将该书的笔者和编者隐去姓名，称他们"都是在中国新文化事业上最著功绩的人"，即为纪念"驰骋于文化战场上的勇士"鲁迅与瞿秋白。④

内山书店代售被禁售的作品集，首先是鲁迅的《伪自由书》《南腔北调

---

① 内山完造.花甲録：日中友好の架け橋[M].东京：平凡社，2011：467.
② 史蟫.怀内山书店[J].文友（上海 1943），1944，3（7）：23.
③ 萧军.庆祝内山完造先生百年诞辰及日本东京内山书店建业五十周年纪念[J].鲁迅研究动态，1986（3）：2.
④ 王愈.书报介绍：海外述林[J].通俗文化，1936，4（8）：26.

集》《准风月谈》《且介亭杂文集》等多部①，其次是鲁迅译《毁灭》，曹靖华译《铁流》，及由鲁迅编辑并出资印刷的三本"奴隶丛书"，即叶紫的《丰收》、萧红的《生死场》、萧军的《八月的乡村》等。鲁迅为上述书籍作序，序文均收录在内山书店代售的《且介亭杂文二集》中。巴金的《萌芽》于1933年8月作为现代创作丛刊的第八种出版，本由现代书局发行，被禁后改名为《朝阳》，由新生出版社发行，列为新生文艺创作丛书之一，但依旧未能逃脱禁售的命运。1935年，巴金将原稿大幅改写，改名为《雪》，由美国旧金山平社出版部重新出版，最终在上海仅有内山书店代售。② 另据内山书店纪念室陈列所示，内山书店经销的鲁迅译作还有《文艺与批评》《文艺政策》《艺术论——附二十年间的序文》《坏孩子》《竖琴》(编译)等。鲁迅一生谨慎严肃，但自来到上海以后，内山完造几乎成了他最为信赖的朋友，这完全缘于内山完造的为人和内山书店为中国新文化进步所作的贡献。

(三) 中文版画书籍的代售与出版

鲁迅是中国新兴版画艺术的倡导者，内山书店支持鲁迅推广中国版画艺术，代售中外木刻书籍。1933年，为了保存即将湮灭的传统艺术，并供艺术青年参考借鉴，鲁迅与郑振铎合编《北平笺谱》六卷本。当时出版界不振，两次预约印刷共200本，除去预订者外，其余60本都放在内山书店代售，极受欢迎。③ 书店还代售《十竹斋笺谱》《木刻纪程》等中国木刻集以及德国的《凯绥·珂勒惠支版画选集》《士敏土之图》、苏联的《引玉集》。④ 中国的书店不敢发行《引玉集》，最终通过内山书店代办，在日本的洪洋社印刷。首印500本很快售完，之后又加印了两次。⑤ "木刻作家更都纷纷把他们手拓的版画集委托内山书店发卖，情感的亲密，无以复加。"⑥内山书店还出售各种雕刀、版木等日本进口木刻工具，与鲁迅一同推动了中国木版画的发展。

---

① 内山完造.花甲録：日中友好の架け橋[M].东京：平凡社，2011：342.
② 晦庵.书话[J].万象，1945，4(7)：37.
③ 内山完造.木刻之复兴[J].中国木刻，1943(2)：1.
④ 内山完造.花甲録：日中友好の架け橋[M].东京：平凡社，2011：342.
⑤ 内山完造.花甲録：日中友好の架け橋[M].东京：平凡社，2011：331.
⑥ 史蟫.怀内山书店[J].文友(上海 1943)，1944，3(7)：23.

鲁迅逝世后，内山书店支持中国木刻作者协会的版画事业，提供资金支持，在协会成立前夕的 1942 年 10 月 19 日，出版了《木刻新风：中国新木刻集初集》。其中收录了协会理事长王迎晓、顾艺莘等 10 位中国版画家的 28 幅黑白版画，特别是其线装本的形式和出版日期的选择，代表内山对鲁迅出版的线装本版画集及鲁迅的最高致敬。[①]

四、中日出版与文化交流的媒介

（一）日本改造社与中国文人的纽带

改造社是 20 世纪二三十年代日本出版社的旗手，内山完造的著作《上海漫语》《上海夜话》《上海风语》都由改造社出版，他与社长山本实彦的关系也十分密切。1936 年，山本为向日本民众介绍中国文化来到中国，2 月 11 日，内山邀请鲁迅，三人在上海新月亭会面，并留下了珍贵的合影。

早在 1926 年 7 月，内山书店与改造社共同策划了改造社出版的期刊《改造》之夏季增刊《现代支那号》，这是中日两国媒体首次也是唯一一次将整本期刊以中国为主题的尝试。这册特辑由胡适、李人杰、陈望道、田汉、郭沫若、梁启超、徐志摩等中国知识分子，村松梢风、井上红梅等在沪日本作家，幸田露伴、佐藤春夫等日本文学家以及外国记者共 53 人组成庞大阵营，作品内容涉及中国政治、经济、思想、文学、哲学、艺术等，有小说、评论、随笔、戏曲、漫画等，是研究近现代中日媒体、文化交涉的宝贵史料。特别是以创造社成员为主的日本留学派和以新月派成员为主的英美留学派的作品同时出现在这本刊物上，可见内山完造起到的召集作用不可小觑。"编辑后记"特意对内山提供的帮助予以致谢。[②]

1926 年改造社掀起的"円本热潮"席卷日本出版界，其他出版社的书籍也如雨后春笋般大量涌现。"円"是日元的意思，即一本书售价 1 日元。内

---

① 三山陵.日本占領下の木刻活動[M]//瀧本弘之,奈良和夫,鎌田出,等.中国抗日戦争時期新興版画史の研究.东京：研文出版,2007：95 - 100.
② 秦剛.戦前日本出版メディアの上海ルート——内山書店と改造社の海を越えたネットワーク[J].日本近代文学,2013(89).

山书店订购了改造社的《现代日本文学全集》1 000 部、《世界文学全集》400
部、《经济学全集》500 部、《马克思恩格斯全集》350 部以及日本评论社的《新
经济学全集》200 部、《法学全集》200 部，春阳堂的《长篇小说全集》300 部，
平凡社的《大众文学全集》200 部等，受到了各类客人的欢迎。[①] 日本大量社
会主义思想学说书籍的普及，以及含有左翼元素的日本大众文学出版浪潮，
在内山书店这一媒介的作用之下，与中国 1928 年左翼文化的流行形成
共振。[②]

改造社积极推介中国新文学，得到了鲁迅等中国文学家的信赖。1936
年 6 月《改造》开辟"中国杰作小说"专栏，发表了鲁迅推介的中国青年作家
萧军的作品《羊》。鲁迅为此写了一篇序言，之后收录在文集中，题为《"中国
杰作小说"小引》。包含此篇在内，《改造》发表鲁迅的作品五篇，改造社出版
鲁迅著作的日译本多部。改造社还通过内山完造策划了一次鲁迅与英国剧
作家萧伯纳的对谈，地点安排在宋庆龄府邸。[③] 鲁迅逝世后，山本实彦立刻
电询许广平，可否在日本刊行《鲁迅全集》，由佐藤春夫、内山完造、增田涉、
鹿地亘等负责编译，得到复电赞同。[④] 1937 年 2 月，改造社出版《大鲁迅全
集》第一卷，内山完造与茅盾、许广平等为编辑顾问。[⑤]《改造》1936 年 12 月
号还刊登了内山、山上正义等人对鲁迅的数篇追悼文。

（二）日本岩波书店与中国出版界的桥梁

如前所述，内山书店从 20 世纪 20 年代起就与岩波书店往来，逐步发展
成岩波书店的中国代理店。谈到内山完造与社长岩波茂雄的私交，可追溯
到一次演讲活动。1932 年，日本出版管理协会邀请内山完造在东京举办的
官员会议上演讲，岩波在听完之后意犹未尽地对内山说："您的演讲只在今
天的场合太可惜了，应该让协会全体会员都听一次。"由此，二人的关系越来

① 内山完造.花甲録：日中友好の架け橋[M].东京：平凡社，2011：237 - 238.
② 秦剛.戦前日本出版メディアの上海ルート——内山書店と改造社の海を越えたネット
ワーク[J].日本近代文学，2013(89)：201 - 203.
③ 太田尚樹.伝説の日中文化サロン：上海・内山書店[M].东京：平凡社，2008：95.
④ 苏日文化界续电唁鲁迅[N].大公报(上海版)，1936 - 11 - 01(7).
⑤ 日本文艺界编《鲁迅全集》第一卷已出版[N].大公报(上海版)，1937 - 02 - 18(4).

越密切。岩波认为中国是日本的恩师，他尊重中国文化，反对日本侵华战争，致力于增进中日两国的理解。他视中国市场为自己的最后一张"王牌"，只要内山愿意做的事情，岩波都无条件支持。二人的出版理念如此契合，内山每次返日都要和岩波进行"只有二人"的交谈。① 岩波在1935年4月赴欧途中经过上海，内山将鲁迅引荐给他，给他留下了深刻的印象。岩波的女婿、时任岩波书店编辑的小林勇1944年来沪时，内山当即引荐开明书店的创始人章锡琛和编辑夏丏尊。岩波书店与中国出版界一直保持着友好往来。②

鲁迅逝世后的1937年8月，岩波茂雄通过内山完造向许广平捐赠一千日元，以此作为"鲁迅文学奖"奖金。他曾有意将出版书籍捐赠给中国的大学，但由于战争爆发，中日关系变得紧张而未能实现。岩波去世后的1947年1月至1948年3月，岩波书店同仁继承其遗志，分四次向中国的五所大学捐赠了岩波书店新版、再版的书籍"合计四百三十种、二千二百册"。不仅如此，新中国成立后，岩波书店一有机会便向中国学界赠书，实现了岩波生前的美好夙愿，对中国的文化事业起到了很大的作用。③

（三）中日媒体对中国文化的传播

大阪每日新闻社上海支局记者村田孜郎，大阪朝日新闻社上海支局记者尾崎秀实、支局长太田宇之助等媒体人都是内山书店常客，特别是尾崎，酷爱读书，在内山书店的购书花费数目惊人。内山完造与日本以及上海的各大中日文报纸、期刊媒体都保持良好的关系。《上海日日新闻》《大陆新报》《改造日报》等日文报纸，《改造》《中央公论》《大陆》《大陆往来》《上海文学》等日文期刊，以及《申报》《大公报》《文友》《申报月刊》《译文》《杂志》等中文报刊上刊载的内山介绍中国文化的作品，或与内山完造、内山书店相关的报道多达数百篇。内山的著作集也由改造社、岩波书店、讲谈社、学艺书院

---

① 内山完造.上海内山书店［M］//そんへえ・おおへえ.东京：岩波书店，1949：29－30.
② 小林勇.人间を书きたい・内山完造［J］.文艺春秋，1972，50（9）：375.
③ 安倍能成.岩波茂雄传［M］.杨琨，译.北京：生活・读书・新知三联书店，2014：146，
　　249－252.

等日本多家出版社出版,其中处女作品集的中译本《一个日本人的中国观》由开明书店出版。

内山完造不仅通过自己的作品在中日两国媒体推介中国文化,还积极致力于中日两国文学的译介、出版事业。除推介上述鲁迅等作家的日译作品之外,还在钱锺书《围城》的日译本出版过程中,"由内山完造来函与原作者商洽,已得同意",起到了媒介的作用。①

五、结语

内山书店在中国跨越了近三十个年头,引领了书店业界的革命。从日文书籍的进口到中文进步书籍的代售,中国知识分子从接受国外思想文化到作品被翻译到日本出版,内山书店完成了从外国文化输入到中国文化输出的历史性跨越。书店服务对象从最初的日本人,到后来的中国人占多数,从中受到恩惠的进步青年数不胜数。特别是中日左翼出版物的流通,对中国革命志士的左翼事业起到了重大的支持和促进作用。对于日本出版界而言,内山书店在为他们开辟庞大的中国市场方面功不可没。内山书店不仅出版各类期刊图书,还为推进中日文学译介、文学家交流、中日共同策划出版提供了资源与媒介;在中日关系波诡云谲的年代,架起了中日出版界的桥梁,为两国文化交流事业作出了巨大贡献。中日报刊媒体广告中无所不在的"内山书店"字样,证明了内山书店的地位。一切的成功,无不源于店主内山完造为两国文化交流矢志不渝的信念。

日本战败后,内山书店和2万册图书被国民政府接收,内山开设了"一间书屋",继续从事着他的事业。遗憾的是,1947年12月内山被强制遣返,匆匆离开了他生活了三十多年的上海,不要说书籍,连自己多年的手稿也未能带回日本,致使他的自传《花甲录》皆凭记忆写就。这些遭遇,都未妨碍内山完造及其毕生经营的内山书店在中日两国人民的心中以及在中日文化交流史上写下的浓墨重彩的一笔。

---

① 陈.围城东迁[N].大公报(上海版),1948-09-23(7).

  1980年8月26日，上海市人民政府将位于四川北路2050号中国工商银行上海市山阴路支行内的内山书店旧址公布为上海市纪念地点，内部的内山书店纪念展室也于2005年和2018年相继改建。2022年11月26日，"1927·鲁迅与内山纪念书局"在书店旧址基础上，将前新华书店山阴路店和周围空间贯通，经过修缮全新亮相。书店共三层，将原来100余平方米的内山书店扩展到800余平方米，成为沪上有重要纪念意义的"书香会客厅"，发扬鲁迅精神，传播中国文化，通过开展各类学术活动和文化交流活动，努力续写中日文化交流的新篇章。在日本东京，内山完造的胞弟内山嘉吉以及后代内山篱、内山深先生相继经营东京内山书店，继承了"以书肆为津梁，期文化之交互"的内山精神，经销中国相关书籍，践行着"中国文化走出去"的准则。同时，内山书店还从2021年7月起在中国天津开设三家店铺，在深圳开设一家店铺。内山书店在中外文人交流、中日文化事业中所作的贡献，值得今天的人们来追怀和铭记，相关课题还有待我等研究者继续开掘拓展。

第二章
内山完造：中日两国文学界交流的媒介

一、引言

本章以鲁迅和谷崎润一郎两位中日文豪为例，探讨内山完造在他们与两国之间的文学文化交流方面起到的重要媒介作用，以及内山书店作为中日文人"会客厅"、信件中转站等的枢纽作用。

作为鲁迅（1881—1936）同时代人的谷崎润一郎（1886—1965），是日本唯美派文学大师，也是一位与中国颇有渊源的作家。他的汉文和中国古典文学学养深厚，因此他的作品中既有日本传统之美，也富含中国趣味。《细雪》《春琴抄》《麒麟》《刺青》等作品，在日本文坛独树一帜，并被译成中文，屡次再版，直至今日也为中国读者所喜爱。

内山完造仅年长谷崎润一郎一岁，小鲁迅四岁。自鲁迅 1927 年来沪，两人志趣相投，成为跨越国界的挚友，共同携手从事文化事业。1917 年开设的内山书店所在的北四川路一带，不仅是日本文人在上海的集中居住区域，而且也是鲁迅、郭沫若、茅盾、柔石、冯雪峰、郑伯奇等进步文人生活和战斗过的地带，因此这一带与中国近代新文化运动有着深厚的因缘。内山书店在这得天独厚的地理位置之上，一直致力于中外文人的交流。内山书店以其独特的经营理念，收获了客人的好评。同时，来到中国上海的日本文人往往首站即拜访内山书店，内山书店俨然成为上海滩的中日文人可以自由聚会谈话的"文化沙龙"和"会客厅"。内山书店也是内山保护鲁迅等进步文人、传递重要消息的枢纽之地。

二、谷崎润一郎与中国新文坛的交往

谷崎润一郎来中国之前，基于他的汉文素养和对中国古典文学知识的吸收，其实已经创作了很多有"中国趣味"的作品。他一生中仅有的两次海外旅行，就是到访中国的两次经历。

第一次中国行从 1918 年 10 月 9 日开始。谷崎润一郎从朝鲜出发，一路到访北京、汉口、九江、南京、苏州、上海、杭州等地。12 月又从上海坐船回国，历时两个月。回国后他发表了《中国旅行》《庐山日记》《南京夫子庙》《秦淮之夜》《南京奇望街》《中国观剧记》《苏州纪行》《西湖之月》《中国的菜肴》等旅行见闻。他到处寻访中国文坛的新兴作家，最后竟一无所获，失望地回到了日本。其实，1918 年时，陈独秀的《新青年》已在中国树起了新文化运动的旗帜，鲁迅等人的白话小说也陆续问世，但遗憾的是谷崎的交流圈子有限，未能和中国作家发生直接接触。

时隔 8 年后的 1926 年 1 月，谷崎润一郎再次到访中国，这次主要是在上海停留。1 月 6 日他从神户出发，在长崎游玩了四五天，于 1 月 13 日从长崎坐船前往上海，2 月 14 日回国。这次大概停留了一个月的时间。他的上海之行似乎是一人旅行，下榻在一品香旅馆。这一次，他终于如愿以偿地与中国文人进行了交流。回国之后，他将这次的经历写成了《上海见闻录》和《上海交游记》。这两篇随笔中，谷崎分别描写了内山完造、内山书店的情况以及自己与田汉等中国文人见面交流的情景。

谷崎润一郎在到达上海后不久的某一天，应旧友三井银行分行长 T 氏的邀请，去了一家叫"功德林"的素菜馆，同席者当中有一位经纪商宫崎，谷崎从他那里第一次听到内山书店的名字。

他说，现在一批青年文人艺术家正在中国掀起一场新的运动，日本的小说、戏剧等中一些出色的作品差不多都经他们的手译成了中文。"你若不信，可到内山书店去问一下。你认不认识内山书店的老板？明天这位店主与中国的文人们有一个联谊活动，明天到那儿去看一下的话,情况就可以了解了。"①

过了数日,谷崎润一郎就在友人的陪同下寻访了内山书店。他这样描写道:

> 店主是一个精力旺盛、一说就通、说话风趣的人。在店堂里侧的暖炉边,放置着长椅和桌子,来买书的客人可在此小憩一会儿,喝杯茶聊会儿天——盖此家书店已成了爱书者的一个会聚地。我在此处一边喝茶一边听店主讲述中国青年人的现状。听店主说,这家店一年约有八万元的营业额,而这其中约有四分之一是由中国人买去的,而且这一比率每年都在增加。②

谷崎润一郎真实且形象地描绘了内山书店的氛围和店主内山完造的性格,并且重要的是记载了内山书店在 1926 年的销售情况。店里出售的基本为日文书籍,然而却有四分之一的营业额是由中国人贡献的,可见相当一部分中国文人通过内山书店获得了日本以及其他国家的新知识。对于中国人乐于购买日文图书的原因,其一是当时上海的外文原版书籍购买起来比较困难,其二是语言的问题:

> 日语要说虽不易,但只是阅读的话,与英、法、德语比较起来,其难易程度就不可同日而语了。要体会小说和戏剧的内蕴,也只需花上一二年时间;而要只是粗粗读懂科学和法律方面的书,有半年左右也就差不多了。因此,想要快捷地获得新知识的中国人,都在争相学习日文。译成中文的西洋书籍,很多是从日文版重译的。而所谓的新小说,仔细看一下的话,里边似乎也有相当一部分是从日本小说中获得启示,或者据日文小说编译的。——也就是说日文在现在中国的作用,正如同英

---

① 谷崎润一郎.上海交游记[M].徐静波,译//秦淮之夜.杭州:浙江文艺出版社,2018:116.
② 谷崎润一郎.上海交游记[M].徐静波,译//秦淮之夜.杭州:浙江文艺出版社,2018:118.

语在当年的日本一样。①

其中，特别是留日归来、精通日语的知识分子还在积极地翻译日本书籍，关注日本文坛动向：

> 内山书店就是一家向这样的中国青年人独家提供新知识的书店。就这样，在其他方面姑且不论，至少在文学方面，日本留学生出身的人在社会上最受认可，一个个渐次成名，称霸文坛。由此缘故，中国文坛对日本文坛所熟知的程度，超出了我们的想象。现在在商务印书馆内，帝国大学毕业的文学学士有六七个人，他们在不断地注意着东京的出版物。听说他们计划有组织地翻译出版日本现在的小说戏剧。②

以上引文均选自谷崎润一郎《上海交游记》的第一节"内山书店"，这一部分内容为我们了解谷崎在上海的最初动向，以及内山书店在 20 世纪 20 年代中期的情况，提供了非常鲜活的史料。

内山完造在中国报纸上看到了谷崎润一郎来中国的消息，已经开始筹备邀请他与上海的中国文人碰头。正是经过内山的介绍，谷崎才得以与郭沫若、田汉、欧阳予倩、谢六逸等活跃在上海的一批文人相识，由此与在上海的新文坛建立了联系。其中，欧阳予倩研究中国戏剧，1907 年在日本留学时就与李叔同等人一起在东京上演了《茶花女》，回国后在戏剧创作和表演上都有卓越的贡献。谢六逸是文学家、翻译家、大学教授，曾在日本早稻田大学留学，研究日本古典文学，翻译有《万叶集》《日本近代小品文选》等。

谷崎润一郎由于在见面前日不巧接种了伤寒预防针，不能饮酒，内山完造为他专门安排了功德林的素食宴。日本人当中除了谷崎，还有他的新闻媒体界朋友和研究中国戏剧的专家。谷崎在第二节"见面会"中一一描绘了每一位与会的中国文人。首先，他这样形容郭沫若：

---

① 谷崎润一郎.上海交游记[M].徐静波,译//秦淮之夜.杭州：浙江文艺出版社,2018：118-119.

② 谷崎润一郎.上海交游记[M].徐静波,译//秦淮之夜.杭州：浙江文艺出版社,2018：119.

我走进店内时,在暖炉前坐着一个穿黑西装戴眼镜的青年,此人即为郭沫若君。圆脸,宽额,有一双柔和的大眼睛,毫不卷曲的坚硬的头发散乱地向上直竖,仿佛一根根清晰可数似地从头颅上放射出去。也许是有些弓背的缘故,从体形外貌上来看显得有些老成。①

接着谢六逸来了,谷崎描写道：

穿一套薄薄的、似是春秋季西服般的浅色的西装,上衣的里面露出了羊毛衫。这是一位脸颊丰满、大方稳重、温文尔雅的胖胖的绅士。内山氏向谢君介绍了郭君。党派不同的两位首脑借此机会互致初次见面的寒暄,然后开始了非常流畅的日语谈话。②

欧阳予倩随后推开门走了进来,谷崎对他的印象是：

白皙的脸上戴着眼镜的样子,到底是一位站在舞台上的人。一头乌发宛如漆一般闪烁着黑色的光泽,鼻梁线挺拔而轮廓分明。从耳际后面一直到脖颈上的发际间的肤色尤其白皙。③

最后是田汉：

大家都已入座、谈兴正起的时候,最后出现了田汉君的身影。说实话,我要是没听到内山氏的一声"田汉君来了",实在不会想到进来的一个穿着素色洋装的汉子竟是中国人。我倒是觉得这个人大概是东京的哪一个文人,名字一下子想不起来了,当时竟是这样的一种感觉。田君的容貌风采竟与日本人如此相近,我当时的印象是他与我们这些日本人别无二致——肤色黝黑,瘦削,脸长而轮廓分明,头发长得乱蓬蓬的,

---

① 谷崎润一郎.上海交游记[M].徐静波,译//秦淮之夜.杭州：浙江文艺出版社,2018：123.
② 谷崎润一郎.上海交游记[M].徐静波,译//秦淮之夜.杭州：浙江文艺出版社,2018：123-124.
③ 谷崎润一郎.上海交游记[M].徐静波,译//秦淮之夜.杭州：浙江文艺出版社,2018：124.

眼睛里射出神经质的光芒，长着龅牙的嘴双唇紧闭，略无笑意。①

参加这次聚会的都是文艺爱好者，所以他们谈论的话题就是中日两国的新文坛。谷崎润一郎从郭沫若和田汉的口中得知，日本的新文学虽已在中国逐渐登陆，武者小路实笃、菊池宽等人的作品部分已有了中文译本，但还是属于少数。以留日学生为主体的创造社的文学活动也伴随着当时中国社会的动荡不安，导致作为热血青年的郭沫若和田汉不仅有文学上的苦恼，也有对现实社会的愤懑。

聚餐会结束后，郭沫若和田汉随同谷崎润一郎来到了他下榻的"一品香"旅馆。借着绍兴酒的醉意，二人向谷崎坦率地诉说了现今中国青年心中的苦恼：中国古老的文化眼下由于西洋文化的传入而正遭到人们的遗弃。

过了几日，1月29日下午，欧阳予倩与郭沫若、田汉等一起策划了一场在徐家汇路新少年影片公司内举行的"文艺消寒会"，谷崎润一郎将会上的情景记录在第三节"文艺消寒会"中。这既是文艺圈内人士的一次大聚会，同时也是对谷崎的欢迎会。大家纷纷献上精彩的节目，谷崎在会上发表了如下演讲：

今天中国的新文艺运动竟已如此地兴盛，并且为了邻邦一个作家的我举行如此规模空前的欢迎盛会，实在是未曾所料，真是不胜感激。而且今晚的聚会，汇聚了各位坦率真诚的青年朋友，不拘泥不讲究客套礼节，这种气氛实在是令人感到轻松而自由。我在年轻的时候，也曾数度与新进作家一起策划发起过这样的聚会，见了今晚这样的场景，不禁回想起往日的时光，真有无限的感慨。虽这么说，我还不是什么七老八十的老人。（此时未及翻译就笑声四起了。）我今日在此地受到了如此盛大的欢迎，恐怕在日本的文坛中谁也不会想到。一旦回国，我要把今晚的情景作为第一号的旅途见闻告诉给他们听，我想他们一定会感到

---

① 谷崎润一郎.上海交游记［M］.徐静波，译//秦淮之夜.杭州：浙江文艺出版社，2018：125.

大为惊讶。①

以上是谷崎润一郎第一次与中国文人较为深入的交往，他与田汉、欧阳予倩等人结下了颇为深厚的友谊，可以说也促进了这一时期中国文坛对日本现代文学作品的译介，同时也为中国现代文学的发展起到了相当大的作用。他在上海期间正好赶上旧历新年。除夕之夜，他被田汉带到欧阳予倩家，与他的家人、朋友们一起守岁迎新，倍感温暖。第二年的 1927 年 6 月，在南京国民政府艺术部电影股任职的田汉去日本考察电影，同样受到了谷崎的热情接待。

谷崎润一郎在上海与中国作家的接触，对他本人的文学创作也带来了影响。

> 通过 1926 年访问上海期间与中国文学家进行的对话，谷崎润一郎深感已经很难再继续将中国作为异国情趣的舞台了。因为对于谷崎来说，中国已经不再是能够容忍他展示梦幻和空想的空间了。田汉和欧阳予倩们生活着的中国大陆，已经成了作家自己所处的现实世界的一部分。②

1926 年成为一个分水岭，谷崎润一郎在大正时期创作的大量饱含古典唯美的中国情趣的作品在 1926 年之后很少出现。谷崎与中国新文学家的邂逅直接对他之后的创作产生了影响。这无疑是积极的一面。谷崎在那之后通过日文翻译阅读了许多中国现代文学的作品，并对胡适、丰子恺、周作人、林语堂等的作品发表评论，这一切都归功于现实的中国文化界给他带来的冲击。

谷崎润一郎是一位和平主义者，他的作品中几乎没有政治的踪迹，尤其是战争期间，他与日本主流文坛保持距离，坚持自己的立场。战后，他依然

① 谷崎润一郎.上海交游记[M].徐静波,译//秦淮之夜.杭州：浙江文艺出版社,2018：148 - 149.
② 西原大辅.谷崎润一郎与东方主义：大正日本的中国幻想[M].赵怡,译.北京：中华书局, 2005：276.

没有忘记中国友人，担任日本中国文化交流协会的顾问。1956 年欧阳予倩率中国京剧团访问日本，谷崎特意从热海赶到欧阳在箱根的旅馆，两人畅聊多年阔别之情。欧阳极为感动，当即赋长诗一首赠予谷崎。

三、鲁迅与内山完造和日本文学界的关系

（一）内山完造与鲁迅

鲁迅曾于 1902 年 4 月至 1909 年 8 月在日本留学七年零四个月之久。他回国后辗转多地。1927 年 10 月 3 日，他从广州移居上海，上海成为他人生最后十年的活跃舞台。也正是在上海，他和内山完造相识，成了亲密无间的挚友。鲁迅在来沪的第三天就到访内山书店，但不巧没有遇到内山，三天后的 10 月 8 日，两人终于第一次相见。内山对自己和鲁迅初次见面的情景依然印象颇深，他是这样描绘鲁迅的：

> 穿着蓝色长衫，个子不高，走路很有特点，让人感到高大。蓄着乌黑浓密的胡须，眼睛像水晶一样明亮。①

据内山完造回忆，鲁迅当时一人来到内山书店，选了几本书之后，坐在长椅上，一边喝着内山夫人沏的茶，一边点燃烟，指着那几本书，用很熟练的日语说道："老板，请把这本书寄到窦乐安路景云里××号。"（因为这是内山的回忆，具体地址他已记不清楚。）之后内山就问他怎么称呼，鲁迅回答："我叫周树人。"内山久仰鲁迅的大名，并且知道他已从广东离开，但还未与鲁迅谋面。这一面，成为两人在上海近 10 年交往的开端。

自那之后，鲁迅一有闲暇，就会到内山书店去，不光是购书，更多的是与内山完造闲谈。他们二人年纪相仿，性格脾气相似，谈起人情世故，甚是投合。鲁迅爱书，内山爱谈，二人经常在店内谈天饮茶，鲁迅还不时会发出爽朗的笑声。如近代作家苏曼殊所言，斯文同骨肉，异邦人也亦兄弟。内山书

---

① 内山完造.鲁迅先生追憶[J].改造,1936,18(12)：104-105.

店楼上环境十分典雅，是难得可以自由闲谈的地方。内山专门为鲁迅准备了一张舒服的藤椅、一只极大的玻璃烟灰缸、一把日本式洋瓷茶壶。直到鲁迅逝世，这些东西还摆在那里，受到中日文化人的瞻仰。

鲁迅著作中，一共有 1 143 次提到内山完造或内山书店。特别是在《鲁迅日记》中，鲁迅详细记载了自己在内山书店的购书记录，包括书名和金额。鲁迅在来沪的第三天，即去内山书店买书四种四本，三天后又去买书三种四本。在上海期间，鲁迅从内山书店购入了一千种以上的书籍。从人文社会科学到自然科学，鲁迅吸收了日本及世界最新的思想文化，特别是内山书店经销的日本马克思主义理论书籍、画集等，为鲁迅加入中国左翼联盟提供了理论来源。可以这样概括："鲁迅通过内山书店了解日本和世界，而内山和日本友人通过鲁迅认识中国、理解中国。"①

1930 年初，鲁迅参加"中国自由运动大同盟"和"中国左翼作家联盟"，作为发起人之一，身份敏感，自那时起在内山完造的帮助下经历了四次避难。1930 年 3 月，鲁迅遭当局通缉，在内山书店避难一个月左右；之后的 5 月份，鲁迅在内山的介绍下迁至北四川路的拉摩斯公寓；1931 年 1 月由于柔石被捕，鲁迅在内山的协助下到花园庄旅馆避难一个月之久；1932 年"一·二八"淞沪抗战之后，鲁迅在内山书店二楼躲避一周后，又到位于四川中路的内山书店分店避难。最后一次是 1934 年 8 月，因内山书店有两名中国店员参加社会活动被捕，内山怕牵连鲁迅，及时安排鲁迅暂避在其位于千爱里 3 号的家中。

1933 年 1 月，鲁迅参加了宋庆龄、蔡元培、杨杏佛、林语堂等人发起的"中国民权保障同盟"上海分会成立大会，表明自己的政治立场是站在共产党一方的。内山完造得知此联盟的宗旨在于维护人类的生存权和人道主义精神，因此希望加入此联盟，但是被鲁迅劝阻说，一旦中日关系恶化，内山就可能被当成间谍处理，于是内山不得不打消了念头。

1933 年 4 月 11 日，在内山完造的帮助下，鲁迅以内山书店职员的名义租住在山阴路 132 弄大陆新村 9 号。这是鲁迅的最后一处住所，旁边还有

---

① 王锡荣.鲁迅与内山完造友谊的三个基点[J].上海鲁迅研究,1996(1)：16.

茅盾寓所、瞿秋白寓所。1950年上海市政府将其开放，1955年被列为上海市文物保护单位，有郭沫若题词"鲁迅故居"，直至现在都面向大众开放。内山居住在旁边的千爱里3号，两人的住处离内山书店都很近。鲁迅的住所对外保密，信件和朋友往来都经过内山书店。鲁迅有时与朋友会面，就干脆到内山家里去。

鲁迅是我国新兴版画运动的倡导者，积极推介国外版画创作，不仅举办展览、编印画集，还开办"木刻讲习会"，培养了中国新一代版画艺术青年。内山书店代售鲁迅编辑的《凯绥·珂勒惠支版画选集》等，还出售各种木刻工具，内山完造大力支持鲁迅的版画事业，两人共同策划了多场活动。1930年10月4日至5日，鲁迅在内山的帮助下，举办"世界版画展览会"，展出德国、苏联等国版画作品70幅左右，可称是中国第一次木刻版画展；1931年8月17日至23日，鲁迅邀请内山胞弟内山嘉吉担任木刻讲习会的讲师，讲授日本创作木刻作品的技法，鲁迅亲自翻译指导；1933年10月14日至15日，鲁迅拿出收藏的德国、苏联、捷克等国的66幅版画，举办"现代作家木刻画展览会"；1933年12月2日至3日，两人共同举办"俄法书籍插画展览会"。

鲁迅在逝世前日感到气喘严重，用日文致信内山完造，一是告知不能赴约之事，二是叫他帮忙打电话请须藤医生前来诊治，这封信也成了鲁迅的绝笔。文星陨落，内山完造感到悲恸不已，如同"失了伴侣的孤鸿"[①]。鲁迅先生治丧委员会有蔡元培、马相伯、宋庆龄、毛泽东等人，其中内山完造与史沫特莱是仅有的两位外国友人。除了鲁迅先生纪念委员会募集"鲁迅纪念文学奖金"之外，内山完造也以个人的名义发起募集"鲁迅文学奖金"。

内山完造留下了多篇饱含深情回忆鲁迅的文字，1979年由内山嘉吉、内山篱以及鲁迅之友会共同编撰的《鲁迅的回忆》一书中，收录了内山留下的与鲁迅相关的文字，以及与中国文学相关的座谈会记录等[②]。此外，在内山的其他作品中，也随处可见他与鲁迅的谈话内容或交往逸事。总而言之，鲁迅与内山的友谊，基于他们共同的文化交流需求、对中日两国人民的命运

---

① 旦华.近日文坛纷纷传说姑妄听之：鲁迅的灵魂出现内山书店[N].上海报,1937-02-24(6).

② 内山完造.鲁迅の思い出[M].内山嘉吉,内山籬,鲁迅友の会,编.东京：社会思想社,1979.

以及人类进步和世界和平的关注以及共同的人格追求。他们之间的情谊，是中日两国人民友好交往的象征和典范，值得我们后人景仰和学习。①

（二）鲁迅与日本文学界

鲁迅有着极深的日文造诣，除了翻译日本文学作品外，他发表的日文作品包括谈话、序文在内共计 13 篇，分别发表在日文《北京周报》、日本《改造》杂志、《无产阶级文学》杂志、《文艺》杂志、大阪《朝日新闻》等日文报刊，鲁迅还为日译本《中国小说史略》和内山完造的《一个日本人的中国观》等作日文序言。

鲁迅在《一个日本人的中国观》序言开头曾写道：

> 这也并非自己的发见，是在内山书店里听着漫谈的时候拾来的，据说：像日本人那样的喜欢"结论"的民族，就是无论是听议论，是读书，如果得不到结论，心里总不舒服的民族，在现在的世上，好像是颇为少有的，云。②

由此可见，以内山书店为中心的文艺漫谈会对鲁迅的文学思想产生了一定的影响，至少为鲁迅更加深入地了解日本人和日本文化提供了一个轻松惬意的场合。当然，漫谈会也是内山完造写作中国文化相关的系列随笔集中素材的重要来源。鲁迅对内山随笔高度评价的同时，也对内山作品中体现的中国文化清一色都是好的一面提出质疑，这一点源于鲁迅自己的文学观。

唐弢在《鲁迅日文作品集》序中总结道：

> 与此同时，鲁迅又决不掩盖自己或者表面上属于自己这边的缺点和错误。阻碍中日两国人民相互了解的，除了日本军国主义势力外，也有中国的反动派。鲁迅同样用日文写了许多抨击他们的文章。我还记得，有一次

---

① 王锡荣.鲁迅与内山完造友谊的三个基点[J].上海鲁迅研究，1996(1)：17 - 18.
② 内山完造.鲁迅序[M]//一个日本人的中国观.尤炳圻，译.上海：开明书店，1936：1.

他告诉我：世界各国的重要作品，出版三个月后，准能在日本找到译本，反之，日本的作品，也往往很快被介绍到世界各国去。他们的文字经过改革，要比中国纯粹是方块汉字容易学。因此，用日文写抨击中国反动派的文章，读者面可以宽一些，影响可以大一些。他的《看萧和"看萧的人们"记》《上海杂感》《在现代中国的孔夫子》《火》《监狱》，以及《王道》和《我要骗人》里的大部分文字，正是在这一思想指导下着笔的。①

以上文字为我们阐述了鲁迅用日文创作作品的初衷，鲁迅在日文作品中同样表现出他幽默且尖锐的文风。他除了反对中国反动派，也反抗日本军国主义势力，撕下中日两国所谓"亲善"的画皮，立场鲜明。与此同时，他也对中日两国人民的相互了解寄予了深切期望。

包括上文提到的一些作品，鲁迅共有 5 篇作品陆续发表在日本《改造》杂志。在内山完造的介绍下，1936 年 2 月，鲁迅与内山、改造社社长山本实彦在上海新月亭会晤，讨论了向日本介绍中国左翼青年作家作品事宜。也就是说，鲁迅向日本积极推介中国新文学、青年作家作品，并且取得了成功。1936 年 6 月至 1937 年初，《改造》开辟"中国杰作小说"专栏，发表了鲁迅推介的萧军等中国青年作家的一系列作品。鲁迅为此写了一篇引言，收录在文集里，题为《"中国杰作小说"小引》。

中国的新文学，自始至今，所经历的年月不算长。初时，也象巴尔干各国一样，大抵是由创作者和翻译者来扮演文学革新运动战斗者的角色，直到今天，才稍有区别。……

一般说，目前的作者，创作上的不自由且不说，连处境也着实困难。第一，新文学是在外国文学潮流的推动下发生的，从中国古代文学方面，几乎一点遗产也没摄取。②

---

① 唐弢.序［M］//鲁迅纪念馆，编.鲁迅日文作品集.上海：上海文艺出版社，1981：8.
② 鲁迅."中国杰作小说"小引［M］//鲁迅纪念馆，编.鲁迅日文作品集.上海：上海文艺出版社，1981：103.

鲁迅表达的观点与前文谷崎润一郎所述郭沫若和田汉认为"我们国家古老的文化，眼下由于西洋文化的传入而正遭到人们的遗弃"如出一辙，但翻译外国作品、接受外国文化，对中国新文学产生的意义也是十分重大的，在这当中，内山完造对中国新文学的发展，以及与日本文学界的交流所作出的贡献不可忽视。

四、内山书店：中日文人的"会客厅"

（一）信任为先、与人为善的经营理念

据内山完造记述，《申报》文艺部主笔朱应鹏在《到内山书店》一文中形容店内的陈设犹如图书馆，书架没有一扇玻璃门，可以自由取书阅读。中央放有几把椅子，可以随时坐下阅读。无论购买与否，都提供美味茶点。这是在中国书店未曾见到的愉快的风景。此文问世之后，不仅中国客人剧增，大江书店、新月书店等书店的人员也慕名而来，把书店的书架尺寸、陈列方法、椅子配置等画成图纸，更有甚者还带了木匠来一一量尺寸，可谓奇观。中国书店当中一时掀起了模仿内山书店做派的热潮，内山书店引领了一场书店业界的"小革命"。[①]

《怀内山书店》的作者史蟫回忆自己喜欢内山书店的理由："不仅是为了那里面有我所需要的书籍，同时也为了里面的店员特别和气。"并且，"这种和气的态度，在中国一般新书店里也是很难见到的，因为店里卖的虽是新书，用的却仍是旧式店员。"在中国书店，总有一个小伙计在一旁监视，如果看你翻了半天书最后却没买，则会摆出另一副嘴脸。"这种情形在内山书店却是完全没有的，店员们任你去翻阅架上的书籍，不拘多少时候，都没有人来干涉你"[②]，内山书店给予了顾客最大的信任和自由。

不仅如此，内山书店还经常给购书者赊账，不论国籍人种，初次见面的人也不例外。内山完造认为，对上帝的信仰，首先要从对人的信赖做起。据

---

① 内山完造.私の広告術[M]//そんへえ・おおへえ.东京：岩波书店，1949：47-48.
② 史蟫.怀内山书店[J].文友（上海 1943），1944，3（7）：23.

李阿毛回忆,他第一次去内山书店,买了六十几元的书,开了支票,但因当天是周六,就和内山说:"明天礼拜,银行不开门,后天你拿到了钱,把书送去好了。"内山却说:"不,今天就可以送去。""普通的日本人,往往左手不认得右手,怎么钱没拿到,货色就肯脱手呢?"作者对此感到十分诧异与感激①。在内山书店,这类事情犹如家常便饭,甚至有客人以欠内山书店的书账引以为豪,在伙伴当中"炫耀"②。正因如此,内山时不时陷入无资金流转的困境。合作伙伴日本东京堂曾劝说他不能这样做生意,东京的书店都是现金买卖,总赊账的话书店总有一天会倒闭,但内山依然坚持此做法。东京堂允许内山月底结付,而他每次月中就主动结清账款。

在 20 世纪 20 年代初,中国的排日运动最激烈的时候,内山书店的中国客人依然络绎不绝。邮局本来不予受理日本人的包裹,但如果是内山书店的,就会提醒道:"今天是特例,明天就不允许了。"但第二天也是同样的回复。就这样日复一日,内山书店的书籍顺利发往全国③。内山书店对顾客的信赖与宽容,就是无形的广告,在两国人民之间形成了良好的口碑。

(二) 中日文人的"会客厅"

内山书店所在的上海市虹口区四川北路一带是当时日侨集中活动的区域,除日本文人外,中国左翼文人也大都居住于此,因此包括早期"文艺漫谈会"的成员在内,郭沫若、田汉、郁达夫、陈望道、欧阳予倩、沈雁冰、柔石、萧红、萧军等均为内山书店的常客,鲁迅曾于 1934 年 11 月在内山书店首次会见萧军、萧红。内山书店已经成为中外文人拜访鲁迅的固定场所。要找鲁迅就到内山书店,已经成为当时文人间不成文的共识。

当时的报刊中可以找到对内山书店及店主内山的报道,比如汪以果回忆道:"一九二八年我从农村挤进了上海,想借此看见鲁迅,常常到内山书店去。"④还有这样的描述:"店里的布置,除了列满了书架的中国书和日本书

---

① 李阿毛.内山完造[N].晶报,1936 - 11 - 12(2).
② 内山完造.私の広告術[M]//そんへえ・おおへえ.東京:岩波書店,1949:48.
③ 内山完造.花甲録:日中友好の架け橋[M].東京:平凡社,2011:202.
④ 汪以果.鲁迅逝世[N].西京日报,1936 - 10 - 23(5).

以外，还悬挂着中国的山水古画，情调是幽静的朴素的。他有足够的时间去
韬光养暇，研究他的文学。有空时，左倾作家郭沫若是他的座上客。""假使
有中国人去访问他，他的第一句话总是：'中国人对我们太优待了！'"①。

内山书店从 20 世纪 20 年代开始已经成了日本文人来沪的第一站。如
前文所述，日本文豪谷崎润一郎于 1926 年初来沪与内山完造结识，《上海交
游记》几乎就是围绕内山书店而记录的。1928 年 12 月至翌年 5 月在上海
居住了半年的日本诗人金子光晴也常常去参加内山书店的活动，并形容内
山书店经常会有各色人物在那里相聚，是一处"梁山泊的聚义厅"，大家都可
以在那里轻松愉快地畅所欲言。②

鲁迅在上海的近十年间，中日文人拜访鲁迅的固定场所大多是在内山
书店，许多日本作家都在内山书店与鲁迅结缘。

> 日本文人经余介绍与鲁迅先生会见或通信者，先后计有原田让二、
> 贺川寒彦、山本实彦、长谷川如是闲、佐藤春夫、室伏高信、横光利一、野
> 江未次郎、新居格等，彼等对鲁迅先生皆众口一辞，誉为"中国之国
> 宝"。③

包括上述文人，还有圆谷弘、山本初枝、山上正义、鹿地亘、前田河广一
郎、铃木大拙、武者小路实笃、长与善郎等百余位日本文人都通过内山完造
的引荐与鲁迅产生了联系，本节仅选取几位较有代表性的日本作家详述
如下。

1926 年 4 月，日本诗人金子光晴与妻子森三千代来上海旅行，他们的
住处就在内山书店的对面，即北四川路余庆坊（今四川北路 1906 弄）的二层
石库门房屋。4 月 22 日，金子在内山完造的介绍之下，在内山书店结识了
前来参加聚会的中日两国文学家，比如《大阪每日新闻》上海支局长村田孜
郎、僧人杉本勇乘、田汉、欧阳予倩、丰子恺、画家陈抱一、教授方光焘等。时

---

① 胡传栻."胜利土"上的"战败国"民：残留在上海市的日侨[N].平民日报，1947－12－21(2).
② 金子光晴.猪鹿蝶[M]//金子光晴(ちくま日本文学 038).东京：筑摩书房，2009：307.
③ 内山完造谈鲁迅近年生活[N].大公报(上海版)，1936－10－21(4).

隔两年,金子第二次短期来沪期间,终于通过内山结识了鲁迅,鲁迅在 4 月 2 日的日记中记录了与金子的会面。1929 年 1 月 26 日,鲁迅再次与他会面。1 月 31 日,鲁迅收到由郁达夫转交的《森三千代诗集》。3 月 31 日,鲁迅在上海参观了金子光晴浮世绘展览会,购买两幅画作。1934 年 3 月 17 日,鲁迅致信森三千代,感谢赠书《东方之诗》。

芥川龙之介在自杀前,曾极力推荐横光利一到上海去看一看。横光利一于 1928 年带着对中国的好奇和了解中国的愿望来到了中国。横光利一回日本后,从 1928 年 11 月开始在《改造》杂志上连载以上海为背景、五卅运动为主题的小说《上海》,并于 1932 年 11 月出版了单行本。1936 年 2 月 24 日,横光利一第二次来到上海,刚抵达就赶到内山书店,与鲁迅、内山以及改造社社长山本实彦会面,之后一起到新亚饭店就餐。

1930 年 3 月,日本共产主义者尾崎秀实在内山书店认识鲁迅,与夏衍、陶晶孙、山上正义出版了日文版《鲁迅作品集》,还在当年 9 月与史沫特莱一起参加了鲁迅五十寿辰庆祝会。尾崎秀实的住处离创造社不远,与创造社的同仁多有来往。

1931 年 4 月,日本作家、翻译家增田涉通过日本作家佐藤春夫的介绍信来到内山书店,得以结识鲁迅。他常去书店等候鲁迅,并跟随鲁迅到住处,有好几个月几乎天天到鲁迅家,和鲁迅探讨翻译问题,听鲁迅详细地讲解《中国小说史略》以及中国文学知识。他还亲自坐在鲁迅的书桌前,体会鲁迅创作的感觉,由此形成了增田独特的鲁迅观。《中国小说史略》《呐喊》《彷徨》《朝花夕拾》《野草》《热风》《华盖集》《而已集》等作品的日译本得以问世。

京都大学教授、中国文学研究家小川环树为了加深对中国小说的造诣和对汉语音韵学的理解,曾于 1934 年至 1936 年到中国留学,期间在内山书店与鲁迅相识并交谈。小川认为,与当时中国文学的旗手鲁迅的接触是十分幸运的体验,因此在日后反复向学生讲起这段经历[1]。

---

① 小川環樹.解説[M]//井波律子,荻生徂徠,小川環樹,译注.論語徵 2.东京:平凡社,1999:403.

（三）信件的中转站

内山完造积极保护进步人士,除了鲁迅之外,许广平、郭沫若、陶行知、夏丏尊等进步文人都得到过内山的帮助与营救。鲁迅、茅盾、郭沫若、叶圣陶等文学巨匠以及丁玲、柔石等左联作家都在多伦路一带活跃,他们的诸多作品都通过内山书店转到了进步青年的手中。外界寄给鲁迅的信件大多是由内山书店中转,收件人为"周豫才"。

特别是一些外国人与鲁迅的间接联系,也是通过内山书店完成的。俄罗斯作曲家、钢琴家车列普宁曾于1934年来到中国悬赏征求中国钢琴作品,贺绿汀当时在上海国立音乐专科学校学习,并以《牧童短笛》应征获奖。1935年5月,车列普宁又来上海的时候,贺绿汀去锦江饭店看望他,他说想写一部以《红楼梦》为题材的歌剧,并希望请鲁迅写剧本。贺绿汀因自己只在内山书店见过鲁迅先生,并没有交往,提议让他直接给鲁迅写信,自己替他送到内山书店。鲁迅在1936年5月28日的日记中有收到车列普宁的信件的记载。车列普宁得到鲁迅的回复,说是那时患病,等身体好了再商量此事。遗憾的是,之后不到半年,鲁迅先生就逝世了。

在信件中转方面,内山书店还有一则轶事。郭沫若在文坛上很有作为,但他在日本的生活却比较贫困。当时国内出版界欠稿费之风比较严重,因此他不把稿子直接寄给出版社,而是寄到内山书店,同时写信通知出版社的人去拿,一手交款一手交稿。①

五、结语

纵览中外文献,有关内山完造和内山书店的记载数不胜数。在中国,阿累在1936年写的散文《一面》,就是关于发生在内山书店的故事。作者是汽车公司售票员,热爱读书却囊中羞涩。鲁迅见状,赠送自译的《毁灭》,并将曹靖华译的《铁流》以一元钱让给他。我们可以深切地感受到店主内山的热

---

① 为了欠稿费太利害 郭沫若售稿子有妙法 内山老板经手 一手交钱一手交货[J].电声,1937,6(16):740.

情和鲁迅对年轻人的关怀与鼓励。在日本，剧作家井上厦的剧本《上海月亮》将鲁迅临终前几个月的生活场景统统搬到了内山书店。在那里，鲁迅与内山夫妻、妻子许广平、须藤五百三和奥田杏花医生六人之间，发生了笑泪交织的故事。

谷崎润一郎通过内山完造与中国新文学界发生了联系，并且影响了他的文学作品中对中国的印象与阐释；鲁迅通过与内山长年的交往，与日本《改造》杂志社以及整个日本文学界产生了密不可分的关系，并在生活上得到了内山的诸多照拂。重要的是，鲁迅积极推介中国青年文学家的作品，在两国文学交流方面扩大了中国文学的影响力。

内山完造及内山书店为中国新文学的产生提供了资料来源、理论基础和文化交流的空间。作为两国文化沟通的推动者，内山在日本作家和中国文化人、中国新文学的接触中功不可没，为鲁迅和中日文人的交往，特别是在与日本出版媒体之间架起了桥梁。中国知识分子吸收国外先进思想，而中国新文学也从那个时代开始，逐渐走向了世界。

第三章
新见鲁迅致内山完造信札考索

一、新见鲁迅致内山完造信札

2023 年 4 月 2 日至 9 日，"鲁迅重要文献展"在位于上海内山书店旧址的 1927·鲁迅与内山纪念书局展出。这批文献中有日本藏家持有的鹿地亘在 20 世纪 30 年代寄给日本大分县父母的多封信札和影集。其中最为珍贵的是，在鹿地亘 1936 年 10 月 22 日的家书中，同封附有鲁迅致内山完造的一则日文亲笔信札。这封信札在历来的《鲁迅全集》和《鲁迅手稿全集》等中都未曾收录，因此，这是鲁迅书简的最新发现。信札原文如下：

老版：

　　「写真之類」ハ割合に訳シニクイ文章デスガ、シカモヨク訳サレテ居マス。無論誤訳モ處々ニアルケレドモ。鹿地様ニミセタライカガデスカ？同文ヲ訳スルトキニ（若シ鹿地様モ訳スナラ）参考ニモナルダラウカラ。

L 拝

八月廿八日

将信译为中文如下：

老板：

　　《写真之类》是一篇比较难译的文章，然而却译得很好。当然，有些

地方也存在误译。给鹿地君看看如何？我想他在翻译此文时（如果鹿
地君也翻译的话）可以作为参考。

L 拜

八月廿八日

　　这封信札是鲁迅的日文亲笔手书。鲁迅的日文书写方式，一贯使用片
假名和日语汉字，这封信札也不例外，信中的片假名和日语汉字的写法以及
署款体例与现已公开的鲁迅致日本友人的多篇手稿字迹风格一致。其中，
鲁迅对内山书店店主内山完造的称呼，混杂使用"老板"和"老版"，此封使用
的是"老版"。信札并未标记年份，上述鹿地亘的家书写在鲁迅出殡之日，他
是鲁迅的十二位扶灵人中唯一的一位日籍人士。鹿地亘在信的开头写道：
"師友を失って、悲しみの中にゐます。"（失去师友，我悲痛不已。）之后讲述
了鲁迅在逝世两天前，亲往自己位于窦乐安路（现多伦路）燕山别墅 35 号的
住所一小时之久，由此受到风寒，导致病情加剧。鲁迅在 1936 年 10 月 17
日的日记中也明确记载："下午同谷非访鹿地君。"鹿地亘还在家书末尾附
言："鲁迅の、私について、「内山」氏に当てた手紙、一つおくります。"（奉上
一封鲁迅写给内山、有关我的信。）鹿地亘于 1936 年 1 月抵沪，2 月通过内
山完造的引荐与鲁迅相识，由此不难推知，鲁迅的这封信札写于 1936 年 8
月 28 日。鲁迅在看到《写真之类》的译文后，马上托内山完造转交给鹿地亘
参考，充分体现了鲁迅对鹿地亘这位左翼青年的信任、赏识和在翻译事业方
面对他的帮助与提携。

　　信札内容简短，在提示一些信息的同时，也给我们带来一些疑问。第
一，鲁迅所说的《写真之类》是指自己的哪篇作品？是否如鲁迅所说译成日
文发表？译者何人？发表刊物为何？翻译的理由为何？第二，如能找到这
篇译文，能否发现鲁迅所指误译之处？第三，鹿地亘是否也翻译了这篇作
品？两者译文风格是否有所不同？鹿地亘是否参考了鲁迅所指译文？如能
解答以上问题，此封信札的谜底自然可以揭开，不仅可以填补鲁迅生前作品
在日本译介的空白，而且可将鲁迅与此文译者以及鹿地亘的文学关系研究
提升到一个新的层面。鹿地亘是日本改造社版《大鲁迅全集》的主要译者之

一,因此对《大鲁迅全集》的成书经过、鲁迅作品的日译研究也会有所裨益。尽管鲁迅在这封信中并未提及自己的名篇或重大事件,但经笔者借助日文一手资料对信件内容进行考证,结论完全属实。

二、新见小田岳夫译鲁迅杂文三篇

受信札内容启示,笔者搜寻了信件提及时间之前的日文报刊,发现鲁迅提及的《写真之类》一文就是于 1936 年 8 月发表在日本《文笔》杂志上的《写真の類》一文。这是鲁迅的《论照相之类》在日本的首次译介。需要说明的一点是,日语中平假名"の"可以写为"之",鲁迅在信中使用了"之"字。笔者以此为线索调查了此杂志在日本现存共 19 册的内容,又发现了两篇鲁迅的日译文。

《文笔》杂志新发现三篇译文如下:
- 《写真の類》(小田岳夫译,《文笔》第 1 卷第 1 期,1936 年 8 月)
- 《小雑感》(小田岳夫译,《文笔》第 1 卷第 2 期,1936 年 9 月)
- 《文人無文》(小田岳夫译,《文笔》第 1 卷第 3 期,1936 年 10 月)

以上三篇随笔分别译自鲁迅的《论照相之类》[1]《小杂感》[2]和《文人无文》[3],并且三篇鲁迅作品在日本的译介均为首次。鲁迅虽未在上述信件中指明《写真之类》的译者为何人,但从译文题目、发表时间来看,鲁迅所指译文正是小田岳夫的译文。

三、《文笔》杂志

遗憾的是,连续三期推介鲁迅作品的这本《文笔》杂志,在中日两国学界都未曾受到关注。然而无论从杂志主编、出版社还是刊载作品的质量而言,这本杂志都是从事日本近代文学研究、中日比较文学、中日文学关系等研究

---

① 鲁迅.论照相之类[J].语丝,1925-01-12(9):1-3.
② 鲁迅.小杂感[J].语丝,1927-12-17(1):39-43.
③ 鲁迅.文人无人[N].申报,1933-04-04(14).

领域不应忽视的一本日本文学期刊。

《文笔》杂志的主编山崎刚平是日本的和歌诗人、出版家。他于 20 世纪 20 年代开始相继创办多部文艺杂志，1935 年创立砂子屋书房，即《文笔》杂志的出版方。砂子屋书房出版了日本文学家的大量作品集，其中有太宰治的第一部短篇小说集《晚年》（1936 年）、尾崎一雄的《快活的眼镜》（1937 年）、伊藤整的《艺术的思想》（1938 年）、小田岳夫的短篇小说集《泥河》（1940 年）等，其中，《泥河》还收录了小田岳夫的《漂泊的鲁迅》一文。砂子屋书房至今已有近 90 年的历史，如今依然活跃在出版业，以和歌、诗集的出版为主，此外也出版小说、文艺评论等书籍。特别在大胆的书籍设计、有格调的装帧等方面，深受业界好评。

《文笔》杂志的前身即山崎刚平主编的《文艺杂志》。《文艺杂志》于 1936 年 1 月至 5 月共发行 5 期后停刊。1936 年 8 月，《文笔》创刊。据日本仅存的 19 册期刊可推断，《文笔》至少发行到 1941 年 6 月。创刊号不仅发表了小田岳夫所译鲁迅的《写真の類》，还刊登了太宰治的《〈晚年〉自赞》一文和中村地平、山岸外史为短篇集《晚年》所作的推荐文等风格各异的文艺作品。山崎在创刊号"后记"中记述道：

> 月刊杂志《文笔》创刊，希望为从事文笔创作的人们提供发表的媒体，杂志取名也由此而来。同时，本杂志也可兼作本书房的月报。恳请各位予以更大支持。

山崎刚平还在后文中表明，希望《文笔》能够代替《文艺杂志》继续实现同仁对文学的理想与抱负。综合笔者对刊物各期的调查，可将《文笔》杂志的性质大致归纳为以下三点。第一，《文笔》每期都会设置专题介绍近期由砂子屋书房出版的新书，并将小田岳夫、丹羽文雄和尾崎一雄等知名作家、诗人的多篇评论进行组稿。例如：创刊号的专题如上所述是太宰治的《晚年》，第 2 期专题是和田传的《平野的人们》和杉本捷雄的《牛蒡种》，第 3 期则围绕山崎刚平的《挽歌》和浅见渊的《现代作家研究》。第二，《文笔》发表作品体裁多样，除了小说、评论、随笔、外国文学译介之外，最有特色的要数和歌,当然这与主编山崎所擅长并一直从事的和歌创作密不可分。第三,也是最重要的一点,《文笔》表现出积极译介外国文学作品的态势,这与同时期日本文学期刊相比,非常罕见。第1期到第3期连续刊载鲁迅的三篇杂文,就是鲁迅这些作品在日本的首次译介。不只是鲁迅,《文笔》还连载荷兰出生的法国自然主义女作家尼尔·杜夫(Neel Doff)的《饥饿与贫困的每一天》,由奥村实翻译,这也是该作品在日本的首次译介。正如山崎所言:"我们将她如珠玉版的短篇以读者每次都可读完的形式进行连载,这正是读书人的幸福所在。再加上奥村氏的名译,本刊引以为傲,敬请读者期待。"①

四、小田岳夫与鹿地亘译文

鲁迅在信中不确定鹿地亘是否会翻译《论照相之类》,因为尽管瞿秋白编《鲁迅杂感选集》②中收录了《论照相之类》一文,但不确定改造社策划的日文版《鲁迅杂感选集》是否会参考上述选集的篇目。然而因鲁迅的突然逝世,改造社改变了出版计划,由此诞生了世界上第一部鲁迅全集,即1937年日本改造社出版的《大鲁迅全集》。鹿地亘独立承担第2卷到第5卷的翻译,并与小田岳夫合译第7卷,从事了鲁迅绝大多数作品的翻译。鹿地亘译《论照相之类》,题为《写真などを論ず》,收录在日本1937年改造社版《大鲁迅全集》第3卷。笔者将此译文与鲁迅原文和小田岳夫的译文进行对比研究,不仅证实了鲁迅所指小田译文的误译之处,还可以看出两者翻译的不同风格。

首先结合鹿地译文,指出小田译文的误译和漏译之处。诚如鲁迅所说,小田译得不错,但经对比发现,小田译文中存在明显的误译有9处,漏译有5处。其中,误译之处有:小田将"小康"译作"小楽",而鹿地译作"世間並みに暮らしてゐる",正确传达了"小康"的意思;小田将"徒令"译作"従に",而鹿地译"徒に",是正确的;小田将"用意"的汉字照搬,这个词在日语中是"准备、防备"的意思,鹿地则精准地译为"目的";小田将"左中堂"译作"在中

---

① 山崎剛平.後記[J].文筆,1936(2):62.
② 鲁迅.鲁迅杂感选集[M].何凝,编.上海:青光书局,1933.

堂"，此处或许是印刷有误；此外，小田将"帽架"译为"帽子"，而鹿地则准确译为"帽子掛け"；小田将"花盆"译为"花瓶"，鹿地准确译为"植木鉢"；小田将"看穿"译为"衝いた"，这个动词在日语中有"刺穿""袭击"等意思，与此相对，鹿地则译为"見抜いた"，非常贴切；小田将"永久"译为"遅い"，这个形容词有"迟""慢"等意思，并无"永久"之意，鹿地则译为"生命は長い"；小田将"然而只要一看那些继起的模仿者们的拟天女照相"中的"然而"译为"そして"，这个接续词在日语中是"并且""而且"的意思，鹿地则准确译为"然し"。

此外，漏译之处有：小田将"框子里的照片"译为"写真"，而鹿地准确译为"額縁の中の写真"；"因为像腰斩"中的"像"，小田并未译出，鹿地则准确译作"やうだ"；"然而名士风流又何代蔑有呢"中的"然而"，小田并未译出，鹿地则准确译为"しかも"；"死心塌地，俯首贴耳"这一句，小田只用"屈服"一词带过，而鹿地则译为"眼をつぶつて""首も耳も垂れる"；"倘若白昼明烛"一句，小田也完全漏译，鹿地则完整地译为"もし白昼明燭をつけ"。

其次，从翻译的方法和策略来看，小田多采取"异化"的方法，而鹿地多采用"归化"的译法。即，小田喜欢保留汉语词汇，照搬汉字，特别是一些专有名词或只有在中国文化背景下才可以理解的词语，比如"洋鬼子""鲫鱼""铁线""麻姑"等；与此相对，鹿地擅长将这类词语转化为日语中本来就有的词汇，或者是日本人容易理解的词汇，将以上词语分别译成"毛唐""鮒""针金""仙女"等。其中，"毛唐"是日本人对外国人的差别用语，日本人即可感同身受中国人所说的"洋鬼子"之意。如像小田译照搬"洋鬼子"，需要借助注释，日本读者才可明白词语所指。小田译对"洋鬼子"有所注释，然而对"鲫鱼""铁线"等词却未加解释。如此看来，鹿地译的版本对于日本人来说，更易理解和接受。

从鹿地亘将鲁迅的信同封寄给日本家人这一点来看，他应该看过小田的译文。更为重要的是，鲁迅在托内山完造转交译文的同时，或许已经对小田译有所修正或批注。虽然这一点目前尚未证实，但通过对鹿地亘译文的详细分析，可以发现，无论是鲁迅的批注，还是鹿地亘的斟酌与修正，鹿地亘在整篇译文中都使用了更加地道的日语表达，译文完成度非常之高，可见鹿地亘对鲁迅作品的理解相当透彻。

另，就二人的翻译风格而言，因《大鲁迅全集》第 3 卷也收录了鹿地亘译《小杂感》，因此笔者将其和《文笔》杂志上小田的译文《小杂感》进行比较，可以发现小田的译文偏重口语表达，而鹿地亘偏重书面语表达，使用的词汇较为晦涩。

五、小田岳夫与鲁迅

中日学界对芥川奖作家、翻译家小田岳夫的研究，大多围绕他的《鲁迅传》(1941 年)开展。笔者通过对相关日文资料的爬梳，就小田岳夫与鲁迅的关系以及小田岳夫选译鲁迅作品的原因等方面，获得了一些有益的信息。

首先，就小田岳夫和中国的联系而言，他曾于 1924 年至 1928 年在日本驻杭州领事馆从事外交工作，回日本后又于 1937 年 3 月到上海旅行，逗留了一个月左右。他在鹿地亘夫妇的带领下访问许广平女士，并结识了胡风、萧军、萧红等作家。尽管小田岳夫与鲁迅未曾谋面，但他积极致力于翻译鲁迅作品，与鹿地亘共同承担《大鲁迅全集》第 7 卷的翻译，还在日文期刊多次提及鲁迅。

其次，小田岳夫在 1936 年 4 月发表的《鲁迅与翻译》一文中，提到鲁迅作品的日译，当时日本已有井上红梅译《鲁迅全集》(1932 年)和佐藤春夫、增田涉共译《鲁迅选集》(1935 年)，"除此之外还有拙译随笔选集，近日将于砂子屋书房出版"①。《文笔》杂志 1936 年 9 月出版的第 1 卷第 2 期"后记"中，也提到"下个月小田岳夫译《鲁迅随笔》将会出版"。并且，第 3 期的"后记"也记述了如下内容：

> 小田岳夫氏因芥川奖而出名，因此《鲁迅随笔》也早应付梓，而今却延迟出版，还因此受到外界非议，认为砂子屋书房太不把买卖当回事。这些指责很有道理，我们会尽快出版。

---

① 小田嶽夫.鲁迅と翻訳[J].書物展望,1936(4)：119.

无论译者本人还是出版社负责人，都对这本即将出版的《鲁迅随笔》予以重视，小田岳夫为此专门请求鲁迅的谅解：

> 我与鲁迅未曾谋面，然而最近却有了一点联系。因我翻译鲁迅的杂文集即将由某出版社出版，我写信希望求得鲁迅的谅解。因不清楚地址，所以把信寄给了上海内山书店。过了一阵，内山书店店主内山完造回信说，已将信件转交给鲁迅，因为先生尚在病中，卧床不起，因此受其委托代替鲁迅回复。鲁迅对于出版日译杂文集，虽然没有什么意见，但最近日本某出版社已决定出版同系列杂文集，鲁迅正在一一校订译稿，因此恐怕不能如您所愿。
>
> 然而，我这边已经到了不能随意中止出版的地步，因此我打算再给鲁迅写一封信，但一直拖延，直至某天突然接到了鲁迅的讣告。①

对于小田岳夫提及的这本《鲁迅随笔》是否出版，至今无所查证。引文中提到的日本某出版社决定出版的杂文集，应该就是前文所述改造社版《鲁迅杂感选集》。因鲁迅的突然离世，改造社改变计划编译了《大鲁迅全集》。小田岳夫的选集未能问世，或许有着同样的原因。鲁迅在日记中对小田岳夫的唯一记载，即 1936 年 9 月 15 日所记"得小田岳夫信"②。综合考量小田岳夫在上述回忆中提及鲁迅卧病和砂子屋书房拟出版《鲁迅随笔》的时间等信息，鲁迅日记的内容在此也得以揭示。

最后，论及小田岳夫在鲁迅众多作品中，选译《论照相之类》等三篇的理由，可从以下资料窥得端倪。小田岳夫曾在《鲁迅——主要关于讽刺性》一文中，用"沉重""忧愁""猛烈"和"深刻"来形容鲁迅杂文中的讽刺性，并指出：

> 如果他的讽刺对象仅限于本国的为政者，或者权力者，那我们眼中的他应该会比现在更加明朗吧。而他讽刺的对象已拓宽到与他同类的

---

① 小田嶽夫.鲁迅を偲ぶ[M]//支那人・文化・風景.东京：竹村書房,1937：161 - 162.
② 鲁迅.鲁迅全集：第十六卷[M].北京：人民文学出版社,2005：621.

知识分子、文人以及一般中国民众当中。也就是说，所有同胞、中国的一切，都必然成为他讽刺的对象。并且，他自己是何许人也？他正是一个中国人。此处即潜藏着他讽刺的特殊性。①

　　小田岳夫在《文笔》所译鲁迅的三篇作品，都具有对社会现实的极强的讽刺意义。特别是鲁迅在《论照相之类》中，对当时群众封建迷信、保守落后的思想以及某些人群病态的心理、扭曲的艺术审美以及权力崇拜等问题，进行了畅快淋漓的讽刺。因此，上述小田岳夫对鲁迅杂文的认识，为我们理解小田岳夫在《文笔》杂志选译鲁迅三篇作品的缘由，提供了一些启示。

---

① 小田嶽夫.魯迅——主としてその諷刺性について［M］//支那人・文化・風景.东京：竹村書房,1937：149 - 150.

— 第二部 —

中日报刊中的内山完造

第四章

从《上海日日新闻》看 20 世纪 30 年代的内山完造

一、内山完造对童话会的记述

内山完造作为文豪鲁迅的挚友而广为人知，然而他为中日文化交流作出的贡献不止于此。内山在中国居住近三十五年，在与中日文人的交往和自身的观察中，他对中日文化产生了独到见解，创作了十余部随笔集和自传《花甲录》等。在上海期间，内山还积极开展或参与了多项文化活动。比如，从 20 世纪 20 年代开始，以内山书店为据点，"文艺漫谈会"和"支那剧研究会"等相继成立，进入 30 年代以后，内山发起了"上海童话协会"。然而在国内外学界，"上海童话协会"的面纱还未被揭开。因此，本章将《花甲录》中记载的"上海童话协会"（以下简称为"童话会"）作为研究对象，通过调查日文一手资料还原童话会活动的真实面貌，探讨其在上海日侨当中起到的作用和意义。

首先，内山完造在《花甲录》中对童话会的创立经过回忆如下：

上海的孩子们虽然阅读了很多杂志，但这样有失均衡。他们只通过眼睛来接受影响，而并未接收通过耳朵传递的影响。这会使得身体发育不全，如此一想，我总觉得上海的孩子们就像干巴巴的树叶一般。说到底还是环境的影响使得他们缺少滋润。因为他们用耳朵所接收的情感实在是太少了。上海缺少一个孩子们喜欢的童话会。各个家庭中的老人很少，因此孩子们能听到的童话故事也是极少的。若家中只有年轻的父亲与母亲，家庭教育便容易沦为空谈理论。就算父母谨记情感教育，也终究会变成理论上的情感教育，缺少自然流露的情感。这便是一处需要用到上海爷爷的地方。我怎么也想不出还有谁能来解决这个问题。没办法，只能由我来扮演这样一位上海爷爷了。于是我向佛教、基督教的主日学校相关人士提了这件事，他们也有相同的想法，事情便顺利地朝着成立上海童话协会的方向推进了。①

《花甲录》还记述了童话会成立之后的盛况：成立当日，孩子们"聚集得满满当当，从开始到结束都欢欢喜喜、十分满足"。童话会多在上海东部与西部的"工厂"举行活动，"无论在哪孩子们都十分开心，父母们也来听，他们就更开心了，上海童话协会可真是场场爆满、座无虚席"。童话会还邀请了东京文理大学大塚童话会的三人，另外还有久留岛武彦进行了演讲，孩子们非常高兴。"大家不愧是在主日学校讲课的人，讲得实在太好了，公演真是场场爆满啊"，"在上海的日本人认为童话会有着相当高的存在价值"，"现在有着两三个孩子的、上海长大的妈妈们几乎都是童话会的听众了。有时举办大的活动能有两千多人到场，平时也绝不会少于五百人。就算去各个工厂，也会有两百多个孩子和大人坐在一起，童话会的规模可不容小觑"。

目前提及童话会的资料除《花甲录》外，还有两册论著，但其内容应该是依《花甲录》写成。首先从《魔都上海：十万日本人》可见童话会的简单介绍：

随着在沪日本人不断增加，孩子的数量当然也越来越多。于是，为孩子们讲故事的"上海童话协会"便成立了。每周日会在租界内的日本小学举行活动，还从东京请来讲师，据说盛况空前。②

此外，小泽正元在内山完造传记中也对"上海童话协会"这一部分有所介绍。小泽正元在关于童话会成立背景的描述中补充了以下内容：

"九一八事变"前后在沪日本人急速增加，因此日本儿童的数量也

---

① 内山完造.花甲録：日中友好の架け橋[M].东京：平凡社，2011：286.
② NHK取材班.魔都上海：十万の日本人[M].东京：角川书店，1995：118.

增加了很多。但上海本就是一座租界城市,是列强榨取中国的据点,并非孩子们的乐园。①

从上述材料可以推断,内山完造的童话会之成立,对日侨儿童无论在教育还是娱乐方面的意义都十分重大。然而,上述资料所能提供的信息非常有限,因此,笔者通过记载同时期文化活动的日文报纸《上海日日新闻》的相关报道,并参照其他相关日文资料,还原童话会活动的史实,并进一步阐明童话会的性质,以及对在沪日侨儿童带来的影响及意义。

二、《上海日日新闻》等资料对童话会活动的记载

《花甲录》提及"上海童话协会"的部分被划分在 1931 年(昭和六年)的目录之下,因此所能调查的报纸,首选上海发行的日文报纸《上海日日新闻》。这份报纸于 1914 年 10 月 1 日创刊,由上海日日新闻社发行,到了 30 年代还增加了"华文版"。报纸对经历了辛亥革命之后的中国政治、经济、社会、文化等方面的情况进行报道,得到了当时上海日本侨民的大力支持。创刊人宫地贯道在 1932 年的著述中,批判日本把伪满洲国作为生命线这一政策。这份报纸经营长达 20 余年,经历了九一八事变、一·二八事变、七七事变,特别是八一三淞沪会战之后,由于在职中国员工的逃亡,无法印刷,只能发行誊写版的新闻。1937 年秋,日军占领除租界之外的上海,报纸最终被日本军方收购,成为中文版的《新申报》,因此可以说《上海日日新闻》是记录 20 世纪 30 年代上海的非常重要的一份报纸。

《上海日日新闻》在日本由东京大学社会情报研究资料中心收藏,可用于调查的有 1931 年(昭和六年)1 月到 8 月、1933 年(昭和八年)5 月到 1937 年(昭和十二年)4 月,共计 56 个月的报纸。在中国,上海图书馆徐家汇藏书楼中藏有 1932 年(昭和七年)8 月到 1933 年(昭和八年)4 月,共计 9 个月的报纸。根据调查结果,本章就"童话会"开展的时期、次数、场所、讲师以及内容等方面对"童话

① 小澤正元.上海童話協会の設立[M]//内山完造伝:日中友好につくした偉大な庶民.東京:番町書房,1972:81-82.

会”的活动细节进行补充，并指正内山完造记忆中以及先行研究中的错误。

为方便读者阅读，笔者基于调查结果，将"童话会报道"与"童话会相关报道"（上海童话协会以外的团体或学校举办的童话相关活动）进行了整理并制成下表，以阐明"童话会"活动的实态。

表 4.1 童话会及相关报道目录[①]

		童 话 会 报 道				
日期	早报/晚报·版面	报道题目	开始时间	场 所	节目安排	注 解
1931 年						
1月11日（周日）	九	けふの童話会（今天的童话会）	下午两点	狄思威路购买组合楼上[②]	童话《御話リレー（童话接力）》：内山完造、高橋実、藤井稔、楠本一夫、村井美喜夫、高橋貞一、当間美三、柴田一郎；童謡《雪（雪）》：高橋実	该年度第一场童话会
1月18日（周日）	晚报·二	あすの童話会（明天的童话会）	下午两点	购买组合	《童話リレー（童话接力）》续篇：内山完造、高橋実、藤井稔、楠本一夫、高橋貞一	
1月25日（周日）	七	けふの催し（今天的活动）	下午两点	购买组合	《二人の老人（两个老人）》：内山完造；《トム公の冒険（汤姆·索亚历险记）》：高橋実；《この花（这枝花）》：高橋貞一	
2月8日（周日）	晚报·二	あすの童話会（明天的童话会）	下午两点	购买组合	《続トム公冒険物語（汤姆·索亚历险记续）》：高橋実；《張さん金さん（小张和小金）》：内山完造；《幻ない者（无幻想者）》：高橋貞一	

① 报纸中难以辨认的字使用"■"替代。
② 以下简称"购买组合"。

(续表)

					童 话 会 报 道	
日期	早报/ 晚报· 版面	报道题目	开始 时间	场 所	节 目 安 排	注 解
2月22日 (周日)	七	けふの童话 会(今天的童 话会)	下午 两点	购买 组合	《火と喧嘩(与火吵 架)》:内山完造;《人 (人)》:当间美三; 《トム公の冒険物語 (汤姆·索亚历险 记)》:高桥实	无2月1 日、15日 报道
3月14日 (周六)	七	今夜童話大 会(今夜童话 大会)	晚上 七点	每日 大厅	开场致辞、童谣指导 《砂山(砂山)》:一木 敏之;童话讲解《長 い槍と短い槍(长枪 与短枪)》:岩崎太 郎;童话《チョコレー ト小学校(巧克力小 学)》:村井美喜夫; 童话《題未定(题目 未定)》:柴田俊貞; 童谣独唱(イ)《お菓 子と娘(点心和女 孩)》:高桥实;(ロ) 《植生の窓(植被的 窗)》;童话《靴屋の 英雄(鞋店的英 雄)》:中條辰夫;童 话剧《エラクなつた ヒヤシンスハルベ ー(长大的风信 子)》:全体会员	
3月25日 (周三)	七	観音堂で童 話会(在观音 堂开童话会)	下午 六点半	吴淞路 东兴里 内观音 堂	荒木既成、村井美喜 夫、楠本一夫	
3月29日 (周日)	晚报· 二	あすの童话 会(明天的童 话会)	下午 两点	购买 组合	《着物気違ヒ(和服 迷)》:内山完造;《美 しい花(美丽的 花)》:村井美喜夫; 《春(春天)》:当间美	无3月1 日、22日 报道

（续表）

					童　话　会　报　道	
日期	早报/晚报·版面	报道题目	开始时间	场　所	节目安排	注　解
					三；《ハックルベリー物語（一）（哈克贝利·费恩历险记一）》：高橋実；《勇敢な子供（勇敢的孩子）》：高橋貞一	无 4 月 26 日报道
5 月 3 日（周日）	九	童話会番組（童话会节目）	下午一点	购买组合	《犬（狗）》：村井美喜雄；《一太郎（一太郎）》：岩崎太郎；《海を隔てる（隔海）》：当間美三；《寮生（寄宿生）》：内山完造；《ハックルベリー（哈克贝利·费恩历险记）》：高橋実	
5 月 17 日（周日）	晚报·二	あす童話会（明天的童话会）	下午两点	购买组合	《海底旅行（海底旅行）》：内山完造；《虎公と牛公（虎公和牛公）》：村井美喜夫；《ハム（火腿）》：高橋貞一；《小僧ボー吉（小子波吉）》：高橋実；《たれのもの（鼻涕鬼）》：当間美三	
5 月 24 日（周日）	九	童話祭の番組（童话节的节目）	上午十点	高等女学校讲堂	大会第一部分（为孩子们举办）。童话《犬君（犬君）》：泉裕太郎；《めん鳥とみつ蜂の話（雌鸟与蜜蜂）》：高橋貞一；《珍太郎（珍太郎）》：石川務；《■ボーの話（■波的故事）》：高橋実；童谣《雨ふり（下雨）》：泉裕太郎	上海童话会创立一周年

（续表）

童 话 会 报 道						
日期	早报/ 晚报· 版面	报道题目	开始 时间	场 所	节 目 安 排	注 解
5月24日 （周日）	九	童話祭の番 組（童话节的 节目）	下午 六点 半	每日大 厅	大会第二部分（欢迎 妈妈们）。童话《いな かさむらい（乡村武 士）》：岩崎太郎;《ユ ピロ大王（尤皮咯大 王）》：当間美三;《ヨ ナのぢいさん（由那 爷爷）》：村井美喜 夫;《ハ ア ﾏﾏ 、、、、 （哈……）》：楠本一 夫;童谣独唱《ブラー ムスの子守唄（勃拉 姆斯的摇篮曲）》《シ ューベルトの子守唄 （舒伯特的摇篮曲）》： 高橋実（另有伴奏四 人）;童话《正シイ裁 判（正确的审判）》： 内山完造	无5月10 日报道
6月7日 （周日）	晚报· 二	あすの童话 会（明天的童 话会）	下午 两点	购买 组合	《怪物（怪物）》：内山 完造;《ペス（佩 斯）》：高橋実;《珍太 郎（珍太郎）》：当間 美三;《箱（箱子）》： 高橋貞一	
			下午 三点 半	日本俱 乐部小 羊会展 览会场 内	《好きな話（喜欢的 故事）》：高橋実;《嫌 ひな話（讨厌的故 事）》：当間美三	
6月14日 （周日）	晚报· 二	童話会番組 （童话会节目）	下午 两点	购买 组合	《少年勇一（少年勇 一）》：内山完造;《一 人と千人（一人与千 人）》：岩崎太郎;《暑 い日に（炎热的日子）》：	

				童 话 会 报 道		
日期	早报/晚报·版面	报道题目	开始时间	场 所	节 目 安 排	注 解
					高橋貞一；《レモネードとアイスクリーム（柠檬水与冰淇淋）》：当間美三	
6月21日（周日）	十一	童話会番組（童话会节目）	下午一点	购买组合	《黒と白（黑与白）》：高橋貞一；《小さい者に（给小小的人儿）》：内山完造；《笑ひの大将（笑话大将）》：岩崎太郎；《スピッキ物語（斯皮克的故事）》：高橋実	
6月28日（周日）	晚报·二	童話会番組（童话会节目）	下午两点	购买组合	《アルプスの犬（阿尔卑斯的狗）》：内山完造；《レモネード（柠檬水）》：村井美喜夫；《ブラブラ太郎（闲人太郎）》：高橋実；《氷の火事（冰的火灾）》：当間美三	
7月5日（周日）	十一	けふの童話会（今天的童话会）	上午十点	购买组合	《豪い人になるには（若想成为厉害的人）》：内山完造；《ブランブラン（摇摇晃晃）》：高橋実；《水泳（游泳）》：村井美喜夫；《幼い人の為に（为了年幼的人）》：高橋貞一	从本次开始活动时间提前为上午十点
7月12日（周日）	晚报·二	あすの童話会（明天的童话会）	上午十点	高等女学校讲堂	《ベニスの悪い商人（威尼斯的坏商人）》：内山完造；《何が御好き（你喜欢什么）》：村井美喜夫；《海（海）》：高橋貞一；《おそろしい事	将场地换到了更凉快的地方

（续表）

					童 话 会 报 道	
日期	早报/晚报·版面	报道题目	开始时间	场 所	节目安排	注 解
					（可怕的事）》：当间美三；《オデッセイ物語（奥德赛的故事）》：高橋実	
7 月 19 日（周日）	晚报·二	童話会番組（童话会节目）	上午十点	高等女学校讲堂	《小さい者（渺小的人）》：内山完造；《猿（猴子）》：村井美喜夫；《子犬（幼犬）》：当間美三；《オデッセイ物語（二）[奥德赛（二）]》：高橋実；《虎公（虎公）》：高橋貞一	
7 月 26 日（周日）	九	けふの童話会（今天的童话会）	上午十点	施高塔路高等女学校讲堂	《御病気（病情）》：内山完造；《くるくる坊主（头光光的小子）》：村井美喜夫；《オデッセイ物語（奥德赛的故事）》：高橋実；《マリ子さん（茉莉子小姐）》：当間美三；《風船玉（气球）》：高橋貞一	
8 月 2 日（周日）	九	童話会番組（童话会节目）	上午十点	高等女学校讲堂	《コーカサスの捕子（高加索的俘虏）》：内山完造；《オデッセイ物語（三）[奥德赛（三）]》：高橋実；《グッドモーニング（早上好）》：村井美喜夫；《雪の国（雪国）》：当間美三	
8 月 9 日（周日）	晚报·二	あす童話会（明天的童话会）	上午十点	高等女学校讲堂	《世界英雄巡礼（一）[世界英雄朝圣（一）]》：高橋実；《私の■■（我的■■）》：	

（续表）

					童　话　会　报　道		

日期	早报/ 晚报· 版面	报道题目	开始 时间	场　所	节目安排	注　解
					内山完造；《西瓜（西瓜）》：当间美三；《冰山（冰山）》：村井美喜夫	
8月16日 （周日）	九	童話会番組 （童话会节目）	上午 十点	高等女学校讲堂	《キツネの嫁入り（狐狸出嫁）》：岩崎太郎；《世界英雄巡礼（二）〔世界英雄朝圣（二）〕》：高桥实；《大先生（大老师）》：内山完造；《犬（狗）》：高橋贞一；《山と川（山与河）》：村井美喜夫	
8月23日 （周日）	九	石野氏歓迎 今夜童話大 会（欢迎石野氏 今夜童话大会）	晚上 七点半	每日大厅	《童話いくよいくよ（童话来啦来啦）》：村井美喜夫；《御りこうな子供（乖孩子）》：高桥贞一；《天下無敵（天下无敌）》：岩崎太郎；《童謡三つ（三首童谣）》：高桥实；《童話ビックリ箱（童话惊吓盒）》：当间美三；《正省の頭に神宿る（正省的头里住着神）》：石野氏	石野氏：在关西被称为小波老师，是活跃在报纸及广播节目中有名的童话大家
8月30日 （周日）	九	けふの童話 会（今天的童话会）	上午 十点	长春路日语学会楼上	《世界英雄巡礼（三）〔世界英雄朝圣（三）〕》：高桥实；《秋モ立チテ（秋高）》：村井美喜夫；《ブツブツ小僧（疙瘩小子）》：当间美三；《小羊（小羊）》：高橋贞一	欢迎所有人来场

（续表）

童 话 会 报 道						
日期	早报/ 晚报· 版面	报道题目	开始 时间	场 所	节 目 安 排	注 解
1933 年						
4 月 23 日 （周日）	晚报· 二	童話会（童话 会）	上午 十点	高 等 女 学校		
童话会相关报道						
1931 年						
3 月 16 日 （周一）	七	升屋氏送别 会（升屋氏欢 送会）	3 月 15 日 下午 两点	日本人 俱乐部 大厅	上海童话协会童话 剧《人格者（高尚的 人）》等	
3 月 30 日 （周一）	七	西本願寺お 伽大会（西本 愿寺故事大 会）	晚上 七点	西本愿 寺上海 主日学 校	《化物退治（击退怪 物）》：荒木即成；《さ て さ て（哎 呀 哎 呀）》：楠本一夫等	本次作为 春天的集 会，非本 校生的儿 童也能来 听
4 月 16 日 （周四）	晚报· 二	音楽と劇の 夕（音乐与戏 剧的晚上）	4 月 18 日 （周六） 晚上 七点	日本人 俱乐部 大厅	《古都もとめ歩みて （古都寻访漫步）》：高 橋実；戏剧《ホテルの 英雄（酒店的英雄）》： 上海童话协会等	一木洋行 主办
4 月 17 日 （周五）、 18 日（周 六）	17 日· 四、18 日·四	音楽と劇の 夕：プログ ラム（音乐与 戏剧的晚上： 节目单）	晚上 七点	日本人 俱乐部 大厅	独唱《古都（蘇州）も とめ歩みて［古都 （苏州）寻访漫步］》： 高橋実； 戏剧《ホテルの英雄 （酒店的英雄）》出 演：上海童话协会等	
7 月 26 日 （周日）	晚报· 二	西本願寺童 話会（西本愿 寺童话会）	上午 九点	乍浦路 西本愿 寺内上 海主日 学校	童話《ペンペン卵 （荠菜鸡蛋）》：荒木 即成；《何でせう（是 什么呢）》：楠本一 雄；童谣：高橋実等	作为暑假 活动，举 办了童话 会和晨诵 会

（续表）

				童话会相关报道		
日期	早报/ 晚报· 版面	报道题目	开始 时间	场　所	节目安排	注　解
				1931 年		
7月29日 （周三）	九	中日教会 夏期早天学校（中日教会夏季清晨班）	上午六点十五分至八点	中日教会	传说《心の貧しき者（心灵贫瘠的人）》：高橋	中日教会主日学校为放暑假的孩子们而设，时间为 8 月 3 日（周一）到 8 日（周六）
				1933 年		
1月8日 （周日）	七	西本願寺日曜学校（西本愿寺主日学校）	上午九点	乍浦路西本愿寺内上海主日学校	童话：イ《お正月（正月）》：荒木氏、ロ《なめくじ上等兵（蛞蝓上等兵）》：楠本氏；其他：开会、闭会致辞：梶原氏；礼拜：西脇氏	本次作为新年集会，孩子们都能参与，也邀请家长参加

　　表 4.1 统计了 1931 年 1 月至 8 月、1933 年 1 月和 4 月的童话会报道、童话会相关报道。首先确认童话会的起始时间。据内山完造回忆，童话会创办的那一年正是调查的起始年份 1931 年（昭和六年）。但经如上调查，1931 年 5 月 24 日《上海日日新闻》所刊载"童话节的节目"的报道中提到"有三个世界闻名的节日恰好都在五月二十四日（星期天）这一天，上海童话会也在今天迎来了一周年，并举办了童话节"。据此可推测出童话会的创始时间应该是 1930 年 5 月，比《花甲录》以及其他文献记载的"1931 年"还要早一年。

　　那么，童话会持续举办了多久？是否有过中断？《花甲录》中有所记述："我虽然记不清了，但应该有持续五六年"，"第二次上海事变后这种集会最终也无法举办了"①。"第二次上海事变"即八一三淞沪会战。笔者调查《上海日日新闻》得知,1931 年 1 月至 8 月间童话会不曾停止其活动,然而在接下来的 1932 年 8 月至 1933 年 4 月期间,有关童话会的报道几乎消失了,只有为数不多的两篇。甚至概览 1933 年 5 月之后两年多的报纸,不仅看不到"童话会"的相关消息,以日本人俱乐部为代表的在沪日本人活动也几乎没有报道。虽然目前还未探明这样的状态究竟持续了多久,但究其原因,大约也只能将其归因为"一·二八事变",童话会至少在这一时期有所中断。按照内山的记忆,童话会在 1937 年八一三淞沪会战后就停止活动了,笔者调查了 20 世纪 40 年代的日文报刊,发现童话会并非完全停止活动。或许有中断的时期,但从 20 世纪 40 年代的日文报刊中也能发现童话会的一些线索。比如,日文期刊《大陆往来》组织在上海生活多年的日本文人(俗称"老上海"们)举办了某次座谈会,其中就提到了童话会,现将此部分内容引用如下:

> 小久保:接下来我们谈论一下童话协会的事情。我们之前拜托了在日本中学校教书的福家的亲戚利用暑假来上海讲授童话,之后在我的再次邀请下,福家于第二年正月休假时亲自和斋藤等大塚童话会的成员共三人,来到上海的各学校讲授童话,之后去了苏州、南京、汉口。以此为契机,上海童话协会成立了,是几几年来着?
>
> 升屋:在我印象中是昭和四年还是五年来着?西本愿寺、东本愿寺等宗教团体都加入了。
>
> 内山:主日学校系统都加入了,但后来就逐渐退出了。
>
> 吉村:现在还剩下什么人?
>
> 内山:现在有纺织联合会的村井、东亚洋服店的高桥、岩崎,基督教会的井田牧师也加入了。本来是周日上午 10 点,后来因为与主日学校冲突,所以变成周六晚上。租借施高塔路的青年学校讲堂。
>
> 升屋:那个时代还上演了儿童剧。
>
> 内山:放暑假时在东部小学校和西部小学校举行。②

① 内山完造.花甲録:日中友好の架け橋[M].东京:平凡社,2011:288-289.
② 座谈会:老上海が語る文化運動今昔譚[J].大陆往来,1941,2(5):161.

参与谈话的人物中，小久保指东方制冰公司的董事小久保三九郎；升屋指京剧研究家升屋治三郎；吉村是当时上海的一个文学团体"长江文学会"会员吉村秀声。从以上对话我们可以获知童话会成立的年份和1941年活动的时间、地点等补充信息，重要的是，可以确认童话会直至座谈会召开的1941年5月依然持续活动。

接下来探讨童话会召开的频率、具体时间地点。从表4.1可知，1931年童话会的举办频率基本为一周一次。《花甲录》中记录了童话会"每周日十点开始"，实际上1931年7月到8月期间的开始时间确实是10点，但这之前的举办时间几乎都是下午2点。

关于童话会的举办场所，《花甲录》中提到"每周日十点在北部、中部、东部、西部各个学校轮流举办，成立仪式在日本人俱乐部三楼的大厅举行"[①]。成立仪式之后"虽然打算按计划在各个学校轮流举办，且北部与中部的学生们住所离学校都很近，因此很方便，但东部与西部的学生们上学之路处于工厂地段，是乘坐巴士上学的（工厂专用），周日无法到场，这是一个难题。但是各工厂对孩子很上心，也希望我们偶尔能去工厂讲故事，他们会派出汽车接送，因此东部与西部就在工厂举行了"。虽然无法确认成立仪式的地点，但报道显示，1931年7月以前，童话会举办的地点大多在"上海购买组合"的楼上。进入7月后举办地点转移到了高等女学校的讲堂，据内山完造回忆，原因是那里比较凉爽。内山所言"在各个学校轮流举办"、在"工厂"举办应该都是其他时期的事了。

另，"上海购买组合"的地址是狄思威路812号（现溧阳路1982号），后来那里变成了四川中药店和文美百货商店[②]，在当时和吴淞路的日本人商店一同为在沪日本人服务，对于当时的在沪日侨来说，是一家便利且不可缺少的店铺。购买组合距离内山书店非常近，只有150米到200米左右的距离。[③]

---

① 内山完造.花甲録：日中友好の架け橋[M].东京：平凡社，2011：286.
② 上海鲁迅纪念馆，上海国际友人研究会.中日友好的先驱：鲁迅与内山完造图集[M].上海：上海人民美术出版社，1995：39.
③ 木之内誠.12 横浜橋[M]//上海歴史ガイドマップ.東京：大修館書店，1999：25.

内山完造在同一时期创办的教授中国人日语的"日语学会",据说也是在这个"内山的一位日本人朋友经营的上海购买组合的屋子里"[①]开展活动的。据《花甲录》所言,内山与购买组合的经营者五十崎义鹤是朋友,"日语学会"曾在二楼举办活动。并且,1930 年 10 月,内山与鲁迅一同在这里举办了"世界版画展览会";1931 年 8 月,鲁迅与内山胞弟内山嘉吉在此举办了一周的"木刻讲习会"。从以上信息可推测出内山经常在此举办活动,它已成为中日文化交流的重要据点。

接下来需要关注的是童话会讲师的履历。

据《花甲录》记录,"基督教会里有三所主日学校。而佛教方面有东西两本愿寺和日莲宗、禅宗、真言宗五所。让这些老师来担任讲师,阵容十分强大",童话会还"特地邀请了东京文理大学大塚童话会三人前来。也请了渡欧途中的久留岛武彦老师来演讲"[②]。大塚童话会是"大正四年(一九一五年)下位春吉、葛原茂二人提议在东京高等师范学校(现东京教育大学)成立的家庭演讲及口承童话的研究会",其活动范围不仅在日本国内,也在国外举办演讲活动[③],不过前表童话会活动中的讲师们与"大塚童话会"的关联尚无法查证。

关于童话会内部讲师信息,内山完造仅在《花甲录》中回忆童话会时提过,与他偶尔见面、通信的讲师是高桥贞一、村井美喜雄、泉祐太郎等人。然而据《上海日日新闻》中童话会的相关报道可发现,除了内山提到的三人之外,还有不少讲师。内山与高桥实几乎每次都会参加,高桥贞一、村井美喜雄与当间美三也参与了三分之二的演讲。为了解讲师的详细履历,对先行研究进行补充,笔者进行了相关文献搜索[④]。文献中记载了 20 世纪前半期在沪的部分日本人姓名,从 1913 年的初版到 1945 年的 38 版为止经历了数次再版。笔者在可阅览的范围内首先对 1930 年版进行了调查,加之在《上海日日新闻》1931 年 1 月 22 日(七版)这一期中题为"上海有志之士参加书

① NHK 取材班.魔都上海:十万の日本人[M].东京:角川书店,1995:118.
② 内山完造.花甲録:日中友好の架け橋[M].东京:平凡社,2011:286-287.
③ 児童文学辞典[M].东京:东京堂出版,1970:82.注:引用中提到"现东京教育大学",是1970 年 3 月的情况,现在是筑波大学.
④ 参见岛津长次郎.支那在留邦人人名録[M].上海:金风社,1930.

院辩论大会"的报道里得知，村井美喜雄作为东亚同文书院①的一员参加了辩论会，因此结合《东亚同文书院大学史：创立八十周年纪念集》等东亚同文书院相关的资料进行调查，逐渐明确了童话会讲师们的毕业院校、工作、社会身份等多方面的信息。

　　首先要介绍的是上海东亚同文书院的学生（毕业生）村井美喜雄，他的个人信息最为详细。在前表中也可以发现，报纸会偶尔将他名字最后一个字写成"夫"，这是因为日语发音中"雄"和"夫"是相同的，因此容易搞错。从《东亚同文书院大旅行志 22 东南西北》②中得知，村井是第 27 期学生，他作为哈市驻在班学员（笔者注："哈市"指的是"哈尔滨市"），经历了"上海—青岛—大连—奉天—长春—哈尔滨—奉天"的调查旅行，还有诗作留下。他是上海东亚同文书院第 27 期即 1931 年毕业的学生，童话会举行活动的年份正是他毕业的年份。另有资料指出："村井美喜雄（秋田）秋田中学。虔诚的基督徒。曾在内山书店帮忙，后升为在华日本纺织同业会理事代理，在当地应召，在长沙待至终战。战后遣返到鹿儿岛，成立指宿③教会和幼儿园，度过了三十年以上的传道生涯。"④笔者还看到一张 1930 年 12 月 17 日村井寄给老家秋田县秋田市筑地中町的明信片，名为"寄回故乡的明信片"⑤，收件人是村井正氏，署名处落款"上海东亚同文书院 村井美喜雄"。村井在明信片上记录了如下内容：他在 12 月 21 日的悬赏辩论大会上获得了一等奖，获得了奖牌和内山书店的商品券，在协会的圣诞节庆祝会上表演节目之后去内山书店买了《圣经》与《赞美诗》，内山对他说"这真是一个好纪念"。他

---

① 东亚同文书院由东亚同文会于 1901 年创立，该会是一个研究中国问题的民间团体，初代会长是贵族院议长近卫笃麿。东亚同文书院的学生为了解中国，每年都会长途旅行，并集成详尽的调查报告集。此外，书院还出版了多部关于中国的书籍，如《清国通商总览》《支那经济全书》《支那省别全志》等。

② 参见上海東亜同文書院第二十七期生.東南西北[M]//東亜同文書院大旅行誌 22　東南西北.東京：雄松堂，2006.

③ 指宿是鹿儿岛的地名。

④ 参见大学史编纂委员会.第二十七期生銘々伝[M]//東亜同文書院大学史：創立八十周年記念誌（第五編　回想録）.東京：滬友会，1982.

⑤ 上海東亜同文書院生その他の便り集[M/OL].http：//scott.at.webry.info/200607/article_4.html

之后也参与了基督教会干部活动的策划,也有亲属被内山书店雇佣。村井美喜雄不仅是基督教徒,而且和内山的私交甚好。

当时同为东亚同文书院学生的还有二人。一位是同样身为 27 期生的楠本一夫——"楠本一夫(长崎)佐世保中学。性格认真的文艺者,擅长拉小提琴,积极参与音乐部的活动,在上海逝去"。另一位是 23 期生石川务——"石川务(茨城)水户中学。在沪友会总部工作后于昭和二年应召。于上海同兴坊、华中盐务局、中支军衣粮厂工作。昭和二十一年四月遣返日本,与家人汇合,担任初高中教师,四十九年退休"①。另外,从前文提到的《支那在留邦人人名录》中还得到了关于石川务更详细的信息——"石川务(茨城县)同兴纺织株式会社杨树浦第二工厂会计科"。

讲师中,除了和学校关联的人之外,还有一部分是宗教关联人士。从资料中得知,荒木即成是熊本县人,是西本愿寺的传教士,也是上海主日学校的教师。还有一位讲师,即前文提到的楠本一夫,也是上海主日学校的教师。二人的活跃不仅限于内山完造的童话会,他们还参加过于西本愿寺1931 年 3 月 30 日主办的故事大会和 1931 年 7 月 26 日举办的童话会,这些可从表 4.1 中《上海日日新闻》的报道得知,这与二人的身份完全符合。

最后是当时任职于上海各企业、银行以及个体经营的人士。高桥实(大阪府)在三井银行上海支行任职,高桥贞一(兵库县)在东亚洋服店工作,泉裕太郎(神奈川县)在上海纺织株式会社会计科任职,藤井稔(广岛县)在日华纺织株式会社曹家渡工厂(第三、四工厂)工程科工作,一木敏之(京都府)是一木洋行的老板(一木洋行经营乐器、乐谱和留声机)。东亚同文书院的学生三人,就职于银行、洋服店、纺织公司、洋行等多行业的人士,以及主日学校的老师、传道士等人士都在童话会的讲师之列,由此可见童话会组织的多样性以及大众性。虽然讲师们的职业身份各不相同,但他们所属的学校、公司、银行以及店铺多分布在北四川路(东亚洋服店、一木洋行、上海主日学校)、九江路(三井银行)等日本侨民集中居住并展开各类活动的虹口地区。如前文所提,童话会举办地点之一的购买组合距离位于北四川路的内山书

---

① 参见大学史编纂委员会.第二十三期生銘々伝[M]//東亜同文書院大学史:創立八十周年記念誌(第五編 回想録).东京:滬友会,1982.

店也很近，内山书店可谓中日文人交流的文化据点。另外，从讲师身上体现出的多样性，在先行研究①中也有所提及，这正是上海这座聚集了各国人士，融合多样文化的城市性格的体现。在 1930 年时，在沪日侨的数量是24 207 人，到 1940 年已达到 65 621 人②，在沪日本儿童的教育成了一个重要的问题。1931 年时，日本居留民团已开设了四所小学以及两所中学，即上海第一日本国民学校（北部小学）、第二日本国民学校（东部小学）、第三日本国民学校（西部小学）、第四日本国民学校（中部小学）、上海日本高等女学校和 1931 年 4 月刚刚成立的上海日本商业学校③，但"因日本居留民社会的封闭性，日本居留民子弟虽在中国接受了教育，但他们也显然缺乏与外界的交流"④。从这些信息可见，内山完造为中心举办的童话会不仅有各行各业的从业人员来担任讲师，也有从外部（东京的大塚童话会、久留岛武彦等）邀请讲师等行为，一定会使当时的孩子们耳目一新。孩子们在接受学校基础教育之外，可以听到外面世界的故事，吸收各种各样新鲜的养分。

从表 4.1 可知以上讲师们在童话会讲的故事、表演的具体题目，但目前未能一一确认具体内容。据内山完造回忆："我是抱着绝不讲战争故事的决心的，讲得最多的是托尔斯泰的民间故事和小故事。有时会讲些基督教的旧约故事，心血来潮时也会自己试着创作一两篇。"具体来看，"我经常讲的故事有托尔斯泰的《哪里有爱，哪里就有神》《两个老人》《人需要许多土地吗》《不能忽视火灾》《傻瓜伊万》《人靠什么活着》《孩子比大人聪明》等，都讲过很多次。自己创作的有《小张和小金》，还从《世界童话集》里借用了很多故事。"⑤从表 4.1 可确认内山在 1931 年 1 月 25 日讲了《两个老人》，2 月 8 日讲了《小张和小金》的事实，并且还有内山没有提到的世界名作，比如美国作家马克·吐温的《汤姆·索亚历险记》《哈克贝利·费恩历

---

① 大橋毅彦.上海・内山書店文芸文化ネットワークの形成と奥行——文芸漫談会機関誌《萬華鏡》を中心にして[J].日本文藝研究,2009,61(1-2):35-57.
② 陈祖恩.上海日侨社会生活史(1868—1945)[M].上海：上海辞书出版社,2009:533.
③ 陈祖恩.上海的日本文化地图[M].上海：上海文艺出版(集团)有限公司,2010:80-81.
④ 小島勝,馬洪林.上海の日本人社会：戦前の文化・宗教・教育[M].京都：永田文昌堂,1999:126.
⑤ 内山完造.花甲録：日中友好の架け橋[M].东京：平凡社,2011:287-289.

险记》等。

《傻瓜伊万》是俄国批判现实主义作家列夫·托尔斯泰的作品,他不仅
创作了《战争与和平》《安娜·卡列尼娜》等长篇巨著,还十分关心民众的教
育。在他所生活的年代,农奴制度下许多孩子失去求学机会,托尔斯泰为农
民子弟兴办学校,编写教科书,创作了大量寓言故事。他的童话作品以生活
中的故事、动物故事居多,寓意深刻,微言大义,深受民众喜爱。《傻瓜伊万》
这篇童话讲述了主人公伊万"拼尽全力工作赡养双亲,同时无论兄弟们提什
么无理的要求都全盘接受",不屈服于恶魔给予他的金钱与权力,"伊万他这
种傻瓜般的诚实、豁达的胸襟、宽以待人的态度正是对财富与战争最尖锐的
批判,他的存在是对和平、博爱、平等、劳动等美好品质的高声讴歌。"①内山
完造自身便是一位虔诚的基督教徒,经常来讲故事的村井美喜雄也是基督
徒,荒木既成与楠本一夫等主日学校的老师经常参与童话会的活动。从以
上这个典型的基督教童话《傻瓜伊万》可见,童话会也带有基督教色彩,其具
体内容可以推测大致都是正面的、积极的、维护和平、反对战争的。在 20 世
纪 30 年代甚至到 40 年代前半期,在沪的日本儿童使用与日本相同的教科
书,遵循日本战时体制的国民教育方针。在这样的背景下,内山坚持不讲战
争故事甚至反对战争,使得日侨儿童能够保持最纯真的童心,相信对他们心
灵的健康成长起到了一定的作用。

三、童话会相关活动及战后的延续

1931 年 1 月到 8 月的《上海日日新闻》中除表 4.1 提及的内容以外,还
刊登了其他一些面向居留上海的日本儿童的活动报道。通过报道可知东部
和西部的小学在 3 月 16 日举行了学艺会,东本愿寺主日学校在 5 月 3 日举
办了故事会,7 月 23 日举办了晨诵会和童话会。与这些在短期内举行的晨
诵会、童话会以及由个别团体开展的活动相比,"童话会"开展的次数较多,
仅在 1931 年的八个月中就多达 24 次,为当时在中国的日本儿童的教育作

① 定松正.世界·日本:児童文学登場人物辞典[M].東京:玉川大学出版部,1998:26-27.

出了很大贡献。

从表 4.1 可知,童话会成员还积极参与了 3 月 15 日的"升屋氏欢送会"（升屋治三郎是"中国剧研究会"以及"文艺漫谈会"期刊《万华镜》的成员）和 4 月 18 日一木洋行主办的"音乐与戏剧的晚上"等音乐、戏剧、童话童谣相关的活动。童话会在活动中也不仅仅拘泥于平时的童话演讲,偶尔也有童话剧,以及以中坚讲师高桥实为首的童谣朗诵等。讲师荒木既成、楠本一夫还参与了上海主日学校的故事大会,可见童话会已然成为活跃于上海文化界的一个不可或缺的存在。从童话会的活动表现来看,它受到极高的评价也是理所应当的。

到了 20 世纪 40 年代,通过查看日文报刊可以发现,内山完造和村井美喜雄等活跃在"上海儿童文化协会"举办的活动报道中。比如 1942 年 2 月 11 日下午两点,内山、米山爱紫等人作为讲师参加了协会的成立仪式,当天的活动放映了三部儿童电影①。1943 年 2 月 11 日下午两点,内山、村井、米山等讲师也参加了此协会的活动②。协会的性质还不太明朗,通过《大陆新报》的一些报道,可知村井美喜雄为协会理事长,理事有八森虎太郎,内山通常以讲师的身份出席活动。无论如何,这个协会也是为上海的日本儿童所创办的,协会吸纳了更多讲师,活动形式更加丰富,在一定程度上可以视作内山的童话会之延续,同样发挥了积极的作用。

影山澈在《上海日侨初中生的终战日记》③中提到,战后初期内山完造在上海开设了一个"小学生、初中生共计 60 人左右的上海残留日侨子弟补习室",并将其命名为"童话会"。内山为了不引人注目,所以起了这样一个"无碍的名字"。我想不止上述原因,战后初期,日侨陆续被遣返,内山尽管内心非常不情愿回到日本,但估计自己在上海的时日不多,像以前一样大规模地举办童话会活动也再无可能,因此"童话会"这个名字或许代表了内山对这项活动的留恋与纪念之意。

---

① 児童文化協会：けふ発会式[N].大陸新報,1942－02－11(3).
② コドモの大会：お話と紙芝居の楽しい一日[N].大陸新報(晚報),1943－02－13(2).
③ 参见平和祈念事業特別基金.海外引揚者が語り継ぐ労苦(引揚篇)：第 12 巻[M].平和祈念事業特別基金出版,2002.

四、结语

综上所述,与官方创办的中小学校不同,内山完造在 20 世纪 30 年代的上海所创立的童话会作为一个民间团体,坚持长达十余载春秋。内山动员多位职业经历相异、对童话充满热情的讲师,其演讲内容包括日本传统故事、西方故事为代表的世界童话故事以及在上海自创的童话故事。以托尔斯泰为代表的作家的名作寓意深刻,内山自创的故事贴近中国文化和现实。孩子们因此可以暂时脱离闭塞排外的日侨社会环境,通过和平友爱的童话故事,了解中国文化,从而放眼世界。童话会通过童话演讲、童谣朗诵、童话剧演出等形式多样的活动,为当时上海的日侨儿童教育注入了新的活力,为日侨儿童家庭之间的亲子活动增添了很多乐趣,对于当时上海的日侨儿童而言,这是对日本人学校基础教育的一项补充,是一项难能可贵的文化活动。

内山完造回国之后也坚持巡回日本各地多次演讲童话,他为中日两国文化交流而奉献一生的信念从未动摇。本章对童话会活动的梳理和探讨,相信可以为中日两国人民进一步了解内山在 20 世纪前半期的上海所从事的文化活动,增添一丝亮丽的色彩。

第五章
从《大陆新报》《上海文学》看 20 世纪 40 年代前半期的内山完造

一、从《大陆新报》看内山完造的言行态度

1939 年 1 月 1 日，综合性日文报纸《大陆新报》在上海创刊。自 1939 年 9 月至 1945 年 2 月，《大陆新报》的"学艺栏""现地评坛"等栏目刊登内山完造的作品，以及与内山完造、内山书店相关的报道近两百篇①。内山作为上海日本人文化界一位举足轻重的人物，活跃在《大陆新报》，这些都是内山完造研究相关学者未触及的一手资料。概括来讲，该报不仅报道了他的旅行见闻，还有他在"艺文会"以及"上海文学研究会"和各文化团体举办的座谈会担任主角的记录。他还出席中国各地的青年团、青年会的活动，并受日方邀请回日本作演讲。因此，通过《大陆新报》，我们不仅可以深入了解内山完造在 20 世纪 40 年代左右的文化活动，还可以把握整个上海的日本文人、文化团体的情况。

内山完造在《大陆新报》的"学艺栏"等发表了大量的随笔和评论。经查对，这些作品的大多数被收录到他的多部日文随笔集中，然而依然有一部分佚文迄今未有人提及和关注。这些作品保持着他一贯的"漫语"风格，以介绍中国文化和中国人的生活方式为主，题材多样。比如他在《臣与民》（1944年 2 月 4 日）中，分析了中国特有的"帮"的社会制度；在《素荤之人》（1939 年 10 月 3—4 日）中，他从苏轼的故事谈到中国人的哲学观；在《语言的停止

① 主要篇目见附录 1、附录 2。

线》(1943 年 6 月 12 日)中,形象地描绘了中日文化的差异之处——在中国,"吃饭的钱"即为售卖的最低价格,而日本却没有这样的说法;在《故事两则》(1940 年 12 月 15 日)中,内山分别选取中日各具代表性的故事《西游记》和《桃太郎》来比较两国人民的国民性,即日本人急性子、气量小,中国人有耐性、有气量等等。

其中,内山完造发表在《大陆新报》的作品还有一个显著的特点,就是体现了内山作为内山书店店主对出版事业的关注。特别是他对于上海当地的出版事业,提出了很多建议和希望。例如《关于当地出版》(1944 年 3 月 11 日)、《为了当地文化》(1944 年 3 月 17 日)、《当地出版这一年》(1945 年 1 月 14 日)等文中,他建议因成本原因,可以通过大使馆订购日本书籍纸型,并且当时上海的出版业相较日本更为发达,他希望上海出版的书籍能够配售到日本。

对于内山完造在《大陆新报》的言行态度,已有日本学者展开了一些研究,并提出如下观点。大桥毅彦认为内山"和多位中国人的交流中培育出的中国观、关注中日两国的目光,已经超脱了'大东亚共荣'意识形态的范畴,这是众所周知的"[①]。山本武利也将内山在《大陆新报》的言说清晰地定性为"不偏不倚,回避了权力的介入"[②]。笔者大致认同上述学者的观点,然而,通过细读他在《大陆新报》的部分言论,可以看出他并非一个纯然的单色体。

《大陆新报》除了刊载内山完造中日文化漫谈之类的随笔外,也有反映内山对战争持怀疑态度的言论。在《某日漫谈》(1941 年 4 月 12 日)一文中,内山完造认为两国的关系关键在于"了解中国人",在这件事上所有日本人"都有责任",由此对日本人予以批判。然而,他也曾表现出对日本侵华战争的赞美姿态。他在 1940 年 4 月 29 至 30 日的《大陆新报》上发表的《肥料与足迹》表明他对战争胜利抱有一定的幻想。如此冲动,几乎体现在了当时所有的日本人身上。

相反,内山完造在《花甲录》中,却反复标榜自己对战争持有"悲观论"。

① 大桥毅彦.邦字新闻《大陸新報》瞥见[J].昭和文学研究,1999(39):124.
② 山本武利.朝日新聞の中国侵略[M].东京:文藝春秋,2011:73.

比如在 1943 年的章节中，他表示自战争开始以来，自己一直坚持"战争悲观说"，认为战争"前途更无光明"。① 在 1944 年的章节中，他强调"我对战争的看法从最初就没有变过，一根筋的悲观论。甚至被别人说成是'不可思议的存在'"。② 类似言论还出现在他战后发行的随笔集《流着同一血脉的朋友啊》中《赤裸的语言》一文中：

> 八年抗战，如梦一场。但实际上，这亦是一个漫长的过程。从战争一开始，我每次开口都说，这场战争中看不到光明的前景，随着时间的推移，我开始对自己的话语感到害怕。我开始觉得这好像不是我自己的话，恐惧之感，与日俱增。而这种恐惧，终成了现实。③

综上，内山完造在战后完全回避了自己当初对战争抱有希望的真实想法，可见内山在战争时期，作为一名日本人，也表现出顺应日方的一面。这是在以往的研究中未被关注到的一点，由此我们可以更加客观深入、一分为二地去认识他。

内山完造早年通过与中国普通老百姓的亲密接触，观察到中国人民的真实生活，亲身体验到中国文化的魅力和中国人互帮互助的"人情味"，从而提倡并身体力行中日友好，他认为通过文化的媒介，可以拉近两国人民之间的距离。但日本官方对他的这些言论并不十分喜欢，多次委婉加以劝诫。尽管内山称他们最后以妥协收场，但在这期间他的思想或许已有些受到影响。

二、内山完造在《上海文学》的言论

在 20 世纪 40 年代，《上海文学》是唯一一部诞生于上海的日本文学期刊，它的核心人物即"上海文学研究会"会长内山完造。如第一章所述，1922年内山创立了文艺漫谈会，中日文化人和文艺爱好者都集结于此。直到

---

① 内山完造.花甲録：日中友好の架け橋[M].东京：平凡社，2011：438.
② 内山完造.花甲録：日中友好の架け橋[M].东京：平凡社，2011：468.
③ 内山完造.赤裸の言葉[M]//おなじ血の流れの友よ.东京：中国文化协会，1948：105.

1939 年 11 月 11 日,文艺漫谈会改名为(上海)艺文会①,依然是一个中日文人交流团体。此会的发起人已不再是内山,而是上海的金风社社长岛津四十起,内山则负责组织运营工作,处理各项事务②。地点设在施高塔路(今山阴路)四达新村,目的是"以文艺为主体的日中文化交流",积极招募会员,在日本俱乐部定期开展座谈会、恳谈会、月例会等活动③。可见,艺文会从以内山为主导的较自由、无约束的漫谈会,变成了有组织的文艺团体,并且艺文会力图保持文艺漫谈会时期的初心,试图与日本官方意识形态保持一定距离,目的为在民间层面营造中日文化交流的氛围。到了 40 年代,作为艺文会的延长线,上海文学研究会于 1942 年 10 月 31 日下午 7 点在北四川路(现四川北路)的上海青年馆举行成立大会,"作为上海唯一的文学家团体,其活动受到了各方的期待"④。内山被推举为会长,同人期刊《上海文学》的经销点也在内山书店。

时过境迁,《上海文学》几乎一直为人们所忘却,甚至难以找寻到它的原本,被人们称为"虚幻的杂志",直到近年,它的面纱才被日本研究者揭开⑤。《上海文学》期刊持续期间为 1943 年 4 月至 1945 年 5 月,大约每半年发行一期。目前发现的五册分别是:《春季作品》(1943 年 4 月)、《夏秋作品》(1943 年 10 月)、《冬春作品》(1944 年 4 月)、《秋冬作品》(1944 年 12 月)、《春作品·小说特辑》(1945 年 5 月)⑥。此外,上海文学研究会还出版(参与制作)了文艺作品集《决战历(诗·短篇集)》(1943 年 12 月),内容未详,但其目录可从《冬春作品》卷末的《上海文学既刊主要作品目录》中确认。

《上海文学》文体多样,除了诗歌、小说、随笔(评论)以外,还有同人杂记、上海文化消息、同人消息、编辑后记、广告等栏目。参与《上海文学》作品

---

① 文化人の親睦を促進:漫談会を芸文会と改名[N].大陸新報,1939-11-12(7).
② 老上海が語る文化運動今昔譚[J].大陸往来,1941,2(5):162.
③ 上海文化団体一覧[J].大陸往来,1941,2(6):126.
④ 上海文学研究会、三十一日に発令式[N].大陸新報,1942-10-30(4).
⑤ 先行研究可列举出趙夢雲.〈上海文学〉とその同人たち——戦時上海邦人文学活動研究へのアプローチ[J].中国文化研究,2011(27);吕慧君.占領期上海における《上海文学》と《雑誌》——内山完造と中国文化人荻崖、陶亢徳に着眼して[M]//石田仁志,掛野剛史,渋谷香織,等.アジア遊学 167:戦間期東アジアの日本語文学.東京:勉誠出版,2013.
⑥ 以上 5 册《上海文学》已于 2022 年 7 月由日本琥珀書房出版翻印本。

创作的日本作家，其各自的人生背景和阅历、思想比较复杂，在《上海文学》上所体现的，除了迎合主旋律的色彩之外，还呈现出了斑驳陆离的异色，一些作家也试图在上海这一日本海外的地域，自觉或不自觉地表现出自己的人生理念、创作欲望和诉求。因此，《上海文学》刊登了相当一部分无关"国策"、无关时局、没有政治色彩的作品，这类作品的代表作者首推内山完造。他在每期的《上海文学》上均有随笔发表，保持了他一贯的用轻快的笔调向读者介绍中日两国文化异同的"漫语"风格，篇名如下：

> 《鲁迅先生和丙午》（春季作品，1943 年 4 月）
>
> 《花街》（夏秋作品，1943 年 10 月）
>
> 《初漫语》（冬春作品，1944 年 4 月）
>
> 《关于茶》（秋冬作品，1944 年 12 月）
>
> 《遗留下的我》（春作品·小说特辑，1945 年 5 月）

其中，《鲁迅先生和丙午》一文讲述了内山完造和鲁迅就中国人是否相信命运这一话题的谈话内容，文中揭示了中国文化拥有两面性这一辩证思想。《关于茶》一文介绍了中日两国人对于喝茶的看法：中国人注重茶的味道和香气，而日本人却注重形式和仪式感。内山在《初漫语》一文中谈到，中国人看到天上月圆，才意识到今天是阴历十五，与此相对，日本人是先知道今天是阴历十五，才认为月亮会变圆。内山把这种现象称为"日本人有轻视自然法则的倾向，中国人有轻视人为法则的倾向"。他认为，"在最近的将来，什么时候两国人民能清楚意识到各自的不同，什么时候人为和自然的法则才能平行前进，人类走向进步，新思想影响世界"，"自然和人为的平行，才是和平的根底。这就是日中的完全合作"。内山从中日两国人民思维之不同的角度，希望促进两国人民相互理解。有关中日文化中"自然与人为"的辩证关系的思考，也散见于内山其他的作品中，特别是他在中文期刊发表的《漫谈鲁迅》[①]一文中表达了同样的观点。

---

① 内山完造.漫谈鲁迅[J].政治月刊,1941,2(6)：167 - 169.

此外,《遗留下的我》是"内山夫人追悼"专栏中的一篇,内山完造回顾了夫妻二人同为基督教徒,从相识相知到创业经营,携手走过三十年的历程,感人肺腑。专栏中还刊登了几位上海文学研究会同人的追怀作品。广濑库太郎在《追思内山夫人》里赞颂内山美喜夫人拥有"美丽的灵魂,谦虚的内心";池田克己在《寒冷冬日的诗》中怀念"像家乡的母亲一样慈祥"的夫人,由此共同缅怀 1945 年 1 月逝去的内山夫人。

《上海文学》的作者基本都是居住在上海的当地作家,因此作品的舞台都发生在中国,作品以日本人和中国人为主要描述对象,这是与日本国内同时期作家作品最大的不同之处。1944 年 4 月,在内山完造的提倡下,"上海文学研究会"设立"上海文学奖",奖金由内山完造提供。获奖范围只限于在《上海文学》上发表的作品。选拔方针为"注重作者的努力钻研、作品行动的积极性、文学的进步性等,为其颁发努力奖、激励奖"①。其中,月山雅的《长在支那街》(载《春季作品》)获得 1943 年度第一届上海文学奖。文中以一位日本人父亲的口吻,讲述了女儿孝子与邻居女孩锦英的故事。这家人住在几乎没有日本人居住的街区,对面是市政府局长家。比起两国长时间的"误解"造成的大人之间的隔阂,天真无邪的孩子之间的友谊"令人欣慰"(文中多次出现此词),然而孝子夹杂在日语中的上海话"坏来西""明朝会"等,在日本父母的耳中却是那么的粗鲁和刺耳。当时日侨对中国话的偏见可见一斑,由此读者更能体会到日本人在与中国人的相处过程中,怀有被中国文化逐渐同化的恐惧心理。但该小说中的情节和心理描写都非常真实,只有在沪日侨家庭才能拥有这样的经历。可见,《上海文学》中以中国民众生活为题材的作品,均来源于上海居住者的真实体验,而非旅行者一时的走马观花带来的表象的解读,这也正是"上海文学奖"的颁奖意图所在。

三、许广平回忆中的内山完造

许广平回忆鲁迅的手稿中,有一章专门讲到内山完造,回忆了从鲁迅

---

① 上海文学賞設定について[J].上海文学(冬春作品),1944(3):49.

1927 年来沪一直到回忆录执笔之际的 1959 年间与内山的过往。许广平的文字多为内山对鲁迅夫妇二人的友好与帮助，特别是在日本全面侵占上海后的 1941 年 12 月 15 日凌晨，许广平在寓所被日本宪兵队逮捕，在狱中受尽折磨，直到被内山保释，共关押了 76 天。许广平感激内山出手营救，然而之后却发生了一件令她意想不到的事情。

因此之故，在某一天的上午，他用电话招我去到他店内时，我不好不去。到了店后，他并不说什么事情，就叫一店员带我到他住的家内，见到内山夫人，稍稍坐下，旋即邀我随她一同到外面去。我们言语不能互通，而邀请又那么殷切，迫不得已随之到窦乐安路（北四川路附近的路名）东口一大宅院内，始见是一座大洋楼，改成为大饭店，许多人都在各房间休息，找到一间较小的，有夏丏尊先生在内，他也是和我一样的命运，被日本拘捕过的，也和我一样莫名其妙地被邀来了。不久入座在一个大厅内，丁字形的座位，主人是内山和几个不相识的，其余相向而坐的都是左襟上红条写着各人姓名的毫不认识的中国人。我对面坐着一个青年，遮遮掩掩好不容易才有机会看到那名字是"陶亢德"。正纳闷间，内山站起来发言了，大意是：最近得到南京政府（汪伪政权）一笔文化奖金，就在"五四"节拿来请各位叙叙。我听了这话，再四顾除了夏先生外，不认识的人如陶亢德一批，大约是文化界小汉奸和败类，我和夏是被骗来了。心中正没好气，有一个中国女人起来说：某日本女主笔要见我。我说：我不懂日本话。她就说：我可以做翻译。我满腔愤慨回答她说：我不愿见。

从汪精卫伪政权奖给内山文化奖金看来，岂不是因为内山对他们的文化事业有贡献才给奖的吗？看内山兴高采烈地招待那一批人，不是扩大这伪文化事业，拿这金钱来博致奖上加奖吗？在日军占领下的汉奸给奖，他是日本商人，做他意愿或不意愿的事情，我们明白他既是资产阶级中人，当然不能要求他像中国人一样的立场，而况中国人的汉奸不多的是坐在面前吗？越想越气恼，我的到来这时总算认识内山的为人，也算明白鲁迅临死前要搬出北四川路去的道理，两条道路岂能并存？①

许广平被内山完造"诱骗"到饭局这件事，大致可以推测发生在 1942 年至 1943 年间。以上引用的几段内容，在 1961 年出版的《鲁迅回忆录》中由于种种原因被删去，之后周海婴还原了母亲手稿并出版。此时的内山的言行显然易见，无论是否情愿，他必须服从对他"恩威并施"的日本当局，这场邀约对于继承鲁迅遗志、明辨大是大非、民族立场坚定的许广平而言，简直是莫大的侮辱。

内山完造与鲁迅一家结成深厚的友谊，他多次帮助鲁迅，营救许广平，但"对这样一个老友，许广平的内心却是复杂的"。从许广平的回忆可以感受到她对内山的理解，她一方面写到了内山友好的一面，另一方面又写到内山受制于日本当局的一面。总而言之，"许广平对内山的态度是对他两方面都讲得透彻，功劳讲到，友谊深厚，同时问题点破，矛盾尖锐，力图体现原则立场"。②

四、结语

《大陆新报》和《上海文学》作为 20 世纪三四十年代在上海发行的代表性综合报纸和文学期刊，从文学文化研究的角度来看，为我们梳理内山完造的中日文化活动轨迹提供了大量一手资料和线索。通过解读内山在这些报刊发表的文学作品，我们不仅能够从他关注的中国特有的食物、风景、语言、风俗等解读他对中国文化的敏锐认知，同时可以跳脱以往仅以随笔集、回忆录为研究对象的桎梏，特别是通过他在这一特殊时期表露在《大陆新报》的一些想法，捕捉到在抗日战争时期他的思想和心理的真实变化。

内山完造作为一位游走于日本官方与民间、日本与中国文人之间的人物，他的内心或许并不愿意与日本当局靠得太近，他并非日本所谓"国策"的绝对拥护者，但也曾表现出对战争胜利的期望，并且出于日本人的身份以及

---

① 许广平.鲁迅回忆录[M].周海婴,主编.武汉：长江文艺出版社,2010：130－131.
② 王锡荣.解读新版许广平《鲁迅回忆录》[J].世纪,2010(5)：18.

自己的处境，并未对当局抛出的橄榄枝表示拒绝。租界沦陷后的 1942 年，内山完造奉命接管中美图书公司作为内山书店南京路分店，直到战争结束。内山在自传中回忆，当时日方要把别发书局和中美图书公司都交给他经营，他将别发书局让给了"日本出版配给株式会社"，自己无奈接手了中美图书公司。而且自己内心十分抵触这件事，遂让长谷川和中村两位店员打理。①但无论内山对接收中美图书公司持怎样的态度，铁打的事实说明内山最终还是接受了日方给予的"好处"。同样，尽管他已感到自己被日方媒体借用来粉饰其"文化亲善"的真正目的，但还是接受了日方为他颁发的一些殊荣。这些所谓的荣誉，证明了他在上海日侨当中的影响力和中心地位——他一直是一个不可或缺的重要存在。毫无疑问，内山十分有正义感，秉承基督教徒的平等博爱精神，热爱中国文化，同情中国人民，与众多中国文人缔结了深厚情谊，但在特殊的历史时期，特别是在日方给予他"名"和"利"的双重恩惠下，尽管与他推进中日两国友好、中日文化交流的初心背道而驰，但可以看到，他在 20 世纪 40 年代上半期也有顺从日本侵略者当局的一面，这也是我们通过调查当时的中日一手资料客观评判内山言行态度的意义所在。

---

① 内山完造.花甲録：日中友好の架け橋[M].东京：平凡社，2011：424.

第六章

从《申报》《杂志》看 20 世纪上半叶的内山完造

一、引言

　　内山完造在中国生活长达三十多年。作为中日文化的传播者,他不仅创作了大量日文随笔作品,或收录在日文随笔集,或散见在各大日文报刊,而且也留有中文随笔集(应为中国译者翻译)。同时大量佚文(应也为中国译者翻译)散见于 20 世纪上半叶的中文报刊,这些报刊也刊载了大量与内山及其内山书店相关的报道和评论。内山在上海期间,与鲁迅等多位中国文人接触,并且在日文作品中会使用"没法子"等中国话以及一些上海话方言,因此他应该具备一定的中文会话能力。但他的中文写作水平却暂且无法考证,因此尽管有些中文作品没有译者署名,也推测是由中文译者完成的。本章以从中国近代史上的重要报纸《申报》(1872—1949)及《杂志》(1938—1945)等中文期刊中发现的内山完造的作品以及与他相关的评论、报道为一手材料,对 20 世纪上半叶内山在中国的评价与影响进行初步探讨。

二、《一个日本人的中国观》

　　内山完造的首部随笔集《活中国的姿态》①用日语写就,1935 年 11 月由日本学艺书院出版,1936 年发行第二版和第三版,1943 年 4 月发行第四版。

---

① 内山完造.生ける支那の姿[M].东京:学芸書院,1935.

作品集一问世，就在中日两国造成了不小的轰动。因鲁迅用日文专门为其作序，这本随笔集的影响力在中国也逐渐扩大。日文版出版后不到一年的1936 年 8 月，翻译家尤炳圻将其翻译成中文，由开明书店出版，并改名为《一个日本人的中国观》。中文报刊媒体对此也有宣传，比如《申报》（1939年 1 月 2 日第 16 版）的广告"开明书店初版新书 最近重版书"中，《一个日本人的中国观（三版）》赫然在列。综合多处信息可以归纳，该书在 20 世纪上半期至少有过 5 次再版，分别为：1936 年 8 月（初版）、1936 年 11 月（二版）、1938 年 6 月（三版）、1939 年 2 月（四版）、1941 年 3 月（五版）。直至今日，这本书依然再版①。此外，内山的其他随笔、回忆录等也以不同的形式在中国翻译出版。

鲁迅在日文版序文中指出内山完造对中国文化的优点有过誉的倾向。尤炳圻在鲁迅大病初愈之际，将日语版的序文译成中文并加以修正，鲁迅对此十分感谢。这些内容在尤炳圻的"译者附记"中有所记载。

鲁迅在寄给尤炳圻的信中如此谈中日两国人民的国民性：

> 日本国民性，的确很好，但最大的天惠，是未受蒙古之侵入；我们生于大陆，早营农业，遂历受游牧民族之害，历史上满是血痕，却竟支撑以至今日，其实是伟大的。但我们还要揭发自己的缺点，这是意在复兴在改善。②

《申报》刊登了此书中译本的两篇评论，一篇名为《读〈一个日本人的中国观〉》，引用如下：

> 内山完造著的"一个日本人的中国观"，虽未能完全脱离偏见，不过并不像别的支那论者怀着狰狞的面目来叙述中国是如何如何丑劣的一个野蛮国家，而是一反其论调，多说说中国的优点的。……
> 开首著者很有见地地把中国文化分为文章文化与生活文化两方

---

① 内山完造.一个日本人的中国观[M].尤炳圻,译.北京：新星出版社,2015.
② 内山完造.一个日本人的中国观[M].尤炳圻,译.上海：开明书店,1941：161.

面,文章文化是表现在文章里的东西;所谓生活文化,是生活着具体地存在的东西。本来中国的古代文章都是些堆砌辞藻的贵族文学,拼命捉住几个理想,架空地描述,或者避去丑恶而专门从花月上做文章,是幻象而非实境,从这里所得的便也是些不正确的概念而已。著者摆脱了从来日本支那研究的枷锁,却注视生活,而把握住生活文化的观察,确是卓见。

日本民族是个特别喜欢结论的民族,一件极琐屑的小事,他都肯化极大的耐心来推究其原由,因此无论是一碗剩饭,一杯便茶,一草一木,他都不放过,都要给以论断,而这种精神正是我们缺乏的。①

另一篇是《外人眼中的中国》,作者斯西给予了很高的评价,认为这本著作已经可以解开中国的谜题,在两国文化研究历史发展中具有重要的意义,摘引如下:

从最近我读到的《一个日本人的中国观》(日本内山完造著,尤炳圻译,开明书店出版,三角五分)里,看见一位外国人——著者——道破许多我国更重要的谜——"民情的谜"。

……对于"民情"能有这本书这样深刻的描绘,似乎还是第一次。

本书最大的特点就是:本书著者不像别的日本人那样存着私心恶意来研究中国,而是用一种"取其长,舍其短"的目的来研究的,但也惟其如此,他的观察有出乎意外的深刻的地方,他能从人家以为"野蛮"的一面,看出道地的"文明"来,人家以为"文明"的一面,看出十足的"野蛮"来。他的眼光直射入中国老百姓的心底,他所下的诊断,决不像其他类似的书籍一般,只从浮面来揣摩,这就是他的独到的地方。也是在其他日本人研究中国的书中,创了一个新例的原因。

……

但无论如何,本书总是一本开天荒之作,值得国人一读,它是第一

---

① 鹃雄.读《一个日本人的中国观》[N].申报,1936 - 11 - 05(17).

本深入我国民间之作。我们研究日本，只知研究它的历史、文字，却忽略了他们的民间，和他们在本书以前，研究我国一样。现在读了本书，我们自己也应该努力些了！①

除此之外，其他中文期刊还有三篇对本书的报道。特别是开明书店编辑极力推荐此书给中国读者，称著者将我们的一部分真相，以漫谈的形式介绍给日本读者。内山完造看似不经意的漫谈，却富含深刻的意味。

在内山完造的回忆中，还有很多与此书相关的故事。有位中国读者某日到内山书店，对内山说，想要买十本他的书，自己已经读过，所以希望内山帮他把这十本书寄给日本读者。内山听到后十分感动，就让这位读者署名后，替他寄给了日本各大图书馆。内山只记得这位读者从中央大学毕业，在闸北做律师，他的儿子当时正在东京工业大学留学。还有一次，时任东亚同文书院大学教授的熊野正平来访，和内山说，他发现有一本名为《国民性与心理》的书，收录了内山的文章与其他众多专家学者的文章，内山感到十分惊讶。

综上所述，内山完造的随笔集《一个日本人的中国观》，不仅在中国报刊媒体界引起了极大反响，而且受到当时中国人、日本人的极大关注。自那之后，内山的作品便被大量译成中文，刊载在中文报刊上。

三、《申报》对内山完造的报道

纵观 20 世纪上半叶的中文报纸，均可发现对内山完造或内山书店的一些报道。本节以最有代表性的中文报纸《申报》报道为主要文本②，考察中国报纸媒体对内山的接受情况。

《申报》随处可见各大中文期刊的广告，内山完造的作品屡屡出现在这些期刊目录当中，比如有《译文》的《鲁迅先生》、《现代文选》的《忆鲁迅先生》、《文友》的《文学对谈会》《涂鸦》《食人肉的习俗》、《小天地》的《唯吃论》、

---

① 斯西.外人眼中的中国[N].申报，1936 - 12 - 16(20).
② 详见附录 3：《申报》刊载内山完造、内山书店相关报道目录。

《杂志》的《特约寄稿：甜蜜之回忆》等文。《申报》还刊登内山的演讲文，报道他在鲁迅葬礼中担任重要角色以及他与谷崎润一郎、佐藤俊子等日本文人的交往动向，并刊载徐心芹的《名人访问记：内山书店主人内山完造》等与内山相关的文章。并且，从战后的报道中，还可得知内山在上海滞留期间被选为日侨自治会代表委员、内山书店图书被中央图书馆接收等一系列史实。

《申报》中特别值得关注的是有关内山完造赈灾捐款、捐资助学的报道，这在迄今为止的研究中都未曾提及。1943 年 6 月 27 日的《华北急赈捐款征信录 第十四号 各行庄代收捐款》和 1943 年 9 月 3 日的《上海普善山庄第五百八十号敬谢》两篇文章报道了内山的赈灾捐款。从以下三篇报道得知内山在 1944 年至 1945 年间还有过三次捐资助学的善举，分别引用如下：

- 连日本报因请助学生之众，呼吁各界热心人士，予以同情赞助，昨承盟邦内山书店主人内山完造先生，概捐助学金五千元，内山先生为盟邦著名之中国通，与我国文化界人士，往还极密，对于助学运动深表同情，在盟邦人士中，本届首先捐助巨款，至堪敬佩。①
- 昨收助金　内山完造先生五万元，过君一万元，蔡钟四千元……②
- 内山完造氏经募五千二百元③……

此外还有在中日现有研究中未曾提及的内容，即《申报》所见内山完造获得的荣誉。首先是 1941 年 2 月 10 日，在日侨中颇有声望的内山当选为日本居留民团的重要议员之一：

日居留民推举议员
……日方为强化居留民团，由日本驻沪总领事指定，日本在沪之各

---

① 申报六届助学金　定期举行登记　各组分期缴纳表格[N].申报，1944 - 01 - 13(3).
② 读者助学消息[N].申报，1944 - 04 - 30(3).
③ 读者助学消息　日本侨民热心劝募[N].申报，1945 - 02 - 09(2).

层阶级中,推举议员二十五名,据外人方面消息,旅沪三十余年之内山
完造氏,已被选为重要议员之一,以便从事进行关于本届日侨在工部局
董事竞选席上,占一优势,按内山完造侨沪历有年数,对中国情形,极为
熟谙,曾创设内山书店,日侨中颇负时誉。①

其次,从 1943 年 5 月 16 日第 4 版的报道《商工会议所　新设三委员会
网罗军政民间巨擘参加》可知,内山完造当选为日商对策委员会委员。对于
1917 年在上海开设内山书店,经营书店 20 余年的内山而言,此次当选可谓
实至名归。

1944 年 4 月 1 日,内山完造还获得汪伪政府的所谓嘉奖:

> 南京三十日中央社电
>
> 行政院以中日两国订立同盟条约,及大东亚共同宣言之际,两国国
> 民,允宜相互提携,造成风气,查有友邦侨民崛井利文等二十一人,或以
> 教育造就我人才,或以医术嘉惠我黎庶,或从事于赈济,教养我寡妇孤
> 儿,或尽瘁于实业,助长我农村生产,凡兹诸人,不惟裨益邦交,抑且有
> 功政府,特呈准国府,从优嘉奖。②

四、内山完造与《杂志》

20 世纪上半期,特别是三四十年代在上海发行的期刊中,《杂志》是个
特殊的存在。《杂志》表面上是汪伪阵营刊物,然其本质上由中共地下组织
创办主导。《杂志》属于《新中国报》系统,《新中国报》和《杂志》的创刊者均
为袁殊,他是潜伏在汪伪政权内部的中共地下组织的主要成员之一。《杂
志》主编拥有的多重身份和多元的编辑思想,使这部期刊呈现出杂糅的性
格。《杂志》的作品体裁多样,除文学领域的小说、散文、文学评论和报告文

---

① 工董竞选开始　华董委仍将连任　英美加强壁垒步调一致　日居留民团已选出议员[N].申
报,1941 - 02 - 10(7).
② 日侨民廿一人　国府予以褒扬　对中日亲善贡献至钜[N].申报,1944 - 04 - 01(1).

学外,还拓展到艺术和科学领域。《杂志》表面遵循日方主导的文化政策,将作家纳入建设所谓大东亚新秩序的轨道之中,然而却暗中将文化界人士引向相反方向。虽然该杂志刊登了大量日本作家作品,但其实更多的是"国策"性质不强的作品,并且通过举行座谈会和笔谈会,邀请中日文化界人士,试图把他们争取到同一阵营。

内山完造不仅在日文报刊发表了多篇文章,从同时期的中文报刊中,我们也能发现内山完造的不少作品或参与座谈会的记录。以《杂志》为例整理如下:

> 《唐字漫语》(1942 年第 10 卷第 2 期)
>
> 《中国文学之现状:还都四周年纪念鼎谈会》(1944 年第 13 卷第 2 期)
>
> 《掌故座谈会》(1944 年第 14 卷第 2 期)
>
> 《特约寄稿:甜蜜的回忆》(获崖译,1944 年第 14 卷第 3 期)
>
> 《今年的希望(特辑)》(1945 年第 4 卷第 4 期)
>
> 《特约寄稿:关于"义理"》(获崖译,1945 年第 14 卷第 5 期)

内山完造在《杂志》中刊登的六篇佚文或座谈会记录与前述《上海文学》中的作品立场有异曲同工之处,均未涉及政治问题。例如,《唐字漫语》和《特约寄稿:关于"义理"》是讲述中日文化差异的文章,《特约寄稿:甜蜜的回忆》则记录了与鲁迅交往的轶事。《掌故座谈会》是一个围绕过去五十年中国文化界典故以及社会习俗变迁的座谈会,与会者均是中国作家和文化界人士,交流了当时中国报刊和作家动态等方面的情况。此外在 1945 年 1 月出版的《今年的希望》中,内山讲到,"每逢正月,我都会想起一休禅师,因此无论如何,今年也要努力工作"。

五、结语

内山完造于 20 世纪上半叶在中国上海生活长达三十余年,他既是商人，又是中日友好活动家，还是一位随笔家。因此，他在中国的生涯轨迹和作出的贡献不可磨灭，这些从同时代的中文报纸《申报》和中文期刊《杂志》等报刊中都可见一斑。特别是他的随笔作品（集），在中国都是受到清一色的好评。他作为一名长居中国上海的外国人，正因为对中国人的生活观察细致，对中国的文化了解透彻，他的作品才能令国人耳目一新，赢得赞誉。

其中最关键的是，他在中文报刊的发文均保持中立立场，而《杂志》这样表面与日本媒体维持良好关系的中文期刊，巧妙地通过内山完造和中国作家的发文保持期刊的中立。《申报》则为我们了解内山的活动提供了全面的一手资料，特别是他在赈灾和捐资助学方面的善举以及获得的殊荣，证明了内山因在中日两国文人交往中的出色表现，以及对中国文化的传播力度，受到中日双方的重视与笼络。像内山这样的文化人，不论是对日本报刊媒体，还是对有中共背景的中文媒体来说，都是所需要的对象。

— 第三部 —

内山完造的中国认识

第七章
国际都市上海的传统文化空间

一、近代日本作家笔下上海的都市空间形象

近代以降,日本作家将目光频频投向中国上海,在日本文坛发表上海行记或以上海为舞台的文学作品。这些作品也在近几十年来逐步被纳入中日两国学者的视野,研究热潮至今不衰。谈到日本文学中的都市形象,首先要提及的就是日本文学评论家前田爱的都市空间理论。下面摘引前田爱对横光利一的小说《上海》中上海这一都市形象的经典论述:

> 横光从上海这一都市文本中切割出超文本——"外界的运动体",它拥有决定这变幻不定、多重叠加的形象的三个矢量。第一是殖民地都市,第二是革命都市,第三是贫民都市。在各个不同矢量之间彼此影响的力量的张力,即推动《上海》的小说情节展开的动因。……弥漫在宫子身边的瓦斯灯的光亮和白兰花的形象、在方秋兰背后喧腾不息的大海的波涛和革命群众叠合在一起的形象,以及映入杉眼帘的沟渠中凝滞的河水和因猪、鸡的油脂熠熠发亮的弄堂形象。①

前田爱将横光利一笔下的上海都市空间视为"殖民地都市""革命都市""贫民都市"三个空间。20世纪初的日本作家分别赋予了上海这座国际大都市迥然不同的形象:谷崎润一郎从中国的古典美中激发了自己"幻想"之

---

① 前田愛.都市空間のなかの文学[M].东京:ちくま学芸文庫,1992:497-498.

美，而芥川龙之介则记录了半殖民地半封建社会中上海肮脏的现实一面。村松梢风为上海赋予了"魔都"这一城市称号，表现了上海的魅力与"魔力"，而金子光晴关注到在摩登这一巨大的光环笼罩下的上海颓废的一面。

村松梢风于1923年初访上海，当年即在日本名刊《中央公论》发表《不可思议的城市"上海"》，后改名为《魔都》。村松在《魔都》中描绘出上海这座城市中明亮面与黑暗面互相交杂、摩登与罪恶共存的形象，还特别注意到西方列强对中国人的蔑视现象，比如上海的三大公园都禁止中国人入内，主要是为防止乞丐在那里过夜。他还在《黄包车》一文中描绘某个日本人企图以低于市价很多的五六个铜板来把车夫打发走，"而那个年老的车夫，神情呆滞地站在那里不肯走"的场面。村松梢风在一旁目睹了这一场景，对日本人的行为心生怒火。村松"立即发挥了内心本有的人道主义"，把那个准备离去的车夫叫住，塞了五六枚铜板在他手里。那车夫拿了钱之后，一开始以为是村松要坐他的车，后来意识到是送给他的钱之后，对他连说"谢谢、谢谢"。"我沉醉在这浅薄的人道主义带来的效果中，心情变得很愉快。我当时虽然是站在了车夫的一边，但长此以往，自己恐怕也未必能做到这一点。"这是因为，在薪金十分低廉的状况下，倘若要把他们从贫困中拯救出来，只有提高他们的生活水平，如此一来，物价也就随之上涨，所谓的人道主义者，"也就陷入了生活的艰难之中"。因此，"人道主义者也罢，社会主义者也罢，进步的政治家也罢，对苦力解放运动都充耳不闻，所有的社会运动关注的人群，都把苦力和乞丐排除在外"。①

村松梢风所谓"人道主义者"的立场，在当时特殊的历史环境下，显然具有一定的局限性。但《魔都》中记录的村松对中国底层人民的关注和帮助还是非常难得的。无独有偶，金子光晴也关注到中国的底层劳动者，他在以上海为背景创作的作品中，对中国人对待人力车夫等苦力群体的态度如此描述道：

　　不单是码头上的苦力，在关外，长长的车杆相互碰撞着，正在急切

---

① 村松梢風.魔都[M].东京：小西书店，1924：237-248.

地等待下船乘客的黄包车夫的蠕动的身影,也让人感到很怀念。我们下了船之后,叫了三辆黄包车,首尾相接地向前奔驰。阴沉的天空下,街上可以感受到一种分不清是硝烟还是腥臭味,浓烈却又带着几分异样,顽固到仿佛能改变人的个性的上海生活气息,渗透到我们身体里面,一一唤醒了曾经熟识的感觉。上海的苦力,很多是来自宁波的下层贫民,甚至还有为了帮助快要破产的家庭出来打工挣钱的小商人。……正如苦力这两个字所表示的,他们必须付出极大的辛劳才得以谋生。他们在严寒中双脚赤裸,背部红肿划伤,还经受着雨水的淋浇。乘客用鞋尖踢他们的脑袋,以此来示意要去的方向。人力车,原本是从日本传过来的,但车子和车夫的模样都完全不如日本,仅仅赚二十文铜板都非常辛苦,因此很难维持理想的车况。……确实,在欲望的世界中,苦力是一个欲望受到压制的危险群体,周围人们对他们的怒火喷发——不管是自然的喷发还是人为的纵火——都感到很害怕,因而就努力让他们抱有这样的一种观念,即自己是比别人低一等的存在,自己受到别人粗暴、冷酷、非人道的对待,是很正常的,自己不应对压迫自己的他人做出猛烈的反抗举动。整个社会都在努力让苦力阶级自己来产生这样的想法。[①]

如上所示,金子光晴冷彻地剖析了中国的黄包车夫受到粗暴、冷酷对待的悲惨境遇的缘由。不少日本作家都花费大量笔墨描绘了上海人力车夫的辛劳与惨状,内山完造也不例外。他 1913 年就来到上海,长居上海近三十五年之久,无论是担任日本眼药公司海外特派员期间,还是自主经营内山书店期间,都与中国底层人民有着密切接触。内山留沪期间的中国书写,反映了他对中日文化差异以及上海这座都市空间形象的敏锐感知。内山眼中的上海,与其他日本作家塑造的或古典或现实,或摩登或颓废的上海形象相比,更凸显出上海都市空间传统的一面。

---

① 金子光晴.上海灘[M]//金子光晴(ちくま日本文学 038).东京:筑摩书房,2009:296 - 299.

二、内山完造的上海传统文化空间书写：从"帮"看"相互扶助"

内山完造对当时上海的城市空间是这样描述的：

> 上海是原先的公共租界、法租界和中国人街区的总称。而且，公共
> 租界是公共的，法租界是属于法国的，中国人街区是由中华民国等各自
> 不同的行政权力来管辖治理的。……这次的事变，上海发生了很大的
> 变化，那就是中华民国法律管理下的中国人街区（老城、南市、九亩地、
> 龙华，以及北边的闸北、中心区等），现在由维新政府①来管理了。……
> 租界接收了众多的难民，倒是出现了一种战乱中的繁盛，物价虽有升
> 腾，依然相当便宜。我们所居住的北四川路一带（虹口、杨浦和北四川
> 路等属于公共租界或是越界筑路的地区，现在出于需要，被列为特殊地
> 区），却是与苏州河南岸的租界不一样，物价要贵得多。说起来，租界今
> 天的繁荣的历史，差不多是每发生一次什么战争，就会造成大批难民的
> 涌入，反而促进了租界的兴盛和繁荣，法租界也完全是一样。因此，两
> 个租界虽然面对难民的涌入不免有些困惑，其实内心是暗暗窃喜的。②

二战期间，上海除了公共租界、法租界和日本侨民集聚的虹口地区之
外，还有中国老百姓居住的、称之为"城内""南市"的中国人街区。但是，
内山完造在随笔中描述的中国传统文化区域，不仅局限于中国人街区的
范围。因此，本章探讨的中国传统文化空间，并不只是绝对意义上的地理
空间，而是指一种"相对的空间"。内山在随笔中描绘的中国人生活的空
间，除了"南市"等地区，还有内山书店附近的虹口区北四川路一带（现在
的四川北路）等多处。正如鲁迅在内山的处女随笔集中的序言中所言：
"著者是二十年以上，生活于中国，到各处去旅行，接触了各阶级的人们

---

① 笔者注：即伪中华民国维新政府，日本于 1938 年 3 月在南京扶持成立的傀儡政权。
② 内山完造.広東鍋［M］//上海夜話.东京：改造社，1940：175－176.

的。"①内山通过点滴观察提炼出的结论,体现了当时的中国人,特别是底层劳动人民的生活态度和中国社会的风俗习惯,造就了上海这所国际大都市下的传统的文化空间。

一些东方主义者对中国的描写,多集中在不洁、丑陋的一面,而内山完造看到的却是中国人具有人情味和充满温情的一面,特别是底层贫苦人民之间"相互扶助"的精神。其中,"帮"和"相互扶助"这样的主题,在 20 世纪三四十年代的内山的作品中频频出现②。

与内山完造相识、曾经担任上海东亚同文书院教授的小竹文夫在上海也居住了三十年,他曾在理论层面论述中国人的现实主义世界观,对中国社会有一定见解。在他的著作中,我们可解读他对中国的"帮"这一社会组织的理解:

没有自信的人群集聚,那就只是单单的人群聚合,难免会带有形式性、社交性、机械性的性质。因此,除了血缘的集团之外,其在内容、协同性方面,也就是从有机的结合性来看,是相对比较薄弱的……礼也是为了避免集团中人群中的冲突、确保集团秩序的一种技术。道德、伦理等具有礼节的性质,虽然可以确保没有冲突的秩序,但总是缺乏使人心灵相通、感到亲近的温情。在大都市的集团中,这一情形尤为明显。不干涉他人内部的漠不关心,虽也有它的裨益,另一方面却也难免会流于

① 内山完造.鲁迅序[M]//一个日本人的中国观.尤炳圻,译.上海:开明书店,1936:3.
② 内山写到"帮"的随笔,可列举如下:
内山完造.帮の一つ[M]//生ける支那の姿.东京:学芸书院,1935.
内山完造.相互扶助の宴会[M]//生ける支那の姿.东京:学芸书院,1935.
内山完造.支那人の"社会"と"帮"[M]//日本文化第十五册:支那の民情習俗に就いて.东京:日本文化協会出版部,1938.
内山完造.有限か無限か[M]//上海漫語.东京:改造社,1938.
内山完造.上海漫語(その五)[M]//上海夜話.东京:改造社,1940.
内山完造.上海生活二十年[M]//上海夜話.东京:改造社,1940.
内山完造.社会[M]//上海夜話.东京:改造社,1940.
内山完造.帮[M]//上海風語.东京:改造社,1941.
内山完造.包と帮[M]//上海汗語.上海:華中鉄道株式会社総裁室弘報室,1944.
内山完造.お互いに食ふ[N].大陆新报,1940-07-04(4).
内山完造.臣と民[N].大陆新报,1944-02-04(4).

人情的冷淡。……像上海这样，从外观上来看人口已经超过了五百万，其内部的实际情形绝不可能是一个有机的结合体，不过是大大小小许多个省、县、市的集团，在上海这一个地方机械性地结合在一起而已。……当然，既然处于同一个地域，就会有一定程度的协同性，但总体而言，彼此的关系是比较淡漠的，对于集团之外的事情都无所谓。别人饿死或是冻死，都不会有太多的关心。①

小竹文夫指出"帮"这一组织并不是一个有机的集合体，而是一个机械的集合体，中国人对于集团之外的事情几乎都漠不关心，人情淡漠。然而内山完造指出，这与"帮"的集团并无关系。他认为下层民众之间，必定存在着互相扶助的温情和行为，而这一点，正是小竹文夫并未体察之处。

以往研究中，已有研究者关注到内山完造作品中频频出现的"帮"这一词语的含义。陆艳在《内山完造的中国观所见 1930 年代中国社会的风景》一文中，对"帮"的概念阐释如下：

在 30 年代的中国，说起"帮"的话，就会使人想起各种各样的"帮会"。比如说"青帮""洪帮"等。"帮"原本是帮助别人，在物质上、精神上对人施以援手的意思。所谓"帮会"，就是以政治或经济为目的结成的社会组织。在当时的中国，在各种各样的同姓祠堂中，常可见到人们来祭拜同姓的祖先。以此为基础，就逐渐建立起了"同乡会""同学会""同业会"等。中国独有的、以"相互扶助"为目的且没有特别章程的组合称之为"帮"，扎根于中国人社会深层，成了中国人思考问题的基础之一。②

对于上述言论，日本上海史研究专家高纲博文也发表了类似的论述：

① 小竹文夫.上海三十年[M].东京：弘文堂，1948：59 - 60.
② 陆艳.1930 年代中国社会の風景——内山完造の中国観から[J].龍谷大学仏教文化研究所所報，1997(21)：20 - 21.

内山完造对生活在社会底层的中国民众之间的相互扶助——他称之为"帮"——的精神及其存在方式,给予了相当的关注。……内山的中国社会观的特色,一是他强调了中国人相互扶助的性格,二是他主张在民众的政治性社会组织背后,也存在庶民金融组织。①

内山完造作品中的"帮",不同于"帮会"组织,他强调的是"帮扶"这一中国社会文化的表征,这也是他的"漫语"的一大精髓。内山发现,"帮"这样的组织,存在于各个阶级当中,不仅如此,在各式各样名为"帮"的组织中所扎根的"互相帮助"和"互相扶助"的精神,实际上不仅体现在"帮"的组织内部,还扩展到整个中国社会,尤其是底层社会中。下面以中国人的葬礼为例,看看内山如何发现中国人的帮扶精神:

首先分解来看葬礼的长蛇队列。走在前列的是中国军乐队或是西洋式的大乐队(乐队庞大的话,有分成几组的),还有几个僧侣或者道士,然后是几张照片、旗帜、杖等,接着是各种各样的花圈等,随后是棺木,再后面是丧主和近亲,他们徒步或是坐车。除了最开头的乐队到棺木之间的乐手、僧侣、道士和抬棺人之外,聘请的帮手,少则几十人,多则几百人甚至几千人,这些人都是叫花子。请注意,葬礼中抬着各种东西的人,是叫花子,也就是说参加这一极尽荣华富贵的葬礼的,大多数都是叫花子。从葬礼和乞丐身上,我看到了一种社会政策。即借吊唁死者的机会,给予饥饿的乞丐一日报酬(这里面有一部分要让乞丐帮的头儿抽头,即便只是很少的数量),这样就可以保障乞丐一天或两天的食物了。所以我说:
"希望葬礼上可以无条件地多使用一些乞丐。"
葬礼的费用是以相互扶助的方式筹集的,筹集到的资金则分发给那些饥肠辘辘的乞丐(当然也有用在其他方面的),因而就把葬礼举行得很隆重。原先对中国人葬礼的解释,往往忽视了这非常重要的一点,

---

① 高綱博文.補論:内山完造の中国社会体験——〈花甲録〉〈内山漫語〉を読む[M]//"国際都市"上海のなかの日本人.东京:研文出版,2009:252.

我这里将其揭示出来，是为了从根本上纠正历来以为中国人崇尚繁文
缛节的误解。①

以上引用来源于内山完造最早的随笔集中收录的一篇饶有趣味的文
章。在中国，帮扶精神已经不局限于"同乡会""同学会"等有联系的人群之
间，甚至拓展到素昧平生的街边乞丐。内山对乞丐的观察细致入微，在其他
随笔中也多次写到乞丐。此外，内山在《上海生活二十年》②一文中也谈到
了中国的葬礼和婚礼，同样认为其中体现了中国人对乞丐等生活在社会底
层、生活没有着落的人群的一种帮助，这一互相帮助的精神已经成了一种生
活习惯。实际上，"相互扶助"的风习，不仅对乞丐这一弱势群体，从普通民
众身上也可感受到。内山在中国见到中国人打算盘的方式，他对此大为
惊讶：

> 中国人打算盘的方式真是有些奇怪。怎么说好呢，或许可以说中
> 国人打算盘的方式中包含了一种融通性，或者说是人情味也能被"打"
> 出来，或者说是因人的关系不同而变成了不同的数字。本来应该是二
> 一添作五，因对象不同，有时变成二一添作六，有时又变成二一添作四，
> 而对方对这种融通性也是心领神会，绝不会对此提出什么异议，真的很
> 有意思。
>
> 那么对什么样的人会打出四，对什么样的人会打出六，都以对方的
> 贫富程度做出判断。如果是给穷人的话，就是二一添作六，如果是取自
> 穷人的话，就是二一添作四。而如果对方是富人，那么给予是四，索取
> 是六。
>
> 中国人的这种算盘的打法，真的非常有意思。即使对同一个人，给
> 予和索取时，分别是四和六，平均下来最终的数字还是五。如果是穷人
> 和富人站在一起的话，也是给予一方是六，给予另一方是四，因此最终

---

① 内山完造.相互扶助の宴会[M]//生ける支那の姿.东京：学芸書院,1935：38－42.
② 内山完造.上海生活二十年[M]//上海夜話.东京：改造社,1940：51－69.

的平均数还是五。①

内山完造经营内山书店，自己也是一个商人，因而他能够通过这样有些违背常理却十分有趣的现象，敏锐地发现在生意场上所体现出来的中国社会的"融通性"和对于贫民的"人情味"。而且，内山认为中国人在买卖上能巧妙地保持平衡，这已成为当时的中国社会为了缩小贫富差别而形成的习惯。内山在战后出版的《平均有钱人》一文中，也回顾了自己在中国观察到的情形：

> 在以前中国的习惯中，我发现了这样的一个情形，你买少的时候，就会相对廉价地多给你一点，你买多的时候，就会相对高价地少给你一些。我对这种了不起的社会制度在无意识中发挥的良好作用，总是频繁地予以积极的赞赏和推奖。

内山完造对中国社会这种"了不起的社会制度"，表示了由衷的敬意。在文章的后半部，他对中国 20 世纪 50 年代的情景做如下介绍：

> 现在的中国，无钱阶级已经消失了。收入当然不是很高，但大家都成为了平均有钱阶级，这是毫无疑问的。而且这一人数占国民的大部分，因此以前的那种社会制度（类似于日本的恩惠制度）也就不再需要了。②

1949 年新中国成立以后，阶级差异越来越小，因而对于贫民的那种"少量廉价"的优惠政策也渐次消失。这种制度在旧中国，尤其在各种身份阶级的群体混居的上海，成为一种特有的习惯。这并不是人为创造出来的制度，而是得到了社会认可的风习，是那个时代才可以领略到的风景。

---

① 内山完造.算盤のハジキ方［M］//上海風語.东京：改造社，1941：166 - 169.
② 内山完造.平均有钱人［M］//平均有钱：中国の今昔.东京：同文馆，1955：40 - 42.

并且，在内山完造的认知中，中国底层穷苦人民的互相扶助精神，不仅局限于中国人之间，对外国人也如此。他曾亲身感受到中国人房东对他的善意：

> 我想叙述一段以前战争时期我租房时与中国人房东的交往经历。国民革命军进入上海，在我家后面的淞沪铁路上打了四五天的仗，但却是整整一个月未能做成生意。后来的一个月市面也不稳定，几乎也没有生意，持续了差不多两个月左右。后来房东来的时候（房东也不知是害怕还是什么原因，有三个月没来了），我向他说及此事，说遇到战争也是没有法子的事，生意一点也没有做出来，这两个月的房租能不能减免一些？房东知道我没有说谎，也不是跟他讨价还价，就爽快地回答说，好好，那就免两个月房租吧。……中国人在受到损失的时候，相关的人也会一起分担一些，不会把损失只推到一个人头上，而自己装作若无其事。这就是基于"帮"的精神，在无意识中实行相互扶助的中国人理所应当的行为。①

内山完造与房东非亲非故，作为异国友人，依然能感受到中国人民的温情。

三、"一种社会政策"

如上所述，内山完造把中国社会相互扶助的精神，视作是一种社会政策。1938 年在奉天（今沈阳）大和旅社举行的以内山为中心的座谈会"论中国——围坐在内山完造身边"，就鲁迅、中国人的心理以及日本文学的影响等话题举行了座谈②。谈到"中国人的各种心理"这一话题时，石原秋郎发表了观点，并询问内山说："上海是国际都市，我想请教的是，上海一带的民

---

① 内山完造.上海漫語（その五）：家賃について［M］//上海夜話.东京：改造社，1940：41－44.
② 参见内山完造.内山嘉吉，内山篱，鲁迅友の会.鲁迅の思い出［M］.东京：社会思想社，1979：166.

俗风情与中国北方的民俗风情的差异。在北方,卖东西的人对穷人卖得比较便宜,而对富人卖得比较贵,我个人觉得,这恐怕是源于面子的问题,出于面子,嘴上不会怎么说,却是要从有钱人那里多获得一点。"针对石原的面子观念,内山回答说:"或许这一点也是有的,但是我只是把这看作是出于一种社会政策的观念,就跟在葬礼上大量雇佣乞丐一样,他们也许并没有一种很清晰的政策观念,但在实际的行为中就自然而然地那样做了。"内山已然将导致这种行为的原因,归纳为一种自然形成的社会政策,其实这就是中国人社会中自然形成的一种共识、一种默契。

前文谈到对穷人廉价销售的情形,内山完造在座谈会中还举出人力车夫的例子加以说明。即使乘车距离相同,"西方人是四十钱","日本人坐的话三十钱就行,中国比较体面的人是三十钱,而我店里掌柜坐车是二十五钱,店里的伙计是二十钱,苦力坐车是十五钱"。乍一看似乎不公平,但实际上这种不按照标准"看人报车价"的做法,正是体现了中国社会对穷苦人民的极大照顾。比"看坐车人的身份模样来决定车钱的做法"更令人惊讶的是,车夫根据"自己身体的疲劳程度"来决定车价。如果乘坐的是身体不易疲劳、拉车速度较快、年轻力壮的车夫拉的车,价钱就会便宜点,但是也有人愿意乘坐拉车速度慢、年老的车夫拉的车,这就完全是"施恩的性质"了。中国人既有现实主义的一面,比如买粥时要等到最后粥比较浓稠的时候再买,买豆子的时候尽量挑大的买,买粽子的时候挑选馅料比较扎实厚重的买,但同时也具有另外一面,他们在对待老人、弱者、穷人、乞丐的时候,会表现出帮扶的精神。内山完造将此种现象升华为中国的"一种社会政策",站在了更高的层面上,肯定了当时中国人的这种精神美德。

在《人品门第决定价格》一文中,内山完造曾记录了一段他与鲁迅的谈话。鲁迅听内山说中国有"小额价廉"这种奇妙的现象,也给内山讲了一个小故事。某户人家的女佣经常去菜场买菜,某天因为有事,就把四角洋钱和油瓶留在了油店小伙计那里。之后,小伙计在油瓶里装满了油,送到女佣的主人家里。可第二天女佣办完事回到家里时,家里的女主人就对她说,这次的油要比平时少,油瓶里的油只有八分满。后来女佣问了那个小伙计,才知道缘由。原来那个小伙计一开始把油送到那户人家去的时候,不知道那户人家的情况，就装满了油，可是当他见到那户人家非常阔气，之后再叫他送油的时候，脑子里就浮现出了那户人家的豪宅，于是，打油的手就自然地打到八分就停止了。

听罢鲁迅这段叙述，内山完造发表了如下感慨：

> 有趣，有趣，真是太有趣了。曾有人说过，商品的价值是由原料成本、加工费和商人的利润构成的。如果这样的原理在全世界都通用的话，那么谁也不会有什么意见。可是在中国，批发商却不是据此来做生意的。在中国，除了原料的成本、加工费和商人的利润外，还要考虑到顾客的人品门第才能决定价格，居然还有这样的商家，真的是太麻烦了。当然，对于如此情形，你或许也可以简单地下结论，这是封建的买卖方式，是亚洲式的生产遗留下来的旧方法。然而把商品二一添作五的时候，对有的人四分，对有的人是六分，这真的是一种落后的计算法吗？显然不是，根据不同的场景调整价格，可以说这是一种先进的方法。①

看上去十分"封建"、以人品门第来决定商品价格的现象，在内山完造的眼中，已经是一种先进的社会政策了。

四、结语

对于中国传统文化与欧美文化的不同，内山完造指出："上海是一个对这两种文化进行观察比较的非常适宜的场所。"②20 世纪上半期的国际都市上海，具备了这种可能性。内山通过长年的生活积累和敏锐的观察，引领读者进入一个前所未有的空间。这个空间不是以云集高级舞厅、百货公司的大马路（即南京路）为代表的摩登都市空间，也非飘荡着"芳香"（前田爱所用词语）的殖民地都市空间，更不是被描绘成充满了"腐臭"（前田爱所用词语）

---

① 内山完造.人柄が値になる[M]//生ける支那の姿.东京：学芸書院，1935：43-47.
② 内山完造.上海生活二十年[M]//上海夜話.东京：改造社，1940：55-56.

和肮脏的贫民都市空间,而是褪去摩登的外壳、中国的老百姓实实在在生活着的、互帮互助的、洋溢着人情味的中国传统文化空间。

内山完造在作品中所关注的,并不止于诸如金子光晴、村松梢风等所观察到的外国人和中国人之间、上层阶级对于下层阶级的歧视,他以亲身经历向人们证实中国社会中从"帮"演变出帮扶、互相帮助的精神。特别是像村松梢风那样的所谓"人道主义者",对中国的贫苦劳动者表现出居高临下的姿态,即使想要拯救贫苦大众,也具有思想的局限性和行为的偶然性。对于他们而言,阶级利益才是最为重要的。与大多数东方主义者关注中国的视角、得出的结论截然不同,我想可以把内山视为"逆转的东方主义"者。这个概念出自《想象的共同体》。作者本尼迪克特·安德森曾自述,自己出于一种"逆转的东方主义"(inverted Orientalism)①,与当时大多数东南亚研究专家一道,对当地民众予以极大的关心,同情该地区的民族主义。内山并非学者、研究家,他关注的大多是老百姓,特别是底层劳动者或乞讨者的生活,他的独特视角扭转了日本作家在中国书写中普遍抱有的东方主义观念。

内山完造描述的中国社会传统文化,是在春秋战国时代孔子的"仁"、孟子的"性善论"以及墨子所倡导的"兼爱"等传统思想上建筑起来的精神。其中儒家思想的代表人物是孔子和孟子。孔子把"仁"看作最高的伦理道德,其他诸如"礼""信""孝""悌"则是在其之下的德行。这些在整体上构成了中国社会最早的成体系的道德伦理思想。孟子在孔子学说的基础上,提出了"五伦说""性善论"和"修养论",发展了儒家的理论。墨子提出以"义"作为最高的道德伦理的标准,其基本内容是"兼爱"和"互利"。内山笔下,中国多种有悖常理的现象背后,隐藏的却是民众互相扶助的精神。正是这些建立在传统文化基础上的友爱精神,形成了中国传统社会中一种先进的社会政策。

---

① 本尼迪克特·安德森.认同的重量:《想象的共同体》导读[M]//想象的共同体——民族主义的起源与散布.吴叡人,译.上海:上海人民出版社,2016:5.

第八章
中国人的礼仪观与现实主义：以内山完造和小竹文夫为中心

一、引言

小竹文夫（1900—1962）本是上海东亚同文书院的语言学教师，后来从京都帝国大学（今京都大学）文学部史学专业毕业，1928年重返东亚同文书院担任教授，讲授中国历史。直到1945年该大学解散，小竹前后在上海度过了三十年的时光。战后，他在金泽大学、东京文理科大学和东京教育大学都担任过教授，还曾经是拓殖大学海外事务研究所理事、拓殖大学兼职教授，出版《近世中国经济史研究》（弘文堂，1941年）、《中国的社会与文化》（弘文堂，1948年）等著作。

小竹文夫与内山完造皆在上海生活了三十余年，留下了记录中国社会的许多文字，两者对中国人、中国文化和中国社会的认知，非常值得探讨。本章以内山的《活中国的姿态》等随笔集和小竹的著作《上海三十年》以及同时期报刊媒体报道为主要文本，通过比较二人的中国书写及中国认知的形成缘由，最终揭示内山"漫语"的特征所在。

二、内山完造"漫语"的特征和中国人的礼仪观

内山完造的随笔向来被称为"漫语""漫谈"或"漫文"等等。而有关这些"漫语"的评价，首先要从鲁迅为内山的首部随笔集《活中国的姿态》（中文版为《一个日本人的中国观》）所写的序言谈起。

　　著者是二十年以上，生活于中国，到各处去旅行，接触了各阶级的人们的，所以来写这样的漫文，我以为实在是适当的人物。事实胜于雄辩，这些漫文，不是的确放着一种异彩吗？自己也常常去听漫谈，其实是负有捧场的权利和义务的，但因为已是很久的"老朋友"了，所以也想添几句坏话在这里。其一，是有多说中国的优点的倾向，这是和我的意见相反的。不过著者那一面，也自有他的意见，所以没有法子想。还有一点，是并非坏话也说不定的，就是读起那漫文来，往往颇有令人觉得"原来如此"的处所，而这令人觉得"原来如此"的处所，归根结蒂，也还是结论。幸而卷末没有明记着"第几章：结论"，所以仍不失为漫谈，总算还好的。①

　　文集于日本出版的 1935 年，内山完造已在中国生活了 22 年。根据自身经历写成的"漫文"，得到了鲁迅的极大肯定。鲁迅自 1927 年 10 月定居上海后与内山有近十年的交情，虽是玩笑般提出的"批评"，实际却一针见血。自 1918 年发表的小说《狂人日记》开始，对中国前途的忧虑及对中国民族性的批判等主题就一直贯穿在鲁迅的文章之中。相比之下，内山虽身为日本人，却常在随笔中依据自己的中国经历，专挑中国人的优点写，鲁迅因此才会添了"几句坏话"。

　　中外研究者在探讨内山完造的著作时也几乎沿袭了这个框架。例如，高纲博文同样关注到重点提及"中国人的优点"的内山随笔的特征②。

　　首先，内山常年在中国各地与中国民众进行频繁接触，这些经历成为他漫谈的素材来源。其次，由这些经历催生的文化多元主义和文化相对主义形成了内山自己的立场。……最后，只对中国人的优点和长处进行强调，而对他们的缺点几乎只字未提。

　　如上所述，中日两国的研究者都关注到内山完造在写作时有意识地

---

① 内山完造.鲁迅序[M]//一个日本人的中国观.尤炳圻,译.上海：开明书店,1936：3.
② 高綱博文.補論：内山完造の中国社会体験——〈花甲録〉〈内山漫語〉を読む[M]//"国際都市"上海のなかの日本人.东京：研文出版,2009：246.

就日本与中国的文化和意识差异进行比较，并且善于描写中国人优点的一面。不仅如此，内山还用切身体会，来反驳日本人对中国人怀有的固有观念和偏见：

> 华氏130度高温的沥青路上，酸浆果纷纷爆裂。黑色沥青如恶魔般黏黏糊糊地粘在了行驶中的汽车、人力车、小车，甚至行人们的脚底。工人们半裸的身体上流淌着油和汗，他们显然使出了两倍乃至三倍的力气。他们已经干渴到发不出声音的地步。
>
> 多处路边树下、电线杆旁都摆放了装着热茶的铁皮茶桶和陶制水壶。这就是便茶（也唤做凉茶）。便茶并非政府或区政府等机关的安排或命令，而是单纯由热心人主动在夏天提供（听说最近也有一些组织在提供便茶），无偿送给烈日下焦渴难耐的人们喝的。
>
> 我也学习中国人，每年都在街边摆出便茶。和以往一样，今年也开始了，我从早上开始就哼哧哼哧地运来热水。①

"便茶"，又名"施茶""施药"，是指夏季酷暑时，在小规模私人店铺的店头等地方为行人提供的茶或药水。从《便茶》这篇文章中，我们可以捕捉到中国劳动者辛苦劳作的情形，特别是从"恶魔般"这个形容词可以想象出资本家压榨靠体力劳动养活一家老小的底层劳动者的嘴脸。内山完造在文章开头揭露，法国人对小鸟、马等动物都十分和善，而面对劳动者时，却是一副事不关己的姿态，他们所谓的慈悲何其虚伪。相比之下，从《便茶》却可以感受到内山对中国人怀有的感情，他不仅感受到中国人的辛劳，身体力行提供免费茶水，还主动为他们发声鸣不平：

> 我摆出的便茶桶里有时会被人投进一厘钱或一枚铜板。起初我以为是孩子的恶作剧，或是别人不小心掉进去的，结果却大错特错。那是畅饮了无偿提供的便茶，一解口渴之苦的劳动者真心诚意献出的回礼。

---

① 内山完造.便茶[M]//生ける支那の姿.东京：学芸書院，1935：27-30.

他们手中的一文钱是惨遭拳打脚踢甚至是流血的代价换来的，而这钱又被他们慷慨地投进了便茶桶里。这些人都只是目不识丁的苦力啊。

……是谁曾妄言中国人忘恩负义。要知道，给马喂水、为鸡受到的虐待而愤愤不平的西洋文明人，面对烈日下受苦的人们却是一副全然冷漠的姿态。①

在日本人对中国人的普遍认识中，已经存在一些固有观念，但内山完造经由亲自提供"便茶"一事，见证了中国人的感恩之心，强力反击了日本人对中国人一贯持有的偏见和所谓"文明"的西洋人做派。内山不仅在这一篇文章中批驳了日本人的偏见，同样是关于中国人"忘恩负义"的名声，他在《习惯》一文中提到，日本人对中国人总抱有一种"中国人其实非常忘恩负义"的印象。中国人之所以被认为"忘恩负义"，是因为他们没有和日本人一样的习惯，即"一旦受了别人的恩惠，这之后无论过了多久"，也得"向对方无数次表达感谢"。

确实，中日习惯之间有很大差异。中国人被人请吃饭后如果当场说了"多谢多谢"，第二天见面就不会为昨天再道一次谢，四五天后再见面也不会重提，一个月后更不会提及。无论是一年后还是多年后都绝不会再提。中国人的习惯就是他们一旦道过一次谢就不会再提第二次。②

日本人一旦受人恩惠，便会反复地致谢，而中国人通常没有这种习惯，内山完造对中国人的礼仪观阐述道：

中国人之间的亲密交往毫无回礼的必要，也完全不用担心回请的问题。有多年交情的真正的老朋友之间，客气见外是禁忌。（也就是

---

① 内山完造.便茶[M]//生ける支那の姿.东京：学芸書院,1935：27-30.
② 内山完造.習慣[M]//上海漫語.东京：改造社,1938：239-248.

说)不要客气,不客气。别人请客,安心领受就好了。别人送礼,坦然收下就行了。客气是大忌。①

可见,内山完造在中国生活已久,已经谙熟中国人礼仪交往的要义,而一些日本人从未踏上中国的土地,不了解中国的文化,就认定中国人不懂感恩,贻笑大方。还有一则发生在内山和鲁迅之间的轶事。某日,内山收到鲁迅赠送的广东名贵水果,他刚好有东京寄来的上好海苔,所以自然就把海苔包进日本人用的包装袋中送给了鲁迅。几日过后,鲁迅对他说,中国人之间即便是关系不太亲近或是在单纯礼节性交往中也不会这么做,因为这是不领对方情的意思。尤其是老朋友之间,如果这样做的话会招人反感。

日本是礼仪大国,中国更是礼仪之邦,然而两国的礼仪观存在着明显的差异。了解日本文化的人都知道,日本人的做法是尽量当面还礼,越快越好,不喜欢拖欠人情。而中国人这样做则会显得十分见外,宁可日后找机会再答谢也不会当面回礼。一些不了解中国人习惯的日本人只看到行为表面,或者只根据少数中国人的情况就轻易下定论,实在是有失偏颇。

无独有偶,小竹文夫也在《上海三十年》这本书中关注到中国人的礼仪习惯,然而究其内里,他与内山完造的认知有着很大差异。小竹将"礼"视为日常生活中避免人与人之间产生摩擦、维持秩序的方式。书中写到他在旅行途中住在一个县城时,白天初次见面的县知事给他送来了第二天晚餐的邀请函,小竹回复如下：

"在这人生地疏的宝地,得以与阁下这般的贵人相识,加之受此盛情邀请……无奈已定于明日启程,您的好意鄙人将铭记在心……"如此,我一言以回之。像这样别人特意发函邀请的情况下也不是不能承意赴宴,但平时的话只需心领好意,若不是碰巧要动身离开的话以忙碌为由推辞就可以了。此类邀请函和感谢信都是礼节的一部分,对方也是假定你会领情才发出邀请函的。……若能以此避免不必要的冲突,

① 内山完造.支那の他人行儀[M]//上海風語.东京：改造社,1941：106-111.

使世态平稳的话就也称不上繁琐。①

小竹文夫与县知事之间的交往只是表面的礼仪，其实在真正亲密的关系中，即便当时没有道谢或者日后再回礼也无大碍。若与中国人无深交的话，恐怕很难理解中国人独有的礼仪观。内山完造在和鲁迅等中国知识分子的交往，以及和贫苦大众的接触中充分融入了中国社会，因此在解释中国人的礼仪观方面比学者的所谓理论性研究显然更具备说服力。

要理解中国人的礼仪观，还要了解这种观念背后所隐藏的"习惯"。同样在《便茶》这篇文章中，内山完造谈到，中国人不喝生水，喝了生水会肚子痛，因此用生水代替"便茶"的话是行不通的。此外中国人不吃冷饭，即便给他们金枪鱼刺身他们也绝对不吃。他在《一种习惯》中还提到，除了语言不通的问题和先入为主的忌惮情绪之外，外国客人与黄包车车夫之间经常出现的最大矛盾，就是外国人担心习惯抄近道的车夫把自己拐到偏僻的弄堂里劫夺财物。

要之，中日两国的人民如果能够互相了解对方的习惯，往小的方面说有助于弄清私人问题以及预防、应对冲突的发生，往大的方面说有利于化解国家间的纷争。②

也就是说，如果不了解中国的风俗习惯，极有可能引起不必要的纷争。内山完造在深入中国社会的细部，并对中国社会内在的一面有了深刻了解后，进而意识到要理解异国的文化，首先就必须正确把握住这个国家的"习惯"。他观察各阶级人民的生活状态，还通过免费提供"便茶"等方式将这份感情落实到了行动之中。即便长时间生活在一片土地上也不见得就能与这片土地的人民进行深入接触，融入其中。内山真正体察到中国人民的灵魂，对此有所领会并认真探究背后的原因，进而把握住中国社会的真实形态。

---

① 小竹文夫.上海三十年[M].东京：弘文堂书房，1948：44-45.
② 内山完造.一つの習慣[M]//生ける支那の姿.东京：学芸书院，1935：22-26.

事实胜于雄辩，经历胜于谣言，遇到错误的观点即给予反驳，这大概就是内山漫语的精髓所在。

三、中国人的现实主义："彻底的实际生活"和"高度现实主义"

纵览内山完造的文章，除了如鲁迅和众多研究者所指他的作品多描写中国人优点之外，例如在《彻底的实际生活》这篇文章中他所提到的中国人的现实主义的一面，既谈不上是优点也称不上是缺点。

内山完造在中国福州的一个旅馆里住宿时，从房间窗户可以看到马路对面的一家饭馆。每天早晨，饭馆门前都会摆出卖粥的货摊，来光顾的都是附近的居民、人力车夫、船夫、轿夫等贫穷的劳动者。然而内山发现，他们在买粥前，都会先围着盛粥的桶张望一番，每天早晨都是如此，内山对这样的举动感到十分惊讶。

他们为什么不趁粥新鲜热乎的时候喝呢？内山完造带着这样的疑问进行了许多思考。起初他认为这是福州该地的"奇异之处"，即当地的人吃东西怕烫，可实际他们也都喝热茶吃热饭，于是内山排除了这个可能性。百思不得其解，内山决定做实验找出原因所在。他先后买了刚出摊时的粥和贫穷劳动者们开始喝粥时卖的粥，在进行一番细致比较之后，终于得出了以下结论：

> 谁都知道刚煮好的粥更热乎、卫生还更香甜，但这里的常客没有闲情体会什么卫生呀热乎呀香甜呀之类的奢侈感受。刚煮好的粥无论有多么香甜卫生也还是和水一样稀。温热也好，味道一般也罢，只要粥够浓稠就足以扛饿。来来回回的这些人，作为旁观者还是作为买粥者，都依粥的稀稠而定。
>
> （即便也有本能的成分，）人们吃饭时还必须得搞清楚一碗粥是稠是稀。世上还有哪个地方的人是这样生活的呢？我认为中国人的实际生活毋宁说悲惨至极。[①]

---

① 内山完造.彻底せる实际生活[M]//生ける支那の姿.东京：学芸书院，1935：61－67.

内山完造敏锐地捕捉到了中国人务实的生活态度，他在自传《花甲录》中也提到买粥的故事：

> 没能被安排上临江的房间，而是住进了二楼面朝马路的屋子里，但我在这里却有了意外所获……那就是之后被我命名为粥的哲学的一篇漫语。①

据《花甲录》所记，内山完造于 1920 年 5 月下旬前往福州，住在当地的临江宾馆，《彻底的实际生活》的前半部分与粥有关的内容，就是基于此次经历创作的。其实内山首次描写中国人买粥的情形，是在内山书店的"文艺漫谈会"的机关杂志《万华镜》（中文为《万花筒》）的创刊号发表的文章《一碗粥》。"文艺漫谈会"是 20 世纪 20 年代，聚集在内山书店的中日知识分子举行漫谈活动的文化沙龙，日本学者大桥毅彦也关注到此机关及其杂志②。不仅如此，1932 年 4 月 13 日的《朝日新闻》上也刊登了内山谈论粥的演讲内容，摘引如下：

> 我想举一些实例来简要说明中国社会里最为普遍且正在中国人的生活中存在并发生着作用的事情。
> ……
> △粥的哲学　有商贩专门负责卖粥，因而工人可以靠一碗粥果腹。但他们总是等尽可能长的时间才去买粥，因为时间过得越久，粥就越浓稠。③

由此推测，《彻底的实际生活》这篇文章有关"粥"的内容，最初刊载在《万华镜》上，之后又出现在内山完造的演讲中，最后出现在《活中国的姿态》

---

① 内山完造.花甲録：日中友好の架け橋[M].东京：平凡社,2011：192－193.
② 大桥毅彦.上海・内山書店文芸文化ネットワークの形成と奥行——文芸漫談会機関誌《萬華鏡》を中心にして[J].日本文藝研究,2009,61(1－2)：35－57.
③ 内山完造.中国的奇習を語る：細かい日常生活振り[N].朝日新聞,1932－04－13(5).

这本随笔集中。《一碗粥》的登场人物均为"车夫、船夫、轿夫"等"苦力"，内山从底层劳动人民的身上，看到了中国人的现实主义。他多次提及"买粥哲学"体现的中国人的务实思维，这已成为反映中国人生活态度的一个真实鲜明的例证。

反观久居上海的学者小竹文夫，他是否也有同样的观察？他如何认识中国人现实主义的一面？小竹文夫和内山完造在上海的日侨当中都是相当受人瞩目的存在。比如，两人的名字都以隐晦的方式在作家武田泰淳的小说《上海的萤火虫》中登场。《上海的萤火虫》于 1976 年 2 月到 9 月在杂志《海》上分七回连载，同年 12 月由中央公论社出版了同名单行本。

> 该作品描写了以"东方文化协会"职员身份远赴上海的"我"（武田先生）在 1944 年夏天到 1945 年 6 月前后的生活。1944 年 6 月到 1946 年 2 月，泰淳本人曾作为中日文化协会（东方文化协会的原型）的职员生活在上海，因此从这部作品中可以一窥他居住上海期间的经历。①

"东方文化协会"即武田泰淳和小竹文夫当时所属的"中日文化协会"。文中有一段"我"与"E 君"（以石上玄一郎为原型）的对话场面：

> 与嗓门大又啰唆的理事长不同，O 博士是一个沉静内敛的人。他好像暗自担忧着理事长的处世方式。博士毕业自京都的大学，是中国经济史方面的专家。他具有学者风范，甚至曾就中国人的高度现实主义与我在他家中热烈讨论到了深夜。
>
> E 君羡慕地对我说："听说你留宿在博士的家里。O 博士似乎是一个非常有趣的人啊。"我回答道："是啊。前段时间我们还围绕中国人的高度现实主义聊了整晚。"引得他愈发羡慕了。

这里的"高度现实主义"正代表了"O 博士"的原型小竹文夫对中国人的

---

① 大桥毅彦，赵梦云，竹松良明，等.まえがき[M]//上海 1944—1945：武田泰淳《上海の萤》注释.东京：双文社出版，2008：3.

评价。小竹在随笔集《上海三十年》中，从七个方面广泛论述了"中国人的生存方式"和他们"生活态度的真相"，尤其对于"现实主义"得出以下结论："强韧的现实主义思想贯穿在中国人的生活态度之中。中国人所生活的世界是极度现世性的世界——既没有来世也没有天国，是只有今生的世界。"①

对此，内山完造持有相同观点，他认为中国人的现世主义，如道教一般不期盼"来世"，只执着于"今生"的态度，最重要的是如何在"今生"实现所有的愿望，幸福地度过这不足百年的生活。

"现世主义"在现实世界里的人类欲望中就有所体现。例如，在日本福神的代表者是七福神，而在中国福神的代表者是福禄寿三星。关于在中国广为人知的福禄寿是为何物，内山完造在随笔中做了如下记述。

> 福指多子之福，象征着色欲。
>
> 禄指口舌之禄，象征着食欲。
>
> 寿指长命之寿，象征着生欲。
>
> 结论如上。最后的生欲指生存的欲望。
>
> ……
>
> 另外，我还认为福禄寿是中国最大的宗教。这么说是因为中国人每天都对着他们的塑像点灯烧香，顶礼膜拜。因此，这三个作为宗教偶像的塑像也和所有的宗教偶像一样是中国人自身欲望的化身。也就是说，福禄寿诞生于对色欲的满足、食欲的满足和生欲的满足的追求之中。②

无独有偶，小竹文夫就人的生存欲望论述道：

> 相信今世之外还有来世和天国的人，认为他们还会继续生活在彼岸，甚至也有人正是为了生活在彼岸才活在今生的。而相信只有今世的人认为除今世外再没有生存的可能，归根究底只能活在今世。所以若要为生存找一个理由，那就只能是为生活在今世本身而活。换言之，

---

① 小竹文夫.上海三十年[M].东京：弘文堂书房，1948：14.

② 内山完造.福禄寿[M]//生ける支那の姿.东京：学芸书院，1935：134 - 136.

他们不采取为来世和天国而生存这样的次要手段来生活,而是只能以
生活在今世这件事为首要目的来生活。这就是中国人的生存方式。①

小竹文夫在《上海三十年》中,为探究中国人的现世主义,同样将"福禄
寿"作为其中一个代表,认为以追求多子为福,以追求财富为禄,以追求长命
为寿这三者是"现世主义中国人的三大欲求",即"中国人创造的现世性的"
价值观。此外,对于死这件事,中国人相信人死后灵魂不灭,总有一天会回
到原本的肉体之中,所以十分注重遗体的保存。他们认为灵魂即便离开了
肉体也依旧存在于现世之中,这是典型的现世主义者的观点。

综上,借用小竹文夫的语言可对"中国人的生活方式"予以概括:中国
人"把现世的生活放在首要位置,对追求象征着人类生理性欲求的福禄寿的
行为表示肯定。为避免引发冲突和混乱,在表面和规范上提出礼的概念,在
内里和精神上讲求道德和伦理,再以文来引导全体社会生活向灵活风雅的
方向发展"②。

小竹文夫站在学者的视角透视了中国人的高度现实主义的生活态度,
而内山完造实地观察中国人实际的生活样态,并探究其成因,两者的见解可
谓各有千秋,共同建构起近代日本文人对中国人的思想特质、行为特征、生
活态度等方面鞭辟入里的认知。

四、结语

1939 年到 1944 年间,上海发行的日语报纸《大陆新报》共刊登小竹文
夫的六篇随笔文章和两次座谈会的报道,其中,1939 年 1 月 14 日持续到 18
日的"江南视察报告座谈会"上,小竹发言如下:

今日就"大陆的建设"展开座谈,由我担任主持人。我们在谈论应
当如何建设之前,首先必须弄清楚现状。我将以江南地区为例具体说

---

① 小竹文夫.上海三十年[M].东京:弘文堂书房,1948:17.
② 小竹文夫.上海三十年[M].东京:弘文堂书房,1948:55 - 56.

一说。……这里是中国的政治、经济和文化的中心，将会在今后的建设中发挥重要作用。①

参加此次座谈会的有小竹文夫教授、东亚同文书院的 6 名学生以及大陆新报社的森山编辑局长等人。座谈会召开的前一年，即 1938 年的暑假，东亚同文书院曾派遣四年级学生前往中国各地调查中国现状，尤其是往江南地区投入了许多人力，这次座谈会也可以说是该活动的成果报告会。

小竹文夫在会上多次提及"建设""如何建设""今后的建设"等字眼，认为有必要在中国开展"大陆的建设"，为实现这个计划需大力鼓吹"东亚共同体"的思想观念，很难说这与他当时执教的大学"东亚同文书院"的性质不无关联。原本以自由为理念的大学自战争爆发开始就渐渐地表现出了军国主义色彩，其中应该也有军队和政府施压的原因，因此作为大学教授的小竹也无法独善其身。如此赤裸裸的言论在《上海三十年》中却未曾表露，恐怕也是为了顺应"国策报纸"《大陆新报》倡导的主流思想。

如此看来，小竹文夫和当时的日本军队、政府站在了同样的立场，其研究中国文化、中国人的民族性的出发点以及他看待中国人的视线，在根本上恐怕是与内山完造背道而驰的。1939 年 9 月至 1945 年 2 月间，内山曾在《大陆新报》晨报第四版的"学艺栏"、晚报第一版的"现地评坛"等专栏发表了近两百篇作品（包含连载）。内容以随笔为主，此外也有评论、专栏文章、谈话和书评，他还多次出席中日两国知识分子召开的座谈会。总体来说，他的作品很少涉及当时的局势，主要描写中国的民情、身边发生的故事以及旅行中的见闻等，可以说是当时日本文人中的罕见特例。

要之，内山完造和小竹文夫在描写中国文化时都关注到了中国人现实主义的一面，但从他们同一时期投稿给《大陆新报》的文章或座谈会发言的内容来看，二人的出发点和目的有所不同。内山善于从个人体验的角度说服读者，而小竹则使用以理论叙述的方式阐释中国人现实主义的生存方式。更为重要的是，内山对日本人对中国人怀有的偏见进行反驳这一点，迄今尚未有人提及。

———————————

① 江南视察报告座谈会[N].大陆新报,1939－01－14(7).

第九章
"老上海"内山完造与"中国通"后藤朝太郎的中国认识

一、引言

内山完造在上海生活近 35 年,在中日文化人之中知名度很高,他了解中国的民情,并且和当地民众关系融洽,因此被称为"老上海"。而在日本还有一类文人被称为"中国通",是指对中国民情、文化风俗等在学理上已有一定认识的群体。其中有一位在同一时期走访中国各地,对中国文化、中国民众也表现出特别关注的后藤朝太郎,他的作品具有很强的中日文化对比价值,因此本章选取同时代"中国通"的代表人物之一后藤与内山进行对比分析。

后藤朝太郎(1881—1945)是日本著名的语言学家、汉学家、大学教授。他于 1912 年从东京帝国大学(现东京大学)研究生毕业后,曾任日本文部省等机构的特约顾问,之后任拓殖大学教授。他从大正时代开始,也就是从 1912 年开始到日本侵华战争结束,到中国旅行了 50 多次,因此,他的兴趣逐渐从当初的汉语文字学、音韵学等理论性研究转向了对中国民俗文化的研究,他的著作也从 1910 年出版的《文字的研究》这样的语言文字专业著作,演变成 1923 年出版的《有趣的中国风俗》、1939 年出版的《中国的下层人民》这样与中国文化、国民性相关的著作。

一位是研究中国音韵文字的专家,一位是在中国经营书店的店主,两者看似关系不大,但他们对中国人的生活方式和中国文化的认识都有可圈可点之处,以往的研究却无人将两者的观点进行对比研究。本章主要以内山完造在 20 世纪上半叶出版的多本随笔集和后藤朝太郎的著作《中国的下层人民》为研究文本,探讨"中国通"的代表人物后藤朝太郎和"老上海"内山完造将视线投向中国的下层人民这一特定的群体的缘由,比较他们对于下层人民认识的异同之处,从而凸显出内山作品中呈现的、与所谓"中国通"的"文章文化"所不同的"生活文化"这一亮点。

二、两者关注中国下层民众的缘由和共通之处

1913 年,内山完造被日本参天堂眼药公司派遣至中国,首次远渡并踏上了中国大陆的土地。以下是内山回忆自己 1913 年 3 月 24 日刚到上海时的情景:

> 二十四号早晨,初次见到长江泛红的泥水的我先是一惊,抬头看到一望无际的平原,我又瞪大了双眼……日信药房的日本人和中国人店员数人甚至苦力们都出来迎接我。看着眼前这充满异国情调的风景,一直以来对中国人心怀轻蔑的我产生了动摇。但一听说这风景是西洋人的街道,我依然心怀轻蔑地上岸了。①

日信药房是日本参天堂眼药公司(现在的参天制药)在上海的代理商。内山完造在来中国之前,和当时其他日本人的观念一致,对中国人都怀有一种优越感。初到上海时,面对中国人他仍然"心怀轻蔑"。然而,当他与店员、苦力们一起工作一段时间之后,他对周围的中国人的看法打从心底产生了改变。

> 在汉口约一个月的宣传运动中,我被唤做日本苦力。不,我是自称日本苦力并整日与中国苦力们待在一起。这段经历成了我漫谈中国时的基础,有些人是不能与政府官员、军人以及领着高薪的人并肩而行的。②

---

① 内山完造.花甲録:日中友好の架け橋[M].东京:平凡社,2011:93-94.
② 内山完造.花甲録:日中友好の架け橋[M].东京:平凡社,2011:100.

内山完造与中国人一起工作的经历,使得他早年对中国的优越感也逐渐发生了改变。他抵达中国时,首先映入眼帘的便是苦力的身影。内山书店开张之后,他与日中文化界人士交好,但他接触得最多的还是身边的平民与劳动者们。他详细描绘了他所见到的中国人民的生活情景,普通旅行者是无法观察得如此仔细、深入和真实的。

正如从事上海史研究的日本学者高纲博文归纳的:"第一,内山多年间来往于中国各地并不断与中国民众接触,他的这些经历成了漫谈的材料。第二,内山自身的立场与他从这些体验中获得的文化多元主义、文化相对主义是相通的。"①内山在与中国民众近距离接触的过程中,对中国人民的立场已逐渐发生改变。

再看注重语言文字文献研究的"中国通"后藤朝太郎关注中国百姓的缘由。石川泰成认为,后藤"有意识地避开"以文字资料为研究对象的"汉学"研究中所采取的手法,认为"中国缺少中流阶级,即知识阶级",主张"比起研究文献,观察占中国国民大多数的下层人民要来得更重要"②。

后藤朝太郎也陈述了自己着眼于中国下层人民的理由:

> 中国就像一个三角形,底部是国家的基础,三角形的上部即它的顶点的价值较低。日本却恰好相反。日本重视价值低的部分,却对重要的底部置若罔闻。③

以往关于后藤朝太郎对中国贫民的研究,主要集中在中华民族的同化力、中国人民的生命力以及掌权人士与下层民众的关系等方面。④ 本章将进一步挖掘后藤的思想深处,通过比较其与内山完造对下层人民的认识及

---

① 高綱博文.補論:内山完造の中国社会体験——〈花甲録〉〈内山漫語〉を読む[M]//"国際都市"上海のなかの日本人.东京:研文出版,2009:246.
② 石川泰成.後藤朝太郎の支那学の構想[J].九州産業大学国際文化学部紀要,2001(19):1-18.
③ 後藤朝太郎.最近の中華民国を語る(日本医科器械学界例会席上講演)[J].医科器械学雑誌,1936,14(6):237.
④ 参见刘家鑫.日本近代知识分子的中国观[M].天津:南开大学出版社,2007.

立场的共通点及不同点,最终揭示内山完造作品的特征。首先,从二人发表时间比较相近的作品,即后藤朝太郎 1939 年出版的《中国的下层民众》以及内山完造 1935 年到 1944 年发行的随笔集可以发现,两人的观点有颇多共通之处,可以总结为以下三个方面。

第一,中国的下层人民不屈不挠,拥有顽强蓬勃的生命力。用后藤朝太郎的话来说,"从下层人民的生活方式以及他们适应大自然这一点来看,他们的历史如此悠久是有理由的。比如,因经济原因,他们的设备、衣服等想来应难以应对寒暑,可见他们自身对酷寒酷暑有着相当的抵抗力。他们的肉体是不屈不挠的。"①对于这一点,内山也有相同的见解。他在随笔中也写道:"无论是地球上的寒带还是热带,不管是怎样的不毛之地,中国人都能战胜它们。"②

第二,中国的贫苦大众具有乐观的精神。中国的穷人们在饮食上花费的钱很少,后藤朝太郎经常看到他们悠然自得地饮食的模样,不像日本的贫民对食物总是怀揣不安。

> 中国的大众、穷人们在生活中总是心怀余裕。只要有这种余裕,就能将坚忍不拔的潜力发挥出来。他们不依赖别人,不记恨别人,安安稳稳地走自己的路,这就是中国穷人们的风雅所在。如果是日本人,他们早就悲观厌世、自暴自弃、到处流浪了。而中国人却无论到哪儿都能灵活适应、随机应变、安然生活。③

后藤朝太郎感受到中国人的悠然自得,内山完造也在随笔中提及了充满笑容、乐观的乞丐。

> 我脑海中浮现出了中国乞丐的脸。他们是乞丐,可他们却在欢笑。面

---

① 後藤朝太郎.悠久五千年の支那細民:一、下層民の生活様相[M]//支那の下層民.东京:高山書院,1939:3-4.本文所引内容出自翻印版《支那の下層民(アジア学叢:222.中国を知る)》.东京:大空社,2010,下同。
② 内山完造.上海漫語(その五)[M]//上海漫語.东京:改造社,1938:70.
③ 後藤朝太郎.支那下層民の力:二、根強い生活力[M]//支那の下層民.东京:高山書院,1939:34.

带笑容的乞丐，他们虽身处贫困的深渊，脸上的笑容却与常人并无二致。①

第三，他们将自己的人生观贯彻始终。前章也提到过，内山完造早在后藤朝太郎之前，已于"文艺漫谈会"的会刊《万华镜》创刊号上发表过名为《一碗粥》的文章。内山在文章中发出了这样的疑问，为什么车夫、船夫、苦力"不在粥刚出锅的时候喝，要等粥桶里的粥只剩一半时才去喝呢"，他的想法是"因为刚出锅的淡，剩一半的稠"。这应该最早源于他在自传《花甲录》中记述的，1920 年 5 月下旬在福州亲眼看见的情况。之后，内山也为《朝日新闻》写过类似的文章《讲述中国奇妙习俗：日常生活的细节》（1932 年 4 月13 日晨报五版）。收录在处女随笔集中的《彻底的实际生活》这篇文章中，他不仅提了粥的例子，还举出人们挑拣豆子时专挑大的豆子的例子来说明中国人现实主义的一面。他反复提及"粥"的故事，表现了他对中国人特有生活态度所持观点的一贯性，并且他先于他人观察并感受到了中国人的这些特质。内山还发现黄包车夫去买粽子时会把手伸进装粽子的桶里，"有时他会用手指施力按一按"。他这么做有其目的，"他会尽量找大粽子按，是为了确认粽叶里塞得满不满"②。这些根据大小、饱满程度挑选粽子的劳动人民的生活智慧让内山热泪盈眶。

无独有偶，善于发现中国人生活细节的后藤朝太郎也同样注意到类似的情景，认识到中国底层人民在生活中贯穿始终的现实主义的一面。

> 在中国，早上能在城里的小胡同买到粥。穷人家的孩子们会带着一两分钱出门喝粥。粥摊附近三五成群，但他们却不着急买。因为等得越久粥就会越稠，分量会多一些。虽然有些日本人在买红豆年糕汤时也会特别注意这一点，但中国的童男童女们全都会做这种细致的考虑。哪怕是一碗粥，他们喝的时候都不会马虎大意。即使是带着一两分钱去买装在小盘里的豆子，他们也会注意观察豆粒的大小，买豆粒大的。③

---

① 内山完造.楽天[M]//上海霖语.东京：大日本雄弁会講談社，1942：170.
② 内山完造.上海漫语（その五）[M]//上海漫语.东京：改造社，1938：73.
③ 後藤朝太郎.支那下層民の力：二、根強い生活力[M]//支那の下層民.东京：高山書院，1939：32 - 33.

三、两者的相异之处:"我们"的平等视线

本节主要分析内山完造和后藤朝太郎在书写中国下层民众时的视角、观点等方面的不同之处,重点突出内山完造融入底层人民,与他们站在同一视角,发现了中国社会对生存权利的重视以及劳动者的地位。

第一,后藤朝太郎着眼于下层阶级的劳动人民,发现他们于中国社会起到的重要作用,因此呼吁日方必须重视中国的劳动人民,实现日本所谓振兴东亚的"宏伟大计"。

> 有些人说,中国的苦力就和动物一样。可是他们作为中国民众有力地支撑着中国社会,若没有这些在码头干活的苦力,欧美与日本的文化便无法输入上海,堆积如山的货物也无法从上海运送到中国各地了。此外他们头脑灵活,在南洋作为华侨不断发展上进,成为中国本土重要的金库、极具分量的财阀。事实上他们一直在发挥着出色的有机力量。①

20世纪30年代,在上海从事生产劳动的工人的比例大大增加,他们与上海乃至中国的发展紧密相关。后藤朝太郎非但没有向他们投去歧视的眼光,反而看到了他们对中国近代化所作出的无形的贡献。他还把中国的社会阶层分成上、中、下三个层级,希望日本统治阶级的目光不要仅放在中国的上层官僚身上,也去关注一下中国下层的贫苦人民。后藤提出的观点乍一看是积极的,但细究其言论的出发点,是带有极强政治倾向的。

> 日本人极爱自诩为上等人,将下层人民视为不洁且残忍的乌合之众,嫌他们肮脏、吓人。一谈到中国,一百个日本人里便有一百个只去注意蒋介石、宋美龄、汪兆铭等要人,一踏上中国大陆便急于与身居要

---

① 後藤朝太郎.支那下層民の力:三、上海の苦力[M]//支那の下層民.东京:高山書院,1939:37.

职的官员见面。别只把目光放在身居要职的大官和金字塔顶端的人身上，应该去询问探听金字塔底端的大众贫民们的心声才对，为什么没有认识到这件事的重要性呢。

　　……那么如果脱离四万万人口的下层人民的话，就无法谈及东亚。①

　　显而易见，后藤朝太郎的以上言论，表明他站在日本国家的立场，将战时日本对中国底层人民的研究视作日本在名为建设东亚，实则推进侵略战争中必不可少的一项"基础工程"。并且，明确提出需要中国"良民"的合作。这里的"良民"指的是那些在日本军队管控下服从日本人命令的中国老百姓。日本侵华战争期间，日本军方通过发放"良民证"来管理中国人。"良民"这一措辞在后藤朝太郎的文章中随处可见。

　　有学者在研究中指出，七七事变以后，后藤朝太郎对战争态度的转变与当时日本所宣扬的大东亚共荣圈国策有关。屈服于强权政治使他丧失了对日本民族未来的责任伦理。后藤无法正确认识混沌茫然的战争前途，言论中也有向日本政府献媚的倾向。② 后藤最初是反对战争的，但在抗日战争开始后，他逐渐接受并顺从了日本的国策。

　　与此相对，内山完造从未发表过"良民"之类的言论，反而多次提出中日两国人民必须站在平等的立场上相互理解和尊重。比如，内山经常看到日本人在街上与黄包车夫发生纠纷。纠纷可能是由于语言和习俗的不同所造成的，但看到日本人对黄包车夫拳打脚踢的时候，内山表明，一个日本人的行动"会影响日本人这个集体名词的价值评价"，所以日本人"只有严格要求自己、规规矩矩地生活才能赢得中国人的信赖与尊重"，两国人应将对方置于与自己平等的位置③。此外，内山在另一篇文章中讲述了上海工部局强行拆除了城东地区贫民居住的草房，驱逐了居民，最终导致了骚乱。对此内

---

① 後藤朝太郎.支那の下層民に序して[M]//支那の下層民.東京：高山書院，1939：3.
② 劉家鑫,李蕊."支那通"の中国認識の性格——後藤朝太郎と長野朗を中心に[J].東洋史苑,2008(70・71)：36-58.
③ 内山完造.三省の要[M]//上海汗語.上海：華中鉄道株式会社総裁室弘報室,1944：288.

山强调,"如果我们只推崇权力,肯定会失去民心"。①

内山完造并未像后藤朝太郎一样居高临下地看待中国的下层民众,在他的作品世界中,随处可见下层人民生活状况之悲惨。在木竹生意昌盛的南市,即中国老百姓集中居住的地区,因木材、竹材都需要苦力搬送,"从早到晚都能听到筋骨隆起的苦力们发出悲鸣"。在贫穷的"中国街"上,过去的马厩不知何时成了乞丐的住所。对于在租界生活的贫民,内山也描写道:"租界警察不管小屋里有人吃饭、睡觉,还是有老人和病人在休息,他们从外边拴上绳子,在一二一二的吆喝声中,小屋被拽倒了。女人、孩子、老人们边哭喊边从小屋中爬了出来。爬出来的女人和孩子们又被西洋人的鞋子踢往别处了。"②

内山完造将中国贫民的悲惨遭遇看在眼里,并设身处地为他们着想、帮助他们。前章中提到的提供"便茶"就是最典型的事例。内山模仿中国人的做法在书店门口放了茶桶,为那些在酷暑中大汗淋漓的车夫们提供茶水。内山还记录了这样一件事。有位母亲在战乱中带着三个孩子移居,他们走了很远的路,因炎热和疲累十分口渴、气喘吁吁。他们经过内山书店门口时门前的茶桶刚好空了,内山看到这一幕,立即为他们拿出了装有大麦茶的水壶。③ 此处可以借如下理论加以阐释:

> 具象而细腻的文字能够让"我们"设身处地想象"他们"的遭遇,报以了解之同情,逐渐将"他们"纳入"我们"之中,形成休戚相关的共同体。④

内山完造不只是一名旁观者,他之所以与中国的贫苦人民感同身受,因为他已经把他们和自己视为一类群体,视作"我们",是一个"共同体"。

第二,内山完造以"仲裁"和"包饭所有权转让"的事例证明下层社会中

---

① 内山完造.裏と表[M]//上海夜話.东京:改造社,1940:138.
② 内山完造.上海生活二十年[M]//上海夜話.东京:改造社,1940:56.
③ 内山完造.上海漫語(その四)[M]//上海漫語.东京:改造社,1938:53-54.
④ 孙红卫.民族[M].北京:外语教学与研究出版社,2019:175.

人们对生存权利的重视，同时也体现出中国百姓社会中彼此互助的人情味。

首先是他经常看到的仲裁现象。一天早上，出门散步的内山完造朝新公园走去，看见"苦力们挑着竹筐喊着口号，筐里装着堆积如山的剩饭"。接着"突然，两个不知从哪里冒出来的乞丐像狗一样冲了上去，抓住前后的饭筐不放"，他们请求苦力给一碗剩饭。在那两人闹腾的时候，对面走来了一位先生。这位先生吩咐两人分别从前面的饭筐与后面的饭筐各舀两碗剩饭。挑剩饭的苦力叫苦道，要是饭少了他是要赔钱的，乞丐说："我从昨天开始就没吃过饭了，你就给我一碗吧。"双方都有各自的理由。"听了双方的理由，这个人将扇子指向了饿肚子的那一方，还是吩咐他们各舀两碗，做出判决，空腹的乞丐赢了。中国文化在这件事上得到了生动的体现。在中国这个特殊的国家，饥荒时期即使抢夺粮食店也不会构成犯罪，非饥荒时期也是一样。"①如内山所述，饥饿是必须解决的首要问题，偏向和宽恕饿肚子的人，意在保护他们的生存权利。

内山完造在另一篇文章中也提到了这一观点："根据中国的传统，在饥荒时期抢夺食物并不构成犯罪。面对偷食物的人，中国人有着我们无法想象的宽容。因为他们觉得人偷食物是因为饿肚子。乞丐索取包饭也被视为一种权利。"②

下面就来看一下包饭所有权转让的例子。

"包饭"在当时指的是餐馆以包月制为顾客提供的食物。在中国，饭被运送到顾客那里，他们吃饱后即视为放弃剩饭的所有权。搬运的苦力也没有所有权。大家都默认所有权来到了乞丐手里。"面对生存这件大事，没有人会强调剩饭的所有权也该属于自己。在生存权面前，所有权自然而然地沉默了。"③这一"权利"即"剩饭所有权"的转移保护了人类的生存本能。

这种现象也延伸到了商业领域。在买卖的最后，买卖双方因价格争执不休时，卖方便会说"不能再少了，我就挣一口吃饭的钱"。内山完造在日文原文中使用了中文"吃饭的钱"，他将中国商人真实的对话记录了下来。中

---

① 内山完造.上海生活二十年［M］//上海夜话.东京：改造社，1940：57 - 60.
② 内山完造.上海漫語（一）［M］//上海霖語.东京：大日本雄弁会講談社，1942：178.
③ 内山完造.上海生活二十年［M］//上海夜话.东京：改造社，1940：60 - 61.

国从古至今都以这句话作为交流中最后的"停止线",用于决定商业谈判成功与否。① 从乞丐的生活方式到中国人在商业中独特的做法,内山都体会到中国人对人类生存权利的重视。

此外,内山完造在与中国人的交往当中,感受到了中国社会中的人情味,并付诸行动。中国社会中,对穷人的同情无处不在。以购物为例,买得少要比买得多来得划算,就算是同样的东西,穷人买的时候会更便宜。不仅是购物,黄包车的车费也是如此,"老爷太太们付的钱总是比阿妈和苦力来得多"②。

内山完造还注意到,中国的穷人之间会互相帮助,而穷人面对富人时却会心生反感。内山指出,这是日本所谓的"中国通"所忽略的一点。如果一位贵妇从汽车上摔下来,没有人会去帮助她。相反,"看到运载砖头或泥土的独轮车突然翻倒时,苦力和车夫不会拍手也不会嘲笑。尽管他们嘴里嘀嘀咕咕,但还是会聚过来,抬起翻倒的车,帮忙捡起散落的东西。而且被帮助的车夫未道谢就离开了,似乎他们之间互相帮助是天经地义的。在这种情况下,我清楚地见识到了无权无势的无产者之间的互帮互助。"内山还看到他周围的人如何对待一个没有手脚的乞丐。如果路人扔出的铜钱没扔准,滚向路边,车夫、苦力、小伙计等人会把铜钱追回捡起放到乞丐的碗里,绝不会把掉在地上的铜钱据为己有。

内山曾听一位"中国通"这么说,"日本人要是把钱洒了一地,钱的主人能一分不少地把它们捡回来,而若是中国人洒了一地,那他能捡回来的钱肯定很少"。内山强烈反驳了这一说法。"我要补充一点,这种情况下这个掉钱的人肯定不是劳动者或苦力,而是有产者、有权势的人。"③

中国近现代文学作品中经常描写的是人力车夫对殖民者或侵略者的反抗以及他们的悲惨命运(例如老舍的《骆驼祥子》),而内山完造以亲身经历讲述了中国"无产者"之间的关系、他们面对"有产者"时的态度以及全社会

① 内山完造.言葉の停止線[M]//上海汗語.上海:華中鉄道株式会社総裁室弘報室,1944:210-211.
② 内山完造.上海生活二十年[M]//上海夜話.東京:改造社,1940:54.
③ 内山完造.上海生活二十年[M]//上海夜話.東京:改造社,1940:64-66.

对下层人民的同情与宽容。

事实上，内山完造时常反驳所谓"中国通"的观点。他指出，大多数研究中国的日本学者研究的都是"文章文化"，却不怎么致力于研究"生活文化"。内山认为"要想正确理解中国，必须耐心观察中国人的生活，而不是光看文字和文献"，他断定"在日本没有一位学者是怀揣耐心去观察中国人的生活的"。①

第三，对于下层人民中最为特殊的一类人群——乞丐，他们二人虽然都认为中国的乞丐拥有乐观的精神，但还是持有不同的观点。后藤朝太郎把当时的乞丐视为一种职业。

> 有些人会被误认为路边的乞丐，但却根本不是乞丐，这样的例子据我所知南北各地无处不在。在前往山东泰山一天门的途中，有些老婆婆一见到外国人便哀求乞钱。但她们全都在路边有小房子，根本算不上穷人。……乞丐种类繁多，但总之，在今天的中国，乞丐已经成为了一种职业。②

当然，正如后藤朝太郎所述，特别是在上海，在"青帮"等组织之逼迫下，以乞讨维生的职业乞丐不在少数，然而后藤却忽视了真正的乞丐。

内山完造对中国乞丐的观察细致入微，并将他们分为"生来如此的乞丐"与"落魄至此的乞丐"两类："在中国有两种类型的乞丐。一种是在日本见不到的、过着最下等生活的人，他们不介意自己被称为乞丐。另一种乞丐原是有产者，他们经历多次的失败，运气不好，最终沦落至此。"

内山完造经常看到乞丐从货车上抢夺食物，他判断："能做出这种行为的乞丐大多拥有相当强的体力和精力"，是真正的乞丐出身。另一方面，"那些坐在路边出声求助以及在路上用粉笔写字求助（写的多是自己的简略经历），或在路人身后不厌其烦哀求的人都是落魄至此的乞丐"。"落魄至此的乞丐不如生来如此的乞丐体力好、精力充沛。若说这是因为中国的有产者

---

① 内山完造.上海生活二十年［M］//上海夜话.东京：改造社，1940：69.
② 後藤朝太郎.支那行脚記［M］.东京：万里阁，1927：358 - 359.

们十分轻贱劳动可能有些奇怪,但他们确实一点也不干活。这两种类型的乞丐在战争开始前就存在,但战争开始后他们的数量更多了,而且增加的都是沦落至此的人。"他十分关心这些没有力气、落魄至此的乞丐,"仔细想想,帮助那些拥有动物般强大的生存能力的天生乞丐虽然是件好事,但帮助那些落魄至此的乞丐才是当务之急"。[①] 此外,内山对他们的社会地位也发表了一番见解:

> 在日本人想来,苦力与乞丐(又称花子,实际上写作化子或者叫花子)从人格面来说苦力应该在上、乞丐应该在下,也许中国人也是这么想的,但在中国人的观念深处,似乎也有一些不一样的看法。那便是自古已有的轻贱劳动的思想作祟。总之,这种思想认为苦力作为天生的劳动者……就仿佛工蜂工蚁一般是为了工作而生的。所以他们除了经常接触或者熟悉的苦力,对于那些不认识的苦力是完全不会说一句话的。[②]

内山完造认为,乞丐中有些人会写字,原本身处上流阶层,在中国,他们的社会地位要比苦力来得高。内山试图探索乞丐背后的各种原因,并客观地对他们进行区分。乞丐与劳动者待遇的差异,表明了他们在中国社会中的特殊地位。若非内山在中国度过了漫长的岁月,拥有敏锐的观察能力,他便不可能得出这些结论,反映当时中国真实的社会现象。

四、结语

后藤朝太郎最初研究中国汉字学,有过50多次到中国旅行的经历,共出版了115本著作。他观察上海的苦力、北京的拾马粪者、浙东的贫苦农民,从中国各省会城市漫步到山城渔村,像百科全书一样介绍贫民生活和中国的情况。值得肯定的是,与当时只关注中国精英阶层的日本知识分子相

---

① 内山完造.結果的に見る[M]//上海汗語.上海:華中鉄道株式会社総裁室弘報室,1944:52-54.
② 内山完造.上海漫語(その二)[M]//上海夜話.東京:改造社,1940:25.

比，他意识到贫苦的劳动者为中国近代化作出的贡献。然而，后藤的一百余本著作，还是没能免于"中国通"学者著作中经常出现的、出于猎奇目的介绍中国人的奇风异俗。在《中国的下层人民》中他曾这样写道："当观察生命力的最底层时，我发现没有什么能比中国更多面、更怪诞的了。"①

鲁迅针对以奇风异俗作为卖点研究中国文化的"中国通"曾一针见血地指出："一个旅行者走进了下野的有钱的大官的书斋，看见有许多很贵的砚石，便说中国是'文雅的国度'；一个观察者到上海来一下，买几种猥亵的书和图画，再去寻寻奇怪的观览物事，便说中国是'色情的国度'。"②他们游览几次中国的某些地方，回国后就写下这些有着猎奇心理的文字来吸引日本人对中国的关注，其实当中很多内容非常片面，不能代表中国的全貌和真实情况。

内山完造与走马观花、涉猎式的旅行者对鸦片、花柳等特殊事物的"偏爱"完全相反，他的眼中完全是普罗大众的日常生活，作品中的结论均来自生命的直觉体验。他在上海生活了近三十五年，已经被当地社会同化，他并不局限于浮于表面的介绍，而是深入体察这背后的贫民们的悲惨处境。通过与身边各行各业的中国人来往，内山得以充分融入老百姓的生活习惯中，互相影响。内山在向我们传递中国人重视生存权的价值观的同时，也描绘了只有中国下层民众之间才存在的互相帮扶的精神，自己也参与其中。可以说，内山的文学作品具有真实的、历史的力量。

内山完造之所以能用鲜活的事例总结出中国底层社会特有的规律，原因在于他与"中国通"的视角拉开了相当大的距离。后藤朝太郎文中的理性分析，不过是站在高高在上的"日本国家政策的最高层"的立场③。而内山作为一个生活在上海的日本人，能够以普通大众的视角和心态来观察中国人，也正因如此，他才能开创出独特的观点，反复强调两国人民之间应该相互理解和尊重。

---

① 後藤朝太郎.支那下層民の力—四、北京の馬糞拾ひ[M]//支那の下層民.東京：高山書院,1939：40.
② 内山完造.鲁迅序[M]//一个日本人的中国观.尤炳圻,译.上海：开明书店,1936：1.
③ 後藤朝太郎.支那民心の把握：一、時代の要求する学問[M]//支那の下層民.東京：高山書院,1939：254.

— 第四部 —

中日文化交流的新篇章

第十章
20 世纪 40 年代后半期内山完造的文学思想

20 世纪 40 年代后半期,内山完造不仅积极开展文化活动,也持续进行文学创作,然而中日学界对于他在这一时期发表的作品却鲜有研究。1945年创刊的日文报纸《改造日报》、日侨管理处发行的刊物《新生》《导报》(中文版)以及当时其他中文报刊,都有内山的作品发表。特别是他在《改造日报》上发表的《关于优越观念》、在《导报》发表的《日本再建的关键》等佚文,都是基于民主主义言论,为纠正日本人的优越观念而写,也可体现他对日本国家重建的关切。除了在报刊媒体上发表的文章,战后出版的第一本随笔集《流着同一血脉的朋友啊》也值得探讨。本章主要探讨在战时"军国主义"到战后"民主主义"的政治风潮中内山的文学思想的变化,以及我们应当如何定位他在这一时期的思想认识。

一、《改造日报》刊载佚文

《改造日报》名义上是由中国国民党第三方面军司令部创刊的日文报纸,实际上是日本投降之后,中国共产党上海地下组织通过陆久之、汤恩伯等人的关系,使其作为中国共产党的外围报纸创刊,因此这份报纸宣传的实际上是中国共产党的主张。报纸创刊的目的在于对战后残留在上海的日俘、日侨进行宣传和教育,彻底清除军国主义思想对他们的毒害。报纸大量报道日侨的生活情况、回国动态,大力宣传民主主义的先进思想,致力于改造他们的思想。

内山完造在《改造日报》执笔的文章有 7 篇,发表时间集中于 1945 年至1946 年。列举如下:

《对醉汉的制裁》(1945 年 10 月 25 日,第 1 版,"自由论坛"专栏)

《关于优越观念》(1945 年 11 月 21 日,第 1 版,"自由论坛"专栏)

《等待》(1946 年 1 月 29 日,第 2 版)

《岛根(上)》(1946 年 2 月 24 日,第 4 版)

《岛根(下)》(1946 年 3 月 1 日,第 2 版)

《某天的故事》(1946 年 3 月 10 日,第 4 版)

《希望》(1946 年 4 月 8 日,第 2 版)

内山完造在战后最早发表的《对醉汉的制裁》一文的开头讲道:"对我等日本人的批评中,有三点是决定性的,一个是军国主义,一个是优越观念,另一个是醉酒行为。"他提到许多日本侨民的醉酒行为是"日本人的耻辱",并呼吁大家将醉汉"驱逐"出日本人的社会,可见内山对同为日本人同胞的此种行为的痛恨与不齿。

《关于优越观念》一文始于内山遇到的一件令他困惑不已的事情,起因是一位朋友五六岁的女儿对他说的话。这个女孩在弹完钢琴后,自我感觉良好,并且让内山表扬她。内山想起他曾看过一篇在《改造日报》刊登、名为《从孩子的脑海里拂去优越感》的报道。内山认为日本人"优越观念"和"耻辱观念"产生的原因,在于认为人的优劣只由战争的胜负决定,以及"理想"与"现实"的"错觉"。在清除"孩子们的优越观念"之前,必须先清除自己的"错觉"。日本人的优越观念,在侵华战争时期,甚至是战争之前就已经产生,包括内山自己,在他刚来中国时即充满着优越感。日本战败,成为彻底清除这一观念的一个契机。

《改造日报》"作为民众自由发言的场所","新设'自由论坛'向日侨先进分子开放"。① 以上《对醉汉的制裁》和《关于优越观念》这两篇文章就是发表在"自由论坛"专栏的。内山完造敢于选择日本人固有的"优越观念"这一问题作为论题,不仅是他对民主主义精神的回应,也表达了他对日本获得新生的愿望。

---

① 篠原匡文.敗戦直後の上海居留民の動静[J].季刊中国,1998(43):56.

内山完造在《岛根》一文中谈到,所谓岛屿,是一个孤立的、漂浮在海上的形象,但任何岛屿都有可以称为"岛根"的根基,它隐藏在水中不见,但与地球的大地相连。日本人似乎迄今为止一直被灌输着"日本与世界完全分离,与世隔绝"的观念。对此,内山希望在今后的教育中,教育工作者能够教导大家,日本"作为国土的岛屿是通过岛根成为大地的一部分的",要坚定不移地坚持日本是世界的一部分。

另外,内山完造在《希望》一文中写道:"最近,似乎有成百上千的人希望留在中国,我不知道他们出于什么原因或基于什么想法希望留在中国,但若是中国方面要评估日侨今后在中国的居住资格,我将衷心地支持。我想可以将人格作为选拔的条件之一,同时也希望不要变成敬老会,正反比例都皆可,希望可以选拔青壮年。"

如《改造日报》证实,内山完造在这一时期的活动,可以视作他一直致力的中日文化相关活动的延伸,这一点在后章会展开详细的论述。无论是日方还是中方组织的活动,内山在战后的日侨群体中依然拥有很高的威望,但不同的是,随着他的活动向战后民主主义的方向迈进,他为《改造日报》撰写的文章,相比他在20世纪三四十年代对中国文化、中国民情表现出兴趣时发表在《大陆新报》等报刊的随笔,在内容和性质上都有很大差异。在战后伊始的历史背景下,内山希望纠正日本人的优越观念,也可以看到他对日侨回国问题和日本复兴问题的许多思考。正如从《岛根》中可以看到的,内山对日本的未来抱有希望,希望日本在战败后能作为世界的一部分,融入世界各个国家和平发展的轨道,而非孤注一掷。虽然这与《改造日报》的办报方针不无关系,但内山首先从日本人自身的改变开始思考,对日本人的固有观念予以批评,进而考虑到日本的复兴问题。

二、中文杂志《导报》刊载佚文

《导报》是由上海日侨管理处于战后发行的半月刊政治杂志。其原则是发扬民主主义政治的真谛,扫除军国主义思想的毒害,并通过介绍中国文化加深日侨对中国的理解。内容包括社会科学、自然科学及国际时事分析等。

其目的是引导日侨中的先进分子摆脱对日本军国主义教育的盲目信仰。

以下列举的是《导报》刊载的内山完造的五篇佚文，发表时间同样集中于 1945 年至 1946 年间。

《胜败》(1945 年 11 月，第 1 期)

《抗战须》(1945 年 12 月，第 3 期)

《日本再建的关键》(1946 年 6 月，第 11 期)

《漫谈日本总选举》(1946 年 6 月，第 12 期)

《悼夏丏尊先生》[①](1946 年 7 月，第 13、14 期)

内山完造在《胜败》一文中写到，中国十六国时期少数民族内迁时，匈奴、羯、氐、羌和鲜卑族虽接踵追逐汉人而至江北，但因他们没有任何独特的文化，因此他们"虽然在武力上获胜，实际上恰成为文明的俘虏。到底还是战败了"。由此他得出以下结论：中国不仅拥有"自然的肥沃的土地"和"最接近自然的社会"，还拥有"伟大文化的力量"，因此任何人都会受到它的吸引。内山在这篇文章中赞扬了中国文化的伟大之处，也将其分析为日本战败的原因之一。内山的"中国能同化任何在表面上战胜他们的敌人"这一认识，与侨居上海的日本人学者代表之一的东亚同文书院的小竹文夫教授于战争时期发表在《大陆新报》的《关于中国的民族性》[②]中的观点，以及其他生活在上海的文化人士的认识是一致的。

在《抗战须》一文中，内山完造在比较世界各国名人蓄须方式的差异之后，写到梅兰芳（扮演旦角的京剧大师）通过蓄须暗中表明决不向敌人表演的决心，表达了对梅兰芳的敬佩。

在《悼夏丏尊先生》一文中，内山完造回忆了与夏丏尊的交往。内山在三十年前就与前来内山书店购书的夏丏尊相识，两人友情深厚。夏丏尊被

---

① 夏丏尊(1886—1946)是中国有名的文学家、教育家、出版家。他与日本的渊源始于 1905 年赴日留学。他在东京的弘文书院学习日语，之后考入东京高等工业学校，但因经济问题，1907 年中途退学回国，1946 年因肺结核逝世。该文即内山完造悼念他的文章。

② 小竹文夫.支那民族性に就て[N].大陆新報,1939 - 12 - 10/11/12/13/14(2).

日本宪兵队逮捕时，内山马上为他写保释文，积极营救。内山在文中特别回忆起夏丏尊在被日本宪兵队逮捕时的痛苦经历，因为吃饭时要不到筷子，所以他不得不用手吃饭。内山感叹道："战败以后，我在报纸上看到许多战争罪犯的各式各样的罪状。那种罪状时时萦回脑际，但是我没半点否定的勇气。夏先生从那时起便成了病床上的人，因为我是日本人，时时感觉这是有责任的，而在内心感到惭愧。"在这篇悼文中，面对朋友的不幸遭遇，内山感受到作为一个日本人的"责任感"，同时认识到日本人在战后应该进行深刻的自我反省。内山夫人美喜逝世后，夏丏尊为其题写碑铭："以书肆为津梁，期文化之交互，生为中华友，殁作华中土，吁嗟乎，如此夫妇！"

内山完造在《日本再建的关键》一文中写道："如果今日全体日本国民不能决心回到原始人生活，那么新的日本便不能产生。"内山认为，日本的战后重建并非轻而易举，只有下定从零开始的决心，才是日本重建之道。

结合《改造日报》的文章来看，内山完造在这一时期表现出对日本重建的强烈关切。而相比《改造日报》上的文章主要围绕日侨所写，他为《导报》写的文章则更多着眼于中国的历史文化和名人、友人，在基于中国文化的基础上谈论自己在战后对中日两国的一些看法。

三、《导报》以外的中文报刊佚文：以《学风（上海 1947）》为主

1947 年以后，内山完造还为其他中文杂志撰稿，作品标题和刊登杂志如下所示：

《在六三园》（《远风》1947 年第 4 期）

《一辆悲惨的前车：失败了的日本军国主义》[《学风（上海 1947）》，1947 年第 2 卷第 1 期]

《顶门一针》（《华文国际》，1948 年 5 月第 1 卷第 15 期）

《根柢》（文之译）[《春秋（上海 1943）》，1948 年 9 月第 5 卷第 4 期]

1935 年秋，内山完造将前往印度讲学途经上海的诗人野口米次郎介绍

给鲁迅,《在六三园》一文记录了野口和鲁迅在六三园内的谈话。他们的谈话从文学逐渐转向政治,令内山和鲁迅都没想到的是,野口将日本的侵略行为粉饰为"中日亲善",并向鲁迅提出一些不怀好意的问题。鲁迅予以正义的反击,内山也在心底暗暗佩服鲁迅的高风亮节。接下来是《顶门一针》一文,内山写道,战争时期的"军神""玉碎精神"等词语都是遮盖日本战败的烟雾弹,是欺瞒日本国民的口号。他指出,如今的日本人不能再去迷恋那种"空幻的神秘仙境"。此外,《根柢》一文发表在 1948 年,根据期刊编后记的"编辑室"栏目可知,这是内山遣返日本后留在中国的唯一一份手稿,之所以被推荐给这本杂志,是因为其收藏于译者"文之先生"的手中。这篇文章提到,中日两国自古流传下来的口头之约的道德才是当今信义社会、道义国家之基石。内山认为,与东方的这种美德相比,西方人凡事都要签订纸质契约,在道德上并不算是高尚的行为。

接下来分析《一辆悲惨的前车：失败了的日本军国主义》,引用部分原文如下：

在八十多年以前,美国的贝尔理①提督光临了日本,把闭关自守的日本人的长梦惊醒了;日本人第一次开始看见了喷着黑烟的所谓"黑船",从此西洋的所有事物不断输入,日本人和西洋人间的往来也日渐频繁,有去留学的,有去实习或考察的,结果,日本人想出了自以为聪明的结论是：国家发展的基础在富国强兵。于是日本直向富国强兵之途一意孤行地迈进,把国家的一切全部投注在军备上：整顿和扩充着海陆军。可是当日本的军备整顿略有头绪时,不幸的甲午中日之战爆发了,这一战,日本居然侥幸得了胜,而且赚得了未曾有过的许多赔款,于是日本国民都疯狂地呼着万岁,举国庆祝胜利。遗憾的是却不曾想到战后生出的大祸根。

……第一次世界大战后,日本的军备更竭力扩张,于是有太平洋军

---

① 马休·卡尔布莱斯·佩里(1794—1858),美国海军将领,因 1853 年、1854 年两度率领美国舰队迫使日本打开国门而闻名。

缩会议①。同时因社会主义思想的东渐,左翼思想逐步抬头,使那时代现出了军人的英雄末路,因此暗思反动,结果产生了"九一八事变";因"九一八事变"的成功,军部更得意忘形,勾结了官僚,企图军国主义的极端发展,于是引起了战争。日本在战争中苦斗了几年,并不曾得到预期的目的,却又展开了无谋的太平洋战争,以至陷入今日的亡国状态。这样看来,若照"以剑兴者亡于剑"的古语说,日本在今日真应了这句古训。

在今日,我们自身体验到了这个军国主义,侵略主义,富国强兵主义的危险,以及兵凶一语的不朽真理;且因大败的结局,日本被撤废了一切军备,解除了全部武装,露出了赤裸裸的苦相,才明白了从前铸下的大错。现在日本国内有八千万人在饥饿线上挣扎,这都是可怕的战争的赐予,因此大败后的日本国民,今日必向和平主义迈进,犹如昔日的趋向极端的军国主义一般,这是日本人的特性,一时专心从事战争,一旦败北即不再抵抗,昨天的豹是今天的猫,这个现象表现得很清楚。

基于这个观点,我凝视中国的将来!听说中国当战胜时会议定裁军,但今日我固不奢望听到兴建万里长城、大运河甚至紫禁城,只希望着手修筑长江的堤岸;我还不知道战胜后的中国如何裁军,只看到报章上刊载着抽壮丁和学生受军训。因此我希望中国不要踏上日本前车的覆辙。因为战胜是向军国主义的第一步,这句话在任何国家都可适用,在日本曾费了八十年的岁月购取的苦酒,于中国也并非隔岸观火,所以靠着全体中国人民的深切注意和万分努力,克服这个病魔,方是中国千载的幸福!②

此文刊登在《学风(上海 1947)》,又名《学风半月刊》,是上海益智出版社出版的文学刊物,创刊于 1947 年 4 月,责任编辑是学风社编辑室,自 1947 年 5 月第 1 卷第 3 期起由左海、闻士编辑。调查表明,这本杂志是半月刊,

---

① 实为华盛顿会议(太平洋会议),1921 年 11 月至 1922 年 2 月在美国华盛顿召开。
② 内山完造.一辆悲惨的前车:失败了的日本军国主义[J].学风(上海 1947),1947,2(1):10,18.

第1卷共6期，第2卷只有1期，这篇文章即登载于7月10日出版的第2卷第1期。该刊发表的是文艺作品和时政评论文章，撰稿人有吕思勉、陈伯吹、臧克家等，对于提倡学术、营造良好的学术风气起到了一定的促进作用，也为当时国内外的热点问题树立了正确的舆论导向。

其中，内山完造是唯一发表作品在此刊物的日本作家。在这篇文章中，他在强烈批评日本军国主义的同时，也以日本的战败为经验，为当时因内战而局势不稳的中国敲响了警钟。文中，内山回顾了日本从1853年贝尔理来航，到二战战败的90多年的历史，分析了日本走向军国主义的原因。面对中国，内山担心中国的未来，他认为从日本的教训来看，赢得战争是迈向军国主义的第一步。然而，中国在抗日战争中的胜利，并非侵略其他国家所结出的胜利果实，而是奋死抵抗外敌侵略的结果。这样的胜利付出的代价是巨大的，不可能成为主动发动战争从而获取胜利的驱动力。可以看出内山的这一言论，是日本特殊的历史环境造成的产物，其局限性在于他没有意识到中日两国之间根本的差异。然而，内山触及了日本历史的走向，其对战争的看法并没有失去客观性，这一点是值得肯定的。内山在这篇文章中不仅强调了军国主义对日本造成的危害，而且从他发表在《导报》的文章可以看出他对战后日本走向民主主义道路的极力认同。

内山完造的这篇中文文章，译者身份不详，最特别的一点是文中对日本军国主义批判的激烈言论。据推测，这与该杂志的编辑方针应该有很大关系。在第1卷第6期结尾处，编者在"读者·作者·编者"中有如下描述。

此后的稿件，预备摆脱学院的气息，多刊载现实的、短小精悍的文字，同人没有门户之见，更毫无学术上的迷信，只要是客观的、言之有物、说来成理的作品，无不乐予发表。

……我们期待着自由思想的诸君，来拓殖这块园地。末了，再慎重地说一句：本刊决不是为少数人的！①

① 编者.读者·作者·编者[J].学风(上海1947),1947,1(6)：27.

此处引用的是期刊编辑针对此期之后制定的改进方案，可以看到，编辑希望今后的投稿更接近现实、言而有理，还强调不应盲目相信学术，在地位上不应有歧视，该杂志最重视的是事实性、客观性和自由的思想与风气。因此，与内山完造在其他刊物发表的作品相比，这篇评论最为尖锐地吐露了他的心声。

四、随笔集《流着同一血脉的朋友啊》①

这部随笔集收录了内山完造发表于战时和战后的作品，用内山的话来说，"一半是旧稿，一半是新稿"。此处的"新稿"是指内山回到日本后，在全国巡回演说时写的手稿。从 1948 年 2 月到 1949 年 7 月，内山走遍日本各地举办演讲活动，"大小共计八百场"，"平均每场一个半小时"，观众总计达三十二万人次②。

除演讲外，他在写作方面也相当活跃。这部随笔集继承了他在战时的写作风格，例如，他重新关注了中国人的现实主义生活方式和遵循自然规律等品质。然而，在战后颠覆性的历史大变革之下，内山也提出了以下几点见解。

首先，关于日本战败原因的分析，在《小巧难有大为》③一文中，内山完造认为"梶原景季调转船头撤退为上的提议"在七百年后的日本"就是个笑柄"，由此内山就进退之兵法思考了日本的战败。他分析日本大败的原因在于"日本人实际上只不过是以保全性命为耻，以玉碎为荣"这样的名誉为重，而无视了战争是要取胜的目的。内山认为"进退都应堂堂正正"，这是他对秉持以退却为耻的日本军队的一种批判，然而，这也表现出内山作为日本人在战争认识上的局限性。

---

① 内山完造.おなじ血の流れの友よ[M].东京：中国文化协会，1948.
② 内山完造.構想（一九四六年より一九五九年まで）[M]//花甲録.东京：岩波書店，1960：337 - 339.
③ 内山完造.小器用では大事はできない[M]//おなじ血の流れの友よ.东京：中国文化协会，1948：158 - 160.

此外在《中国的双璧》①一文中，内山完造谈道："马寅初博士在中央大学的讲台上，从国民政府当局的蒋介石到围绕孔祥熙、宋子文等主席的裙带关系的自私自利的私下行径，他都敢于从正面批判抨击，对此曾写下中国人民永远不会消亡这样的话。"内山总结道："我毫不怀疑，至遭遇这场战败为止，日本没能有一个像马博士这样的人，这才是日本战败的最大原因。"内山从国民性和文化人士的作用这两方面分析了日本战败的原因，更倾向于强调文化人士的力量，认为像马博士这样"手无寸铁的一介文化人士"敢于与当权者的不当行为作斗争的勇气是非常值得称赞的。内山对于"日本学者缺乏志气""他们只是一边看着国家灭亡，一边像衣鱼一样沉浸在自己的书本里"这样的现状，也只能是恨铁不成钢。

其次，内山完造对日本的未来表现出极大的关切和忧虑。

正如《导报》中随处可见他对日本复兴的关切，内山在《花甲录》的《上海归来》一文中也有如下的记述："战争结束已两年多了，各城市都建起了许多新的临时房屋，由此可见复兴热情之高涨。此外我也由衷希望复兴可以早日实现。"②

然而，内山完造在《无忧中国》③中写到，日本的物质资源不如物产丰富的中国，而且当时"通货膨胀已经开始急剧上升"，表现出他对日本在战后经济复苏方面的担忧。同样是在《中国的双璧》中，内山完造认为，正因在中国的学术界有敢于批判、抨击政治家的"私利私欲"，像马寅初和傅斯年这样的人物，因此"青年中国是健全的"，中国的前途是光明的，可见他对日本国家发展前景的深深忧虑。

最后，内山完造在战后重新认识了中国和中国人。例如，在《不愿消亡》④中，内山认为中国人重视文学这一点，与"不好战的思想完全一致"。

---

① 内山完造.中国的双璧[M]//おなじ血の流れの友よ.东京：中国文化协会，1948：78-81.
② 内山完造.上海から帰りて（一九四六年より一九五九年まで）[M]//花甲録.东京：岩波书店，1960：329.
③ 内山完造.心配ない中国[M]//おなじ血の流れの友よ.东京：中国文化协会，1948：209-211.
④ 内山完造.消滅せん様にしたい[M]//おなじ血の流れの友よ.东京：中国文化协会，1948：91.

而且他认为,像中国人那样的思想才是"有价值的和平思想"。由此,我们可以看到他在战后对中国文化的新发现,对中国的未来的肯定,也可以窥见他对未来和平世界的期望。

五、结语

战后初期内山完造在中日两国媒体上发表的文章的特点,可以归纳为以下三点:

第一,重新思考中国文化,大力认同中国文化。内山完造深入了解中国社会,并通过中日文化的比较去介绍中国文化,他对中国文化的兴趣始终如一。战后,中国战胜日本这一事实使得内山开始重新思考、认识中国文化的先进性与和平性。

第二,分析日本战败的原因,批判日本人的固有观念,反省战争。特别是从他为中文杂志《学风(上海1947)》撰写的文章中对日本军国主义的批评文字,可见他战后对历史和战争的认知也产生了相应的变化。

第三,展望中日两国的未来。内山完造在战后初期的文学思想有着阶段性的改变。归国后的随笔集《流着同一血脉的朋友啊》中,可以清楚地看到之前的言论中未曾提到的"为了中日两国文化"这样的表述。这是内山的思想变化中的一个新阶段,比《改造日报》和《导报》时期所关注的"日本重建"更进了一步。

内山完造在战后主张,日本前进的道路只有一条,那就是和平的民主主义道路。在与书名同题的《流着同一血脉的朋友啊》①一文中,内山重申了对战争的反对和他一直倡导的和平主义。他希望日本必须立即"转向",并希望日本珍惜"通过战败偶然赢得的,作为和平选手的资格"。内山一直持有"中国和日本是生于同一血脉的邻里,有着不可切断的联系"的观点,同时也希望中国作为友邦伸出援手,支持日本,希望通过借助中国的力量来实现真正的中日友好。而日本应当在对战争抱有责任感和罪恶感的同时进行反

---

① 内山完造.おなじ血の流れの友よ[M]//おなじ血の流れの友よ.东京:中国文化协会,1948:3-6.

省,在此之后将精力投入中日交流的领域。这与内山一直主张的中日友好、和平的思想是一致的。

再将视野拓宽到其他日本作家。当堀田善卫、武田泰淳、竹内好等作家将注意力集中在日本战败的结果本身,关注日本因战败所导致的立场改变时,内山完造则探讨了日本战败的原因,在战后很短的时间里,率先迈出了自我反省的第一步,并积极展望中日两国关系的未来。这来源于内山自20世纪20年代以来一贯坚持的立场。内山从1947年末归国到1959年在北京逝世的这段时间,依然始终致力于中日友好活动,正如他的这句肺腑之言,"为尚未实现的两国文化交流而努力,正是我的使命"①。

---

① 内山完造.序言[M]//おなじ血の流れの友よ.东京：中国文化协会,1948：3.

第十一章

20 世纪 40 年代后半期内山完造的文化活动

一、引言

对于内山完造自二战结束到 1947 年底被强制遣返回国的这一时期所开展的文化活动,特别是他以最高票当选日侨代表委员一事,已有一些文献有所提及[①],然而,通过查阅日文报纸《改造日报》[②]以及改造日报馆发行的相关出版物,我们可以发现与内山相关的更多报道,从而了解他在上海从事的一些文化活动。内山不仅出席过国民党中央宣传部对日文化工作委员会召开的文化座谈会,还踊跃参与了日方成立的日侨自治会咨询委员会和日侨自治会举办的"新生活讲座"及代表委员的座谈会等活动,在战后初期的日侨中,充当了领头人的角色。在这些一手资料的基础上,本章试论在战后历史发生剧变的背景下,内山在滞留上海的日本人群体中具有的影响力和地位,以及在那段特殊时期里为中日两国在战后的文化交流发挥的作用。

二、《改造日报》和战后初期的日侨社会

20 世纪上半叶,在上海发行的日语报纸有《上海日日新闻》《上海每日新

① 例如,小澤正元的《内山完造伝:日中友好につくした偉大な庶民》(东京:番町书房,1972 年)和高綱博文的《〈国際都市〉上海のなかの日本人》(东京:研文出版,2009 年)中均有相关记述。

② 本书引用的《改造日报》由上海图书馆徐家汇藏书楼所藏。《改造日报》于 1945 年 10 月 5 日创刊,大致发行到 1946 年 9 月,上海图书馆徐家汇藏书楼和日本的亚非图书馆均有收藏。笔者在徐家汇藏书楼查阅之际,1946 年 5 月到 9 月的部分处于修缮中,因此本书仅参考了 1946 年 4 月之前的报道。

闻》《大陆新报》等，特别是《大陆新报》这部对于了解二战时期上海局势及知识分子的思想十分重要的日本"国策报纸"，近来在研究中日两国的历史、文学及媒体的学者之间得到重视，学者们展开了相关研究。然而，因1945年8月15日日本战败，《大陆新报》也在9月10日停止发行。"《改造日报》继承其衣钵，并沿用了大陆新报报社的旧址和设备"①，于1945年10月5日创刊。《改造日报》是一份日报，卷首印有第三方面军司令官汤恩伯的题字，版面由两版或四版构成，发行方是中国陆军第三方面军司令部，发行地为乍浦路455号的改造日报馆。但创刊一个月后，即从1945年11月22日开始，发行地变为了汤恩路1号，编辑部和营业部的电话号码也随之发生变更。

《改造日报》在中国国民党陆军第三方面军的领导下，"面向集中管理下的日本居留民和日本徒手官兵（复员），为肃清日本过去的军国主义思想，进行民主主义思想启蒙"而创刊②。中日甲午战争后，日本人开始陆续来到上海，半个世纪间形成的日本居留民社会在战后也"没有立即全盘崩溃。中国国民政府接管上海后，日本居留民被纳入其管辖之下，称为日侨。直到1946年4月基本完成'撤侨'前，他们一直生活在虹口地区的'日侨集中区'，支撑着最后的上海日侨社会"③。

内山完造对战后上海日侨的情况记述如下：

> 日本一投降，大使馆事务所、总领事馆、居留民团也纷纷解散。十万居留民就此陷入混乱和喧嚷的状态之中。
>
> 日本做下投降决定的同时也必须解决掉十万人的安置问题。中方任命了第十三军司令官松井太久郎中将担任军民联合指挥官。松井中将自己负责了军队，又委托原大使馆事务所长公使土田丰担任日本人自治会会长负责民众。为此，公使在与左右手进行商讨后首先创建了自治会，安排民间人士进行管理运营，选派长老担任自治会干部。其成员有船津、山田、小川、西川、内山等人。

① 山本武利.朝日新聞の中国侵略[M].东京：文藝春秋，2011：220.
② 篠原匡文.敗戦直後の上海居留民の動静[J].季刊中国，1998(43)：56.
③ 高綱博文."国際都市"上海のなかの日本人[M].东京：研文出版，2009：285.

......

　　于是,以土田会长为首组织代表委员会的方案就此敲定。那时已
经成立了日侨管理处,由第三方面军司令官汤恩伯将军领导,王公汉①
中将担任局长,邹任之少将担任副处长,日侨群体中已经开始实行保甲
制度。虽然制度规定十户为一甲、十甲为一保,但虹口区内一般按杨树
浦、中心区和狄思威路进行划分,所以又将保汇集为区,狄思威路方面
设为第一区,吴淞路方面为二区和三区,杨树浦方面为五区,中心区方
面为四区。各区设有区长。代表委员总数三十人,而其中五人必当由
区长担任,所以其余二十五人由普选选出。先是从提名参加竞选开始,
我也成为了候选人之一。但我只是姑且参与了竞选并未多加活动,最
终却以一万七千多票的最高票数当选了。②

　　为了管理滞留上海的十万日侨,中方在第三方面军司令官汤恩伯的指
挥下设立日侨管理处,并推行保甲制度。日方原计划先在中方管理下成立
自治会,但因遭遇町内会的反对,便转而组织了代表委员会。然而,内山完
造对代表委员会选举的时间和自己以最高票当选日期的记忆却有所遗漏,
后面的章节会结合《改造日报》的报道就此处进行详细说明。

　　另外,"根据日侨管理处 1945 年 10 月 13 日公布的数字,加上 9 月末为
止因撤侨从中国各地集中到上海的大约三万名日本人,上海日侨总数合计
达 94 441 人"③,这也与内山完造的记忆相符。撤侨完成前,10 万日本人的
生活问题及撤侨事务由中国第三方面军的下属机关负责。

三、改造日报馆发行的出版物

　　《改造日报》刊载的《本社出版物皆可带入日本境内》这篇报道中,除《改
造日报》外,改造日报馆发行的《改造日报儿童新闻》《改造周报》《改造丛书》

---

① 此处应为"王光汉"。
② 内山完造.花甲録:日中友好の架け橋[M].东京:平凡社,2011:495,497 - 498.
③ 篠原匡文.败戦直後の上海居留民の動静[J].季刊中国,1998(43):55.

《日侨归国指南》等刊物的名字也赫然在列。报道明确声明："本馆发行的各类出版物在帮助民主主义日本成长方面发挥的重要作用，得到了以中国为首的世界各国的关注。因此第三方面军司令部正式下达许可，批准日侨归国时，本社出版物不受30公斤的行李上限，可额外携带回国。"改造日报馆的出版物，不仅对日本今后的"成长"有所裨益，其作为"未来研究中国的宝贵资料"也具有相应价值。[①]

笔者在查阅资料的过程中发现，除以上提及的刊物外，改造日报馆还发行了中日两个版本的《导报》和日文期刊《改造评论》。

首先，有关《导报》的信息可见于上海《文汇报》上一篇题为《导报半月刊今出版》的报道：

> 第三方面军日侨管理处：为推行宣导工作起见，刊办导报半月刊中文版，内容以促进日侨对民主政治之认识，及促发日侨对此次战争之责任感为原则，本期创刊号将于今日出版，本市各报摊均有出售。要目计有汤司令长官"日侨应有之觉悟"，王光汉将军"保甲与民主"，内山完造"胜与败"等，闻该半月刊日文版将于最近刊行云[②]。

汤恩伯与王光汉是我国对日管理和宣传的主要人物，而内山完造的作品与二人的文章一同在新闻报道中列出，可见中方对内山的信任，以及内山在日侨中占有的重要地位。

其次，1946年6月《改造评论》的创刊号刊登了宣传《改造日报》《改造日报儿童新闻》和《改造评论》的广告。其对《改造日报》的评价是，《改造日报》作为当时上海唯一的一份日文报纸，凭对有关日本问题的正确报道深受上海新闻界重视。《改造日报儿童新闻》是面向日本儿童和母亲的民主教育创办的报纸。《改造评论》是在和平、民主和进步的基础上，推动中日两国国民之间实现正确理解的媒介，是当时由中日方代表性评论人的投稿汇编而成的唯一权威的日文综合杂志。

---

① 本社の刊行物は全部日本に携带出来ます[N].改造日报，1946-03-18(2).
② 导报半月刊今出版[N].文汇报，1945-11-09(2).

同样在 1946 年发行的刊物还有一本由国民党中央宣传部对日文化工作委员会上海分会发行的日文杂志《新生》。作家堀田善卫在日记中写道，"中央宣传部对日文化工作委员会发行的日文杂志《新生》"面临"极大的出版困难"，"印刷厂的准备工作完全没有到位"。从"最终只得委托《改造日报》进行印刷"①这部分回忆可以了解到《新生》和改造日报馆之间的密切关系。据目前调查结果可知，《新生》从 1946 年 3 月开始发行了 6 期，内容包括日本文人的诗歌、散文等创作以及评论文章，还有一部分中国文学家作品的日文译作。其中，1946 年 4 月 10 日发行的第 1 卷第 3 期中除了发现内山完造的随笔《中国有中国的尺度》外，还刊登了郭沫若、小宫义孝、高村光太郎等中日知识分子的文章。

战后，接管上海的第三方面军对日本军民施行了包括"日本军民的思想指导""撤侨前的生活保障"等在内的六项政策。最高长官汤恩伯发表在《导报》（日语版）创刊号上的《日本人的觉悟》（1945 年 11 月 20 日）一文表明，日侨管理处将肃清日侨的"民族优越感""军国主义"和"侵略思想"作为首要课题②。综上可见，日侨管理处面向日侨发行了诸多报刊，以文教宣导的方式，致力引导日本人在战后走向民主主义道路。

四、从《改造日报》看内山完造的文化活动

首先是内山书店的接管问题。

1917 年 9 月，内山书店在北四川路的魏盛里开业，之后又租下对面及相邻的房屋，扩大了店面。随着内山书店杂志部的成立，借着接手朋友店铺的机会，书店规模进一步扩大，员工的数量也有所增加。然而，随着战争结束，内山书店也没有逃过被接管的命运。内山完造原本梦想着先"在广东、北平和汉口三地开设内山书店"，接着延伸到中国的"各个省城"，以"将日本的文化影响力普及至全中国"的方式"助力中国新文化的发展"，但"书店最

---

① 红野谦介.十二月十三日［M］//堀田善衛上海日記：滬上天下一九四五.东京：集英社，2008：104,106.
② 高綱博文."国際都市"上海のなかの日本人［M］.东京：研文出版,2009：290,292－293.

终成了日本军国主义和侵略主义的牺牲品"，他的"梦想也随之破灭了"①。
内山对 1945 年的回忆中还穿插着如下记述。

　　　战争一结束，上海的日本人商店全部关闭，只有内山书店各分店一
　　直营业到 10 月 23 日，即正式接管者到来之日。而接管的封条一打上，
　　我就组织了内山书店互助会，日本人店员联合起来以露天贩售和代购
　　的方式继续营业，生活方面毫无不便之处。……日本的战败使我最终
　　遭遇了两次接收，被上海公私两方接收的金钱总额以储备券计（前后）
　　共 25 亿元左右。内山书店的创立者于一月去世，内山书店被人接管。
　　内山书店就此落下帷幕。②

　　内山书店被接管之后，"内山完造把存款分给了社员们，并搬家到了施
高塔路的另一所住宅中，一边开二手书店一边为日侨的回国事宜四处奔
走"③。关于内山所说的"两次接收"，从小泽正元的研究中可寻得线索。内
山书店余留的书籍大约有两万册，最初由苏浙皖敌产处理处进行接管，之后
在教育部的命令下移交给了中央图书馆，其中国防相关资料由国防部接收。
这些信息后来通过上海征用日侨技术联络部通知给了已经回到日本的内
山④。内山书店被教育部接管的时间，可以从中文杂志《教育通讯》（汉口）
第 5 卷第 8 期上刊登的名为《教育与文化：教育部派员接管内山完造图书》
的报道推断。报道发表于 1948 年 6 月，因此教育部接管内山书店图书是从
内山完造回国大约半年后开始的。
　　接下来梳理内山完造在上海期间主导或参与的活动，即上海文化服务
社、"周六会"以及其他文化事业。
　　首先，通过《改造日报》中《发扬"抗战文化"：于上海文化服务社》这一

---

① 内山完造.打破了三十年之夢（一九四六年より一九五九年まで）[M]//花甲録.东京：岩
　波書店,1960：325.
② 内山完造.花甲録：日中友好の架け橋[M].东京：平凡社,2011：500－501.
③ 太田尚樹.伝説の日中文化サロン：上海・内山書店[M].东京：平凡社,2008：197.
④ 小澤正元.内山完造伝：日中友好につくした偉大な庶民[M].东京：番町書房,1972：177.

报道可知内山完造成立上海文化服务社的缘起："内山完造在上海为中日文化交流事业尽心竭力已达 33 年之久。中央文化运动委员会接管了其经营的内山书店后，内山于 23 日计划和数位同仁一起成立上海文化服务社，在文化服务的道路上再接再厉。文化服务社若经管理处批准成立，将设立研究部、营业部和总务部三个部门。"①

上海文化服务社成立之日的"23 日"指 1945 年 10 月 23 日，这与内山完造在上文中的回忆也相当吻合。并且从当天的其他报道中可以了解到，上海文化服务社成立伊始的任务就是在中方文化界的指导和联络下，翻译抗战期间中国的文艺和学术著作。11 月 3 日的《翻译名著：上海文化服务社积极发挥作用》②一文表明，上海文化服务社的文化工作已经在切实推进当中，并且已经确定了一批计划翻译的名著，例如萧红的《鲁迅回忆》（富冈朗译）、郭沫若的《甲申三百年祭》（武田泰淳译）等。

从堀田善卫的日记也可了解当时上海文化服务社开展活动的实际情况：

> 昨日，应武田氏之邀参加了内山氏等人的文化服务社会议。内山完造、塚本助太郎、武田泰淳、山岸多嘉子、梓云平、富冈朗、朝岛雨之助和小泉让等人皆有出席。③

与会成员中的武田泰淳、山岸多嘉子、富冈朗三人都担任了上海文化服务社的名著翻译工作，并且，他们和内山完造一同应邀参加了中央宣传部对日文化工作委员会召开的恳谈会，接受了翻译中国文艺作品的委托。内山组织成立的上海文化服务社，汇集了在上海从事文学活动的多数留沪日本知识分子的力量，对中国文化的宣传起到了推动作用。这些作家在战时基本从事日本文学创作，战后把中国的名著翻译成日文，如此转变有着十分重

---

① "抗戦の文化"を発揚、上海文化服務社で［N］.改造日报，1945－10－29（2）.
② 名著を翻訳、上海文化服務社活躍［N］.改造日报，1945－11－03（2）.
③ 红野谦介.十二月十三日［M］//堀田善衛上海日记：滬上天下一九四五.东京：集英社，2008：105.

要的历史意义。

接下来是内山完造在《花甲录》中提到的"周六会"。有关"周六会"的参加人员、活动内容等详情，借助堀田善卫的日记，我们可以窥得一二：

> 下午应林先生之邀参加了周六会。在场的要么是诸如内山、塚本这类被称为老上海或老中国的人物，要么是看不出年纪的久居海外的人士。大家都在中国待了三十年之久。林先生此人就"生丝"发表了一番言论。这之后石上先生又提出要编纂如《风土记》一类的书籍。不知该说这里有趣还是无聊，总之观感甚为奇妙。①

堀田善卫再次参加"周六会"后记录道："昨天在周六会上稍加谈论了'战后的对日舆论'。在场的有内山完造、塚本助太郎、小川爱次郎等等。"②内山完造的名字多次出现在堀田的日记中，战后伊始，堀田就计划制作一本名为《告中国文化人书》的宣传册，委托内山完造、武田泰淳、小竹文夫、山岸多嘉子等人写稿。然而虽然资金都已就位，最终还是未能付梓③。从以上仅有的信息我们可以推断，"周六会"和上海文化服务社相比，规模较小，注重内部成员的交流，参会人员应该都是老相识，活动的形式更加随意，两个团体的成员也大有重合之处。

除了内山完造主导的活动之外，从《改造日报》中还可以发现一些与他相关的活动报道。内山积极参与中日两方开展的文化交流活动，并受到了极大关注。

下文先按照时间顺序来梳理内山完造参与的日方主导的一系列活动。

现有研究中提到，内山完造于 1946 年 1 月以最高票当选日侨自治会的代表委员，其实早在 1945 年 11 月，内山就开始积极投身各种文化活动之

---

① 红野谦介.七月二十七日［M］//堀田善衛上海日记：沪上天下一九四五.东京：集英社，2008：223.

② 红野谦介.九月十五日［M］//堀田善衛上海日记：沪上天下一九四五.东京：集英社，2008：273.

③ 红野谦介.个人的な記憶二つ［M］//堀田善衛上海日记：沪上天下一九四五.东京：集英社，2008：374.

中。《25 名委员组成自治会咨询委员会》①报道，日侨自治会咨询委员会在 11 月 8 日召开的共济团体联合会第五次总会中就改组事宜达成具体提案，决定"新咨询委员会将在原本十二名委员的基础上加入十三名新委员，共由二十五名委员构成"，内山被选为新委员之一②。

内山完造还担任过日侨自治会新生活讲座的讲师。由题为《新生活讲座》的报道可知，"为纪念 15 号共济日，日侨委员会生活相谈所将开办新生活讲座"。内山被委任为首次讲座的讲师，于 15 日中午 12 点半在生活相谈所开展演讲③。另外，根据《会议与活动》可以确定，内山还担任了第八次讲座的讲师，于 1946 年 2 月 25 日以《改善和革新》为题发表了演讲④。在该讲座发表演讲的还有其他日侨知识分子，比如第三回讲座为阿部义宗的《日本的应行之路》；第五回为山岸多嘉子的《新时代和女性的立场》；第六回为小宫义孝的《妇人问题杂感》；第九回为塚本助太郎的《生活与戏剧》等。除日侨自治会的新生活讲座外，内山还在第三区宣导组主办的第三区演讲会担任讲师。他在 1945 年 12 月 10 日的首次演讲会上发表了题为《中国的生活文化》的演讲⑤。

到了 1946 年，尽管前述先行研究已经谈到内山完造在日侨代表委员会上以最高票当选一事，但《改造日报》为我们提供了内山当选前的更多详细信息。1946 年 1 月 16 日的《17 日开始竞选演讲：两位候选人退出》⑥这篇报道表明，日侨自治会于 1 月 15 日公布了 70 名候选人的名单，内山名列其中，自此候选人之间激烈的舌战拉开了帷幕。几天之后的《今日的演讲会》⑦这篇报道中写道，内山从 20 日下午 1 点开始在自治会内部演讲，在 21 日至 24 日之间，其他会场也开展了大规模竞选演讲活动。

---

① 廿五名で構成、自治会諮詢委員会[N].改造日报，1945 - 11 - 10(2).
② 前委员 12 名此处略去，新委员 13 名分别为辻喜藏、武藤虎雄、篠原匡文、赤松瀧次、山本精二郎(以上为区长)、磯田進、竹本節、奥田民雄(以上为共济团体联合会代表)、武内文彬、川又务、神尾知、本間喜一、内山完造。
③ 新生活講座[N].改造日报，1945 - 12 - 11(2).
④ 会と催し[N].改造日报，1946 - 02 - 25(2).
⑤ 第三区の講演会[N].改造日报，1945 - 12 - 15(2).
⑥ 十七日から舌戦、二候補者は辞退[N].改造日报，1946 - 01 - 16(2).
⑦ けふの演説会[N].改造日报，1946 - 01 - 20(3).

　　1 月 28 日，《妇女代表集中当选：内山氏取得最高票》①以大篇幅报道了选举的结果，并公开了 27 日统计的 25 名当选者获得的票数。内山完造总计获得 17 002 票，为最高票，比第二名滨本马歇尔（マシエ）（上海时局妇女会副会长，57 岁）获得的 12 255 票多出了近 5 000 票。另外，第三名为芦泽骏之助（芦泽印刷厂厂长，庆应大学毕业，40 岁），取得 8 509 票。根据 1 月 29 日的《切实反映人民心愿：凝集全体八万人意见》这篇报道，内山的得票数在新一轮统计中增加到了 17 544 票，内山之外的候选人的票数也发生了相当大的变化，但内山依然高居榜首。报道称："日侨自治会于 28 日围绕本次代表委员选举对各位候选人的得票数再次进行了严密的商讨，之后公布了 25 位当选者的名单。"不仅如此，"这次选举的候选人中新人占大多数，这与民主选举的特点相符。所有候选人中坚持民主主义思想的新人大多成功当选，并且有五名妇女竞选人并驾齐驱以压倒性的高票数当选委员，引起了广泛关注"②。

　　内山完造本在 20 世纪上半期上海的日侨群体中就具有很高的声望，到了战后，他再次证明了自己强大的影响力。日侨代表委员会上以最高票当选的内山，在选举后出席了代表委员座谈会和代表会议。

　　　　为就"新代表委员应如何传达八万同胞的心声"这一主题聆听各方意见，本社于 29 日下午两点召集数名新代表委员举办座谈会。与会者有内山、滨本……等人，他们无一不下定粉身碎骨以报居留民信赖的决心，誓为实现抱负披肝沥胆。③

　　座谈会上，各位代表讨论了如何将"居留民共济运动"发展为八万同胞的齐心协力体制，倡导代表委员应与区长协力推进"自治会助力保甲活动"，并商议了归国准备事宜等，"热心地发表了许多具体意见"。这些代表委员们已然

---

① 婦人代表揃つて当選、内山氏が最高票獲得[N].改造日报，1946 - 01 - 28(2).
② 切实な願望反映、八万総意こゞに凝集[N].改造日报，1946 - 01 - 29(2).
③ 代表委員の抱負、本社主催座谈会[N].改造日报，1946 - 01 - 30(2).

成了日侨群体中的中流砥柱。2 月 1 日,代表委员会召开了代表委员会首次会议①,之后,又于 2 月 9 日召开了代表委员会临时会议②。

此外,共济会邀请内山完造出席 2 月 27 日上午 10 点在自治会代表委员休息室举行的有关工商业者团体组织的协商会议③。从《喜多氏兼任共济会副会长》④这篇报道可以得知共济会共有两名副会长,其一为业已就任的塚本助太郎,另一位由副书记长喜多芳之兼任。内山完造出生于日本冈山县,因此也担任冈山县人互助会的干事。根据《冈山县人互助会干事会议召开》这篇报道,申请参加 3 月 6 日下午 1 点召开的冈山县人互助会的 22 人中就有内山⑤。

已有研究指出"为求直接知晓民意,促进今后日本的政治和思想反省,3 月 7 日至 10 日期间进行了由《改造日报》主导、日侨管理处后援的全上海日侨舆论调查"⑥。然而从《改造日报》的报道可知,日侨代表们于之前的 3 月 5 日就召开了舆论座谈会。会议内容刊登在 3 月 6 日至 8 日的《改造日报》上,从以下报道可以一窥此次舆论调查的内容和走向。

> 本社主导的舆论调查成为席卷大街小巷的热门话题。"你什么时候回国?""船只什么时候入境?""您是怎么考虑的?"等舆论调查中接连出现的设问成为了上海日侨的寒暄内容。……明日下午两点将于本社会议室进一步召开"舆论为何物"座谈会。与会者有内山完造先生……⑦

上海的日侨最早于 1945 年 12 月开始撤离,1946 年 4 月中旬时基本告一段落,然而依然还有很多日本人期望继续留在上海生活。

---

① 代表委員会初会議[N].改造日報,1946 - 02 - 01(2).
② 会と催し[N].改造日報,1946 - 02 - 09(2).
③ 会と催し[N].改造日報,1946 - 02 - 26(2).
④ 共済会次長に喜多氏兼任[N].改造日報,1946 - 03 - 02(2).
⑤ 岡山県人互助会役員会開催[N].改造日報,1946 - 03 - 05(2).
⑥ 高綱博文."国際都市"上海のなかの日本人[M].東京:研文出版,2009:285.
⑦ あす舆論座談会[N].改造日報,1946 - 03 - 04(2).

上海及内陆的大部分日侨归国后，完造与志同道合的朋友们一起提出了留在中国的申请，开始了所谓的留用生活。

收回上海控制权后，国民政府建立了名为亚东协会的组织，计划与日本进行贸易往来和文化交流，并着手进行准备工作。为此又设立了亚东问题研究会作为调查机构，留用日本知识分子，希望得到他们的协助。以完造为首的三十多名日本人就曾参与了这项工作。①

开始留用生活的内山完造，不仅加入了中国政府组织的亚东协会，还成了日侨群体内部的代表人。题为《制定余留者名录：代表人恳谈会》的报道证实，"昨日下午三点始，围绕自治会解散后普通日侨及留用日侨的去向问题，入江、内山、植田和守田等代表在自治会会议室与堀内公使、土田自治会长和青木书记长进行了恳谈。当日具体商讨了后代教育、火葬场和互助组织的有关问题"②。内山被遣送回国的时间相比其他日本人至少晚了一年多，他在上海的这段时间一直为战后留沪日侨奔走，坚持到回国前的最后一刻。

内山完造不仅在日侨群体中是一位重要人物，他还积极地参与了中方主办的各类活动。

首先是日侨管理处举办的宗教座谈会。从《为世界和平做贡献：昨日在宗教座谈会开展研究》这篇报道可知，1945 年 12 月 8 日下午两点，日侨管理处主办了一场宗教座谈会。出席者有管理处的王光汉科长、各神道教代表、佛寺代表及中日基督教界代表等共计二十多位人士，内山完造以基督教代表的身份位列其中。会议上，各宗教代表将日本军国主义者的战争责任归咎为"过于轻视宗教"，这显然是避重就轻。

其次是 12 月 13 日下午两点至五点，由对日文化工作委员会主办的文化座谈会于日本俱乐部（自治会）召开。前日报道《文化座谈会：明日于日本俱乐部》③中提及受邀出席者有 36 人，内山完造、塚本助太郎、武田泰淳、

---

① 小澤正元.内山完造伝：日中友好につくした偉大な庶民[M].东京：番町书房,1972：180.
② 残留者名簿作成、世話人懇談会[N].改造日报,1946－04－11(2).
③ 文化座谈会、あす日倶で[N].改造日报,1945－12－12(2).

小竹文夫等人皆名列其中。结合翌日的报道《商讨农业等问题：中日文化恳谈会盛况》①可知，会议主持为罗克典、邹任之两位委员，参会的还有小宫义孝、加田哲二、吉田东祐、星野芳树、竹本节、千叶成夫、德田恒夫、横田实氏等在沪日本知识分子，他们就日本农业和日本政体等问题"毫无顾忌地交换了意见"。此外，《介绍中国文学：对日文工会举办文艺恳谈会》报道了 12月 28 日下午两点对日文化工作委员会举办文艺恳谈会的情形，引用如下：

> 为向日本介绍中国之现状，会上围绕有翻译必要的中国文艺作品的选定方针及其他事务进行了协商和恳谈。此外，委员会有望每月召开两次恳谈会，争取到日侨文学家、翻译家和其他文艺相关工作者的参与，以将此项工作积极推进下去。当日与会的日本人有内山完造、小宫义孝、石上玄一郎、岛田政雄、武田泰淳、梓云平、富冈朗、室伏克拉拉等人。②

与会者皆为当时在沪的日本知识分子，他们从《大陆新报》时代开始就已为人所知。比如武田泰淳于 1944 年来上海后，任职于中日文化协会上海分会的东方文化编译馆。以武田为代表的这一批文化人擅长中文，在战时就从事翻译工作，"日本战败前和战败后，他们的翻译工作进行的方向是相反的"，"这是只有在文化支配政策的框架之下才出现的结果"。③ 也就是说，中国的抗战胜利，不仅扭转了政治局势，也在文化交流方面将战时的外国文化输入转变为战后的中国文化输出。

以内山书店为例，自从 1917 年在上海开业以来，内山完造采取的主要方式是通过日本书籍来向中国知识分子宣传日本的文化、思想和技术。然而，以日本战败为转折点，"文化输入"的姿态变成了"文化输出"的姿态。以内山书店被接管为契机成立的上海文化服务社得到了日侨管理处的许可，

---

① 農業問題等を討議、中日文化懇談会盛況[N].改造日報,1945-12-14(2).
② 中国文学を紹介、对日文工会で文芸懇談会[N].改造日報,1945-12-30(2).
③ 木田隆文.武田泰淳の上海体験：現地日本語媒体とのかかわりから[J].奈良大学紀要,2011(39)：134.

早在 1945 年 10 月就开始了中文书籍的翻译工作，并且翻译的范围不仅限于此次文艺恳谈会上提到的"中国文艺作品"，还包括了政治家和军事家的言论。因此可以说，内山早已站在了关乎日本人思想重建、宣传中国文化等事业的最前方。

最后要提到的是中方的广播讲座。1946 年以后，与日方的新生活讲座相呼应，日侨管理处也通过无线电广播开展了新生活讲座。从报道《日侨管理处计划面向日侨开展无线电广播教育》①可知，第三方面军日侨管理处自成立以来开展了各式各样的活动，持续推进着对日侨的思想教育。本次"为进一步提高工作实效，决定借用汉口路军政广播电台以推行广播教育"。自 1946 年 1 月 30 日始，每周三和周六下午 2 点半至 3 点 10 分放送无线电广播。这档广播召集了上海的文化界名人，以日侨和日俘为对象，在 40 分钟的时间内播送 10 分钟的音乐、20 分钟的生活讲座以及 10 分钟的新闻简报。节目表显示，每次由一名中国人和一名日本人搭档进行广播。内山完造是 1 月 30 日，即首次生活讲座的主播，与顾仲彝搭档合作。另外，塚本助太郎、星野芳树、山岸多嘉子等日侨名人的名字也出现在主播名单中。并且，对日文化工作委员会上海分会也从 1946 年 3 月 4 日起推出了日语广播。根据《对日文化工作委员会启动日语广播》②这篇报道得知，该广播意在"及时向身处中国大陆的多数日侨和日本徒手官兵正确传达世界动态，并推出日本流行歌曲、音乐、小说、浪花曲、落语和漫才等丰富多彩的节目，作为他们全新的精神食粮"。该广播除周日外每天播送 35 分钟，不仅在上海，在日本也可收听。随后 3 月 25 日的一篇题为《日语广播规范化》③的报道表明，日语广播从 25 日开始，时间改成除周日以外的每天下午 4 点半至 5 点之间播出半小时。报道中提到，"本委员会欢迎来自听众的踊跃投稿，日侨日俘的感想文、评论和文艺作品及日记等皆有机会被采用为广播素材。由于时间的关系，稿件的长度原则上应限制在十分钟以内，以尽可能简洁具体地反映上海集中区或集中营生活的作品为佳"。与日侨管理处的生活讲

---

① 日僑ヘラジオ教育、日僑管理处で放送企画［N］.改造日报，1946 - 01 - 30(2).
② 日本語放送開始、对日文化工作委会［N］.改造日报，1946 - 03 - 02(2).
③ 日本語放送本格化［N］.改造日报，1946 - 03 - 25(2).

座相比,该广播更加致力于对日侨的思想教育。

除内山完造之外,还有其他许多知识分子也参与了广播工作。例如,堀田善卫在 1945 年底被对日文化工作委员会所征用,除了担任《新生》杂志的编辑工作和中文资料的翻译任务之外,他也参加了面向日本的无线电广播工作。另外,对中国颇有研究的上海东亚同文书院教授小竹文夫也参与了战后无线电广播的相关工作。可以说无线电广播作为思想教育和精神宣导工作中的一环,也发挥了重要作用。

五、结语

以上参考《改造日报》相关报道,对内山完造在战后初期从事的文化活动进行梳理还原,可对内山的传记研究以及战后上海日侨留沪期间的研究进行一定的补充。从 1913 年至 1947 年末,内山一直生活在上海,到了战后也希望继续留在中国,然而最终被遣返,以下文字准确地表达了他彼时的心境:

> 总之我如今是全然无能为力了。什么办法也使不得,只能任人支配,随波逐流,叫我回去便只能回去,容我留下我才能留下。无奈什么事情都不能自己做主。①

根据内山完造 12 月 6 日的日记,他当时住在义丰里 162 号和 164 号两户合并起来的房子里。他每个周日在家中开办主日学校,举行"周六会",还兼营一间书屋。然而,在毫无预兆的情况下,他突然被叫去了互助会,就此遭受了监禁。依照国防部的命令,第二天(12 月 7 日)5 点,包括他在内的 33 人被集中遣送回了日本,他的大量书稿也没能带回日本。内山于 10 号早晨到达长崎的佐世保,抵达东京已是 16 号凌晨。最终,内山回到了位于东京神田的内山书店,他人生中近 35 年的上海时代就此画上了句点。

---

① 内山完造.一九四七年の日記から(一九四六年より一九五九年まで)[M]//花甲録.东京:岩波書店,1960:320.

从投身翻译事业开始到以最高票当选代表委员会委员，身为日侨中的一介平民，内山完造在战后所发挥的带领性作用是无可否认的。内山常年生活在上海，享有"老上海"之名，不遗余力地为中日文化的友好交流而奋斗着。

第十二章
新时期的中日文化交流

　　本章在日文《花甲录》《内山完造传》等内山完造相关资料的基础之上，主要以中华人民共和国成立后的《人民日报》的报道为一手资料，梳理和还原战后的内山在人生最后的十余年间，竭尽全力为中日文化的友好交流所做出的努力和功绩。

一、日本全国巡回演讲

　　内山完造于 1947 年 12 月 16 日被遣返回到日本东京。被迫离开生活了长达近 35 年的中国，对他而言可谓重大的打击，并且由于走得匆忙，在中国的日记等文字资料都没能携带回国。尽管如此遗憾，但他经过深思熟虑，决定将中国的真实情况介绍给日本人，让他们了解中国人，了解中国文化，因此从 1948 年 2 月至 1949 年 7 月，他进行了为期一年零五个月的日本全国巡回演讲。据妻子内山真野回忆，内山最北走到北海道的网走，最南到达鹿儿岛的指宿，演讲次数达到 2 000 次以上。内山很少居家，只要在家，他都在埋头记录感想，这些文章竟积累了 60 多册，并且全部都是与中日两国相关的内容。他在写作时并没有打算将其出版，只是有感而发，尽管他是个很乐意见到自己作品问世的人。妻子真野在他逝世后，决定继承他的遗志，为中日友好贡献一份力量，因此将内山在中国的回忆《花甲录》作为主要内容，并附上《从 1946 年到 1959 年》，即内山回日本后十余年的记录及其他文章，最终形成岩波书店 1960 年出版的《花甲录》，其中也得到了内山胞弟内山嘉吉、岛田政雄等人及岩波书店的大力帮助。①

二、发起中日贸易促进会和日中友好协会活动

　　1949 年 6 月，内山完造参与发起中日贸易促进会，后改名为日中贸易促进会，他与西野邦三郎、北条道雄等都是委员会代表。7 月，内山在关西地区为日华经济会做了宣传演讲。10 月 10 日，致力于推动日本与中国建立友好关系的重要团体日中友好协会举办筹备大会，内山也是发起人之一，从九州发去贺电。1950 年 1 月 12 日，日中友好协会召开发起人总会，选出了 122 名干事。9 月 30 日至 10 月 1 日，日中友好协会举办成立大会，内山被选为首任理事长，之后担任协会总负责人。另外，副会长有平野义太郎、原彪、丰岛与志雄、林炳淞等人，事务局长为小泽正元，他正是为内山完造撰写传记的人物。在大会上，内山、池田幸子、田博雄等人还做了纪念演讲。

　　1950 年 12 月 4 日，周恩来总理发表关于对日和约问题的声明。之后，在内山完造的引领下，日方举办了一系列中日友好活动。比如，1951 年 3 月 19 日，日中友好协会举办"讲和问题恳谈会"；7 月 7 日，内山呼吁各界写慰问信，促进全面讲和运动；8 月 31 日，日本召开"日本中国友好会议"。在当时的历史背景下，这些日中友好活动受到了日方的一些阻挠。例如，当时日本报纸《每日新闻》刊登的攻击诽谤的言论、美国占领军的镇压活动以及日本三井矿山株式会社在日本经济团体联合会指示下的反对活动等，都阻碍了中日友好活动的进程。内山完造却不为所动，在精神上、行动上都站在第一线，与当时日本的反华势力进行斗争，极大地鼓舞了向往和平友好的日本人民的斗志。

　　内山完造在 1952 年 4 月 12 日在东京举行的日中友好协会第二届全国大会上连任理事长，风见章当选为日中友好协会会长。这次大会"讨论并通过了日中友好协会一九五二年度的运动方针。这个方针首先确定要把日中友好运动推广为全国国民的运动，并决定日中友好协会的当前的五大目标是：

---

① 内山真野. あとがき［M］//花甲録. 东京：岩波书店，1960：439-440.

一、促进中日贸易;二、加强中日两国的文化交流;三、粉碎对新中国的歪曲宣传,正确地向日本人民传达新中国的建设真相和对日政策;四、与旅日华侨合作;五、促进与中国媾和"。① 只有开展日本的国民运动,才能解决中日贸易存在的问题,促进中日贸易的恢复和开展,这是日本人民的共同要求。

1952 年 6 月 1 日,中日签订贸易协议,内山完造与风见章、西园寺公一、铃木一雄等人以及中日贸易促进会、日中友好协会、日本拥护和平委员会等团体纷纷致电中国国际贸易促进委员会主席南汉宸,表示一定为两国的贸易以及友好发展做出努力和贡献②。

1952 年 10 月 30 日,大阪日本中国友好协会在大阪正式成立,当晚还举行了盛大的"日本中国友好晚会",庆祝中华人民共和国成立三周年。内山完造和平野义太郎特地从东京赶到大阪参加成立仪式,发表了演讲。大阪日中友好协会不仅举行了很多推广中国文化的活动,例如在鲁迅逝世纪念日举行纪念鲁迅的活动、演出郭沫若的话剧《屈原》等,还积极促进中日两国经济交流。关西日中贸易促进会议就是在协会筹备会的发起之下成立的③。

三、致力于在华日侨归国问题

内山完造还特别致力于解决在华日侨的归国问题。战后,留在中国的3 万日本侨民虽受到中国政府的保护,并且有一定的收入可以赡养日本的亲人,但由于吉田政府和美国的阻挠,出现缺少船只回国等困难。中国红十字会协助愿意回国之日侨解决困难,帮助他们早日归国。在日本报刊《日本和中国》里,介绍了中国对于在留日侨归国的和平政策。1953 年 1 月 26日,内山作为"归国问题代表团"的 13 名团员之一从日本出发,1 月 31 日晚经广州抵达北京,实现了内山在战后再访中国的梦想。代表团成员分别为:"日本红十字会岛津忠承(团长)、工滕忠夫,日中友好协会内山完造、加岛敏

① 日中友好协会开第二届全国大会 决推广日中友好运动为全国国民运动[N].人民日报,1952-06-05(4).
② 日本各界人民团体致电南汉宸 祝贺中日贸易协议[N].人民日报,1952-06-16(4).
③ 大阪日中友协成立[N].人民日报,1952-12-11(4).

雄，日本和平联络委员会平野义太郎、畑中政春及高良富女士等七名代表和工作人员六人"①。2月15日，中国红十字会代表团与日方三个代表团在中国红十字会正式举行了第一次会谈。中国红十字会代表团首席代表廖承志在讲话中表态："关于日侨出境所携带的物品，除了我国政府所规定的禁止出口品及违禁品外，凡属日侨私人的东西在按照规定向海关办理手续后都可带走，不加限制。此外，中国红十字会为了照顾日侨的困难，对他们从开始集中到上船前的费用愿意帮助解决。"②

　　这次的北京之行，内山完造见到了十年未曾谋面的郭沫若，以及中国人民保卫世界和平委员会秘书长刘贯一、许广平、周海婴、欧阳予倩、田汉、孙平化等友人，于3月10日返回日本。内山在北京停留期间的见闻，登载在日本《朝日新闻》1953年2月6日至3月10日的版面上。此次中国之行，内山看到了新中国与旧中国在本质上的变化，切身感受到新中国政府为人民服务的伟大精神。

四、多次访华，反对岸信介政府阴谋

　　1955年5月，内山完造应时任中国科学院院长郭沫若的邀请，作为日本学术观察团的代表第二次访问中国。同年12月，由郭沫若率领的中国科学院学术视察团一行15人访日。这也是郭沫若时隔18年再次踏上日本的土地。郭沫若与日本文求堂店主田中庆太郎、岩波书店社长岩波茂雄以及作家谷崎润一郎都交情匪浅。12月6日，郭沫若与谷崎深情相拥的情景记录在日本《朝日新闻》12月7日第3版，内山与朝日新闻社论主编白石凡均亲临现场。1956年，许广平一行5人出席在日本长崎召开的"第二届禁止原子弹和氢弹世界大会"。身为中国代表团团长，她受到内山等人的迎接与关照。

　　内山完造的第三次访华，是1956年10月参加在北京召开的"鲁迅先生

---

① 来华接洽日侨回国问题　日本代表团抵北京[N].人民日报，1953-02-01(1).
② 我红十字会代表团与日本代表团　就协助日侨归国问题举行首次正式会谈[N].人民日报，1953-02-19(1).

逝世二十周年纪念大会"。日方参会人员仅有 6 人,分别是内山、长与善郎夫妇、里见弴父子以及名取洋之助。11 月 12 日,内山参加了"孙中山先生诞辰九十周年纪念会"。他回顾自己在青年时代曾经受到宫崎滔天的《三十三年之梦》的影响颇深,曾经热血沸腾,十分向往投身于孙中山领导的革命运动。宫崎是明治时代连接中日两国的桥梁之一,而内山则无疑成为大正、昭和时代与中国开展文化交流最有影响力的人物。而让内山更为激动的是,11 月 18 日,他时隔 9 年来到了自己生活了近 35 年的上海。

1958 年 4 月,日本岸信介政府采取对华敌视政策,造成中日第四次贸易协定中止,意味着中日友好往来的活动从此被中断。4 月 30 日在日本长崎又发生了"长崎侮辱中国国旗事件"。内山完造作为日中友好协会的负责人,组织"打开经济局势委员会",于 5 月 4 日召开"打开日中关系经济局势国民大会",号召日本人民反对岸信介内阁制造"两个中国"的阴谋,以及其他对中国敌视的思想。内山指出,日本方面进行自我反省,才是解决日中关系的根本途径。5 月 13 日,内山等七位日本友好人士发表联合声明,要求扭转日中贸易全面停顿的状态,"呼吁日本人民为争取恢复日中邦交而努力"①。5 月 17 日,日中友好协会理事长内山和日本和平委员会理事长平野义太郎、社会党书记长浅沼稻次郎、共产党代表神山和等人参加了一百五十多万日本工人的集会,并在会上指出,由于岸信介敌视中国的错误态度,使日中两国关系陷入令人忧虑的局面。岸信介的这种屈从美国敌视中国的政策是和世界形势背道而驰的,将使日本成为亚洲孤儿,并且有可能使日本卷入美国发动核战争的漩涡。②

1959 年,中国共产党代表团同日本共产党代表团在 3 月 3 日发表联合声明,日本各界人士于 3 月 9 日在《赤旗报》上发表书面谈话,一致表示支持两国联合声明,这项声明指出了中日关系上的根本问题是中日友好关系建立的基础,具有重大意义。内山完造说,联合声明指出了日本应当走的道路,日本人民是希望日本走和平、中立的道路的。但是,日本的现状却与此

---

① 内山完造等日本著名人士 呼吁恢复日中邦交[N].人民日报,1958－05－14(5).
② 一百五十万日本工人在各地集会 反对岸信介政府的反动统治[N].人民日报,1958－05－18(3).

背道而驰。① 8 月 31 日，日中友好协会第九次全国大会在东京闭幕，大会反对修改日美"安全条约"，并决议恢复日中邦交，发起庆祝中国国庆的人民运动。大会重新选举松本治一郎为日中友好协会会长，内山与河崎夏、平野义太郎、太田熏、田村福太郎、三岛一等人当选为副会长②。

五、再次日本巡回演讲，北京逝世

1958 年至 1959 年间，内山完造走遍日本各地巡回演讲，宣传中日友好，演讲主题就是"日中友好是直接救国的运动"。具体行程为：1959 年 1 月于大阪、广岛；2 月于冈山、宫城；4 月于新潟、福井、石川等。6 月开始内山身体抱恙。7 月下旬，他接到北京来函，邀请他进京养病。

内山完造于 9 月 16 日携夫人内山真野从日本出发，19 日到达北京。内山此行受到中国人民对外友好协会的邀请，以日中友好协会副会长的身份参加建国十周年国庆观礼。一下机场，他"惊叹于机场的新建筑，短期内建成的堂皇富丽的新型大厦"，接着又经过林荫大道，"高兴得手舞足蹈"，"兴奋到了极点"③。然而不幸的是，内山因脑溢血于 9 月 20 日下午 8 点 40 分在北京协和医院逝世。内山先生的逝世对于中日两国人民的友好事业是一个不小的损失。廖承志、楚图南、阳翰笙、西园寺公一、内山真野、李德全、欧阳予倩、田汉、许广平、陈忠经等人组成内山完造治丧委员会④。中国人民对外文化协会为内山举行了追悼会，协会会长阳翰笙在致悼词中对内山给予了高度评价："内山先生早在 1913 年就来到了中国，同中国人民和文化进步人士结成了深厚的友谊。在国民党反动统治的黑暗年代里，当鲁迅先生在上海从事革命文学艺术活动的时候，内山先生在那样艰难的条件下，曾经帮助鲁迅先生作过许多工作，这是我们难以忘记的。"同时，"内山先生在

---

① 中日友好的基础 两国人民的愿望 日本各界人士支持中日两国共产党联合声明[N].人民日报，1959 - 03 - 10(4).
② 日中友好协会全国大会通过决议 反对"安全条约"恢复日中邦交[N].人民日报，1959 - 09 - 02(6).
③ 许广平.鲁迅回忆录[M].周海婴，主编.武汉：长江文艺出版社，2010：113.
④ 日中友协副会长内山完造在京逝世[N].人民日报，1959 - 09 - 21(6).

中国人民革命胜利以后,对促进两国人民的友好事业、文化交流,以及中日两国关系正常化活动所作的贡献,特别是近年来内山先生坚决反对岸信介政府敌视中国的政策,要求恢复中日两国的邦交,反对制造'两个中国'的阴谋,作了始终不渝的努力"①。中方遵循内山生前的遗愿,10月26日将他安葬在上海万国公墓。

在1959年11月23日举办的日本和平大会上,世界和平理事会常务委员会委员艾哈迈德·赫尔代表世界和平理事会向日本和平委员会授予和平金奖,并向已逝世的对和平运动有贡献的内山完造、大山郁夫等28人以及积极展开和平运动的40个组织和个人授予了和平银奖②。内山夫人真野在他逝世之后,继承他的遗志,依然积极从事中日友好活动,多次访问中国。

20世纪60年代,日本文艺评论家、朝日新闻社论主编白石凡于1961年在《朝日新闻》上撰写了纪念内山完造的报道,之后屡次强调要学习"内山精神"。小泽正元也在日本期刊发表了怀念内山的文章③,并著书《内山完造传》在日本出版,之后译成中文。时至今日,内山的作品和传记相继出版、翻译。内山篱、内山深等内山后人在经营东京内山书店的同时,依然从事着中日文化交流的事业。与此同时,上海内山书店旧址于2022年11月改建为"1927·鲁迅与内山纪念书局",继续发扬鲁迅与内山精神。在学术领域,近年由神奈川大学主办的"内山完造研究会"对内山的手稿等资料进行研读,寻访内山在中日两国的足迹,多次开办小型读书会和大型国际研讨会。2024年10月,北京外国语大学召开了"鲁迅与内山完造:中日文学交流的桥梁与场域"国际学术研讨会,包括笔者在内的中日学界相关学者以及内山后人均出席,并展开了热烈的探讨和友好交流活动。半个多世纪以来,中日两国的民众不断追怀内山在中国文化交流沟通中的功绩,中日两国的学者也在继续探寻着内山独一无二的思想内涵。

---

① 我对外文协举行追悼会 悼唁日中友协副会长内山完造[N].人民日报,1959-09-23(6).
② 日本和平大会向全国人民发出号召 彻底粉碎修改"安全条约"的阴谋[N].人民日报,1959-11-25(5).
③ 小澤正元.庶民·内山完造传——日中友好に不滅の足跡[J].朝日アジアレビュー,1971,2(1):132-150.

结　语

　　时光荏苒,岁月如梭。笔者二十余年前在上海求学时,未曾想过将来会从事与上海相关的研究,也不确定自己会在上海工作生活。如今,我回到母校任教,与上海这座城市,终究是有些缘分的。这座"魔都"带给古往今来的中外友人的,永远是那无穷无尽的魅力。日本学界自 20 世纪末开始已对日本近代作家的上海体验这一课题显示出浓厚的兴趣,并且持续增温,硕果累累。中国学界也紧随其后,近年来研究热度依然不减。上海这座国际大都市承载了内山完造在中国近三十五年的岁月。上海对于中外文学研究界,不仅仅是地理上的空间,"魔都"的形象早已广泛存在于日本文人的创作与阐释过程中。尤其对于内山完造而言,上海更具有它独特的意义。

　　内山完造的少年时代,正是甲午战争之后日本社会开始普遍蔑视中国的时代,在这样的历史背景之下,他原本对中国也并没有太大好感,甚至同当时的日本人一样怀有傲慢之感。但当他被日本参天堂眼药水公司派到中国担任营销员时,亲眼看到了中国普通民众的日常营生,切身感受到了他们的辛苦劳作、知恩图报的美德和在苦难中寻求光明的执着。作为一个基督教徒,他渐渐丢弃了一般日本人对中国人的傲慢心理,逐渐融入普通中国人的喜怒哀乐当中,不遗余力地推介中国文化。特别是开设内山书店后,在与中国文学青年,尤其是以鲁迅为首的中国左翼文学青年的交往中,他看到了中国有识之士的挣扎、努力和奋斗,并生出了几分敬佩,这就是他愿意为中国新文化界、中日文化交流以及保护中国进步人士尽力尽心的原因所在。内山书店也作为近代中日文人交流的文化沙龙和重要枢纽,为内山投身中日友好活动提供了得天独厚的条件。然而,在日本侵略中国的大背景下,内山作为日本人民的一分子,尽管如鲁迅所言"不卖人血",是一位诚实经营书店、热爱中国人民也喜欢中国文化的商业人士、中日友好活动家和随笔家，也曾顶住了日方的不少压力，但他在战时发表的文章中还是显露出自己对日本的信心，同时也接受了日方给予的一些名利。内山在日本侵华时期，有维护日本侵略者行为的一面，但他长年以来与中国人民的友情、对中国进步人士的保护、对中国文化的传播以及为中日文化交流作出的贡献，更加值得我们肯定。战后，他回到日本各地巡回演讲，努力让日本的普通民众了解真正的中国文化和中国人民，秉持中日友好的坚定信念，为战后中日关系的恢复和发展付出了大量心血。

本书作为研究性的专著，力求达到以下三点。

首先是有深度的研究。在学理层面，赋予内山完造及内山书店研究更多的学术性。内山的随笔屡被关注和谈论，但却未被充分解读。本书在中日两国人民对内山的传统印象、一般认识的基础上，综合使用文本细读、理论借鉴、比较研究、实证调查等研究方法，探索了此研究最可能达到的纵深。

其次是有广度的研究。本书建立在大量中日文一手资料的基础上，特别是 20 世纪上半叶同时代期刊、报纸资料，使研究的每一处都有迹可循，论从史出。从尚未发现的中日文作品，到未曾发掘的活动踪迹，包括与内山有着紧密关联的中日文人、团体、报刊的动向中，都挖掘了较前更丰富、全面的史料。尽管由于时间和篇幅关系，笔者并未对所有已掌握资料都展开深入的研究，这也是亟须笔者今后继续完成的课题，但是，本书的正文、附录以及参考文献所列中日文报刊的大量文献条目，是笔者花费多年心血从中国、日本的多渠道收集整理而成，相信会有一定的学术价值和史料价值，在一定程度上可为从事相关文学、历史、媒体研究的学界同仁，提供一些研究线索。

最后是有温度的研究。本书力求全面审视内山完造作为推动中日文化交流的重要人物的价值，打破以往的扁平化论述和"非黑即白"的认识，客观地认识到内山身上的多面性。力求以宽广的视野和更高的站位，对内山作出的关键性文化贡献，基于一手资料，进行多角度、全方位的考察，呈现一个更加立体、复杂、有血有肉的鲜活的内山形象。

然而内山完造的文学作品、文化事业以及中日友好活动等方面，尚有相当多的资料有待挖掘整理，还有非常广阔的空间有待继续研究。本书仅提供了一个大的思路框架,笔者面对浩瀚的中日文文献资料,鉴于各种原因,还有很多未展开论述之处。除了解读随笔集的作品,从 20 世纪 20 年代到 60 年代,长达半个世纪里中日文报刊刊载的大量的内山佚文,还有进一步探讨的空间,特别是内山战后回到日本的十余年间发表的大量文字,依然散见在日本各类期刊。加之近两年在学界引起关注的内山未公开的手稿、20 世纪 20 年代以"文艺漫谈会"为中心的文化活动以及战后中日两国对其的评价等,这些都是值得继续探究的课题。

本书以内山完造在中国的评价为主,可能会有读者提出这样的疑问:对于常年扎根在中国的内山,日本人民、日本媒体对他有何评价?因篇幅、完稿时间等关系,本书对这些问题探讨得不够全面和深入,这也是笔者今后需要持续发力的地方。据目前掌握的资料,日本《朝日新闻》在 1917 年上海内山书店创立当年的 3 月 3 日,即刊发了内山书店的广告。尽管内山在战争结束之前的大部分时间都居住在中国,然而,日本的报刊中依然能找寻到内山的踪影。再比如 1942 年的日本《读卖新闻》刊登了由大日本雄辩会讲谈社出版的四本书的广告,其中内山的《上海霖语》的字体最大,并附加宣传语:"最新刊随笔集、轻松洒脱,并且不失雅致的名随笔集,《鲁迅追怀念》《吐铁会见记》等三十余篇,将最近处于转换期的中国的'活生生的姿态'传达给大家,定可对日中提携助一臂之力。"①可见内山其人及作品在同时期的日本已经引起较大反响,受到各路媒体的极大关注。

内山完造为促进中日友好事业建立的功绩,本书论及的内容仅为冰山一角,如寥寥数语能为今后的内山研究以及同时代中日文学文化关系研究抛砖引玉,开创更广阔的天地,提供更多的可能性,则甚感欣慰,不枉付出。

---

① ［広告］上海霖語［N］.読売新聞(晩报),1942－11－11(1).

附　录

附录 1　《大陆新报》刊载内山完造作品目录①

日　期	早报/晚报	版面	分类	作　品　名	著作集收录情况	注解
1939 年 9 月 11 日	早报	四	随笔	サランパン（一）算盘（一）	《上海夜話》	
1939 年 9 月 12 日	早报	四	随笔	サランパン（二）算盘（二）	同上	
1939 年 9 月 13 日	早报	四	随笔	四鰓鱸と蟹（一）四腮鲈与蟹（一）	《上海夜話》	
1939 年 9 月 14 日	早报	四	随笔	四鰓鱸と蟹（二）四腮鲈与蟹（二）	同上	
1939 年 9 月 15 日	早报	四	随笔	四鰓鱸と蟹（三）、偏食の害（一）四腮鲈与蟹（三）、偏食的危害（一）	《上海夜話》	
1939 年 9 月 16 日	早报	四	随笔	偏食の害（二）偏食的危害（二）	同上	
1939 年 9 月 17 日	早报	四	随笔	偏食の害（三）偏食的危害（三）	同上	
1939 年 9 月 18 日	早报	四	随笔	偏食の害（完）偏食的危害（完）	同上	
1939 年 9 月 20 日	早报	四	随笔	黄（一）黄（一）	《上海夜話》	

① 本表及附录 2 基于笔者对《大陆新报》的查阅汇总而成。

（续表）

日　　期	早报/晚报	版面	分类	作　品　名	著作集收录情况	注解
1939 年 9 月 21 日	早报	四	随笔	黄（二） 黄（二）	同上	
1939 年 9 月 23 日	早报	四	随笔	黄（三） 黄（三）	同上	
1939 年 9 月 24 日	早报	四	随笔	黄（四） 黄（四）	同上	
1939 年 9 月 25 日	早报	四	随笔	黄（五） 黄（五）	同上	
1939 年 9 月 30 日	早报	四	随笔	日本人と真面目（一） 日本人与认真（一）	《上海夜話》	
1939 年 10 月 1 日	早报	四	随笔	日本人と真面目（二） 日本人与认真（二）	同上	
1939 年 10 月 2 日	早报	四	随笔	日本人と真面目（三） 日本人与认真（三）	同上	
1939 年 10 月 3 日	早报	四	随笔	素蕈之人（一） 素荤之人（一）	《上海夜話》	
1939 年 10 月 4 日	早报	四	随笔	素蕈之人（二） 素荤之人（二）	同上	
1939 年 10 月 6 日	早报	四	随笔	空砲に就いて 关于空炮	《上海夜話》	
1939 年 10 月 12 日	早报	四	随笔	賞め上手（上） 擅长夸奖（上）	《上海夜話》	
1939 年 10 月 13 日	早报	四	随笔	賞め上手（下） 擅长夸奖（下）	同上	
1939 年 10 月 16 日	早报	四	随笔	美しい話 佳话	《上海夜話》	
1940 年 1 月 10 日	早报	四	随笔	上海漫語（上） 上海漫语（上）		
1940 年 1 月 11 日	早报	四	随笔	上海漫語（下） 上海漫语（下）		
1940 年 1 月 21 日	早报	四	随笔	老朋友（一） 老朋友（一）		

（续表）

日　期	早报/晚报	版面	分类	作　品　名	著作集收录情况	注解
1940 年 1月 22 日	早报	四	随笔	老朋友（二） 老朋友（二）		
1940 年 1月 29 日	早报	四	随笔	尺は別々だ（上） 尺度有别（上）		
1940 年 1月 30 日	早报	四	随笔	尺は別々だ（下） 尺度有别（下）		
1940 年 3月 13 日	早报	四	随笔	紅楓碑（上） 红枫碑（上）		
1940 年 3月 14 日	早报	四	随笔	紅楓碑（中） 红枫碑（中）		
1940 年 3月 15 日	早报	四	随笔	紅楓碑（下） 红枫碑（下）		
1940 年 4月 22 日	早报	三	座谈会	現地当局及業者と内地業者の座談会　本社主催 当地政府及工商业人士与日本工商业人士的座谈会　本社主办		内山完造等政府、工商业人士、报社的多位代表出席
1940 年 4月 23 日	早报	三	座谈会	現地当局及業者と内地業者の座談会　本社主催（完） 当地政府及工商业人士与日本工商业人士的座谈会　本社主办（完）		
1940 年 4月 29 日	早报	十一	讲话	隻腕大陸の聖者　生涯を支那難民の救済に捧ぐ　大陸賞に輝くジヤキノ神父 独臂大陆的圣者　将一生奉献于救济中国难民大陆奖获奖者饶家驹神父		另有第一届大陆奖的报道、评审委员内山完造的讲话
1940 年 4月 29 日	早报	四	随笔	肥料と足跡（一） 肥料与足迹（一）	《上海風語》	
1940 年 4月 30 日	早报	四	随笔	肥料と足跡（二） 肥料与足迹（二）	同上	

（续表）

日　期	早报/晚报	版面	分类	作　品　名	著作集收录情况	注解
1940 年 6 月 11 日	早报	四	随笔	糞池《発生学的》（上） 粪池《发生学的》（上）	《上海風語》	
1940 年 6 月 12 日	早报	四	随笔	糞池《発生学的》（下） 粪池《发生学的》（下）	同上	
1940 年 6 月 14 日	早报	四	随笔	ジリビンの路（上） 愈渐贫穷之路（上）	《上海風語》	
1940 年 6 月 15 日	早报	四	随笔	ジリビンの路（下） 愈渐贫穷之路（下）	同上	
1940 年 7 月 4 日	早报	四	随笔	お互ひに食ふ 互食		
1940 年 7 月 5 日	早报	四	随笔	伯仲叔季 伯仲叔季	《上海風語》	
1940 年 8 月 28 日	早报	四	随笔	交流の遺蹟（一） 交流的遗迹（一）	《上海風語》	
1940 年 8 月 29 日	早报	四	随笔	交流の遺蹟（完） 交流的遗迹（完）	同上	
1940 年 9 月 3 日	早报	四	随笔	漫談紀行（上） 漫谈纪行（上）	《上海風語》	
1940 年 9 月 4 日	早报	四	随笔	漫談紀行（下） 漫谈纪行（下）	同上	
1940 年 9 月 6 日	早报	四	随笔	私の一時間 我的一小时		
1940 年 9 月 6 日	晚报	一	专栏	［現地評壇］伐つたら植ゑろ ［当地评坛］若砍则种	《上海風語》	
1940 年 9 月 12 日	早报	七	讲话	代表的な悪の源泉　行くなら日本人廃業してから　ハイアライ語る　内山氏 代表性罪恶源泉 去则待日本人停业之后 内山氏谈回力球		附内山照片
1940 年 9 月 16 日	早报	三	讲话	今宵中秋の明月「老上海」故事を語る 今宵中秋之明月"老上海"讲故事		报道了内山完造的讲话

（续表）

日 期	早报/晚报	版面	分类	作 品 名	著作集收录情况	注解
1940 年 9 月 24 日	早报	四	随笔	［放送］三つの複雑（一） ［播送］三个复杂（一）		
1940 年 9 月 25 日	早报	四	随笔	［放送］三つの複雑（二） ［播送］三个复杂（二）		
1940 年 9 月 26 日	早报	四	随笔	［放送］三つの複雑（三） ［播送］三个复杂（三）		
1940 年 10 月 4 日	早报	四	随笔	無駄であるまい（上） 并非白费（上）	《上海風語》	
1940 年 10 月 5 日	早报	四	随笔	無駄であるまい（下） 并非白费（下）	同上	
1940 年 10 月 22 日	早报	四	随笔	南京半日記 南京半日记		
1940 年 10 月 29 日	早报	四	随笔	流行と蕎麦の花（上） 流行与荞麦花（上）	《上海風語》	
1940 年 10 月 30 日	早报	四	随笔	流行と蕎麦の花（下） 流行与荞麦花（下）	同上	
1940 年 12 月 11 日	早报	四	随笔	ひつかゝつた穽 掉入陷阱		
1940 年 12 月 15 日	早报	四	随笔	二つの噺 故事两则	《上海風語》	
1940 年 12 月 20 日	早报	四	随笔	白相々 谈上海话"白相"	《上海風語》	
1940 年 12 月 24 日	早报	四	随笔	二つの型（上） 两种类型（上）	《上海風語》	
1940 年 12 月 24 日	早报	八	书评	医学博士竹内茂代著 《一般家庭看護学》 医学博士竹内茂代著 《普通家庭看护学》		
1940 年 12 月 26 日	早报	四	随笔	二つの型（下） 两种类型（下）	《上海風語》	
1941 年 1 月 14 日	早报	八	书评	新村出博士《日本の言葉》 新村出博士《日本的语言》		
1941 年 1 月 18 日	早报	四	随笔	アンペラ漫語 光果石龙刍漫语	《上海風語》	

（续表）

日　期	早报/晚报	版面	分类	作　品　名	著作集收录情况	注解
1941 年 1 月 21 日	早报	八	书评	河合栄治郎编《学生と芸術》 河合栄治郎编《学生与艺术》		
1941 年 1 月 31 日	早报	四	随笔	"アチャラ"漫語 "咸菜"漫语	《上海風語》	
1941 年 2 月 4 日	早报	四	随笔	お早う漫談 早安漫谈	《上海風語》	
1941 年 2 月 22 日	早报	七	讲话	中国文化の理解者！第二回大陸賞の内山完造氏　輝やく魯迅の好朋友（光栄に恥づ　謙遜する当の内山氏） 理解中国文化者！第二届大陆奖获奖者内山完造　伟大的鲁迅的好友（在荣誉面前羞愧　谦逊的内山氏）		附获奖者内山的讲话、矢田评审委员的讲话
1941 年 2 月 26 日	早报	四	随笔	城について 关于城楼	《上海風語》	
1941 年 3 月 1 日	早报	四	随笔	上海漫語 上海漫语	《上海風語》	
1941 年 3 月 18 日	早报	四	随笔	自省の為めに 为了自省		
1941 年 4 月 12 日	早报	四	随笔	ある日の漫談 某日漫谈	《上海風語》	
1941 年 4 月 23 日	早报	四	随笔	蘭豆腐 兰豆腐	《上海風語》	
1941 年 4 月 30 日	早报	四	随笔	上海漫語（上） 上海漫语（上）	《上海風語》	
1941 年 5 月 2 日	早报	四	随笔	上海漫語（下） 上海漫语（下）	同上	
1941 年 5 月 13 日	早报	四	随笔	魯迅追懐（一） 追怀鲁迅（一）	《上海霖語》 《魯迅の思い出》《回忆鲁迅》	收录时内容有改动

（续表）

日 期	早报/晚报	版面	分类	作 品 名	著作集收录情况	注解
1941 年 5月 14 日	早报	四	随笔	魯迅追懷（二） 追怀鲁迅（二）	同上	
1941 年 5月 16 日	早报	四	随笔	魯迅追懷（三） 追怀鲁迅（三）	同上	
1941 年 5月 17 日	早报	四	随笔	魯迅追懷（四） 追怀鲁迅（四）	同上	
1941 年 5月 18 日	早报	四	随笔	魯迅追懷（五） 追怀鲁迅（五）	同上	
1941 年 5月 20 日	早报	四	随笔	魯迅追懷（六） 追怀鲁迅（六）	同上	
1941 年 6月 24 日	早报	四	随笔	第一步は大切だ（上） 第一步之重要（上）		
1941 年 6月 25 日	早报	四	随笔	第一步は大切だ（下） 第一步之重要（下）		
1941 年 7月 12 日	早报	四	随笔	不暁得に就て 关于不晓得		
1941 年 7月 20 日	早报	四	随笔	無錫に拾ふ 拾于无锡	《上海霖語》	
1941 年 8月 1 日	早报	四	随笔	上海漫語（上） 上海漫语（上）	《上海汗語》	收录时题名改为《上海漫语（二）》
1941 年 8月 2 日	早报	四	随笔	上海漫語（下） 上海漫语（下）	同上	
1941 年 8月 17 日	早报	四	评论	現地書籍の値上問題是非（一）值下か値上か（上） 当地书籍涨价问题之是非（一）降价或涨价（上）	《上海霖語》	收录时题名改为《战争与书籍》，内容也有改动
1941 年 8月 18 日	早报	六	评论	現地書籍の値上問題是非（二）值下か値上か（下） 当地书籍涨价问题之是非（二）降价或涨价（下）		
1941 年 9月 7 日	早报	六	随笔	大いに推賞する 大力表彰	《上海霖語》	
1941 年 9月 22 日	早报	六	随笔	揚子江に就て（一） 关于扬子江（一）	《上海霖語》	

（续表）

日　　期	早报/晚报	版面	分类	作　品　名	著作集收录情况	注解
1941年9月23日	早报	六	随笔	揚子江に就て(二) 关于扬子江(二)	同上	
1941年9月24日	早报	六	随笔	揚子江に就て(三) 关于扬子江(三)	同上	
1941年9月25日	早报	六	随笔	揚子江に就て(四) 关于扬子江(四)	同上	
1941年9月28日	早报	六	随笔	内に向けるか外に向けるか 向内还是向外		
1941年10月12日	早报	四	随笔	仮名の尻馬 谈假名与"假"字	《上海霖語》	
1941年11月23日	早报	四	随笔	八瀬大原 八瀬大原		
1941年11月30日	早报	四	随笔	悪食の話 谈吃稀奇古怪的东西	《上海霖語》	
1941年12月5日	早报	四	书评	白鳥庫吉著《西域史研究(下)》 白鸟库吉著《西域史研究(下)》		
1941年12月25日	早报	四	书评	生活社版《老残遊記》 生活社版《老残游记》		
1942年2月21日	早报	四	评论	一つの尺だ 一把尺子	《上海霖語》	
1942年6月24日	早报	四	评论	文化・宣伝・書籍 文化・宣传・书籍		
1942年7月6日	早报	四	随笔	〔事変五周年と中日文化の進展：七・七記念特輯〕(五)　七七漫語(上) 〔事变五周年与中日文化之进展：七・七纪念特辑〕(五)七七漫语(上)	《上海汗語》	特别撰稿，附内山照片
1942年7月7日	早报	八	随笔	〔事変五周年と中日文化の進展：七・七記念特輯〕(六)　七七漫語(下)		特别撰稿

（续表）

日　期	早报/晚报	版面	分类	作　品　名	著作集收录情况	注解
				〔事变五周年与中日文化之进展：七・七纪念特辑〕(六)七七漫语(下)		
1942 年 8 月 18 日	早报	四	随笔	不出門的話出門 不出门的话出门		
1942 年 9 月 11 日	早报	四	书评	《支那文化談叢》 《中国文化丛谈》		
1942 年 9 月 15 日	晚报	一	专栏	［現地評壇］私の杞憂 ［当地评坛］我的杞忧	《上海汗語》	
1942 年 9 月 19 日	早报	四	对谈	創造社の想ひ出(一) 创造社的回忆(一)	《鲁迅の思い出》《回忆鲁迅》）	附二位照片
1942 年 9 月 20 日	早报	四	对谈	創造社の想ひ出(二) 创造社的回忆(二)	同上	
1942 年 9 月 21 日	早报	四	对谈	創造社の想ひ出(三) 创造社的回忆(三)	同上	
1942 年 9 月 22 日	早报	四	对谈	創造社の想ひ出(完) 创造社的回忆(完)	同上	
1942 年 9 月 24 日	早报	四	随笔	上海漫語 上海漫语	《上海汗語》；《おなじ血の流れの友よ》《流着同一血脉的朋友啊》）	收录于《上海汗语》,改题名为《上海漫语(一)》
1942 年 9 月 27 日	早报	四	随笔	上海漫語(下) 上海漫语(下)	同上	同上
1942 年 10 月 8 日	晚报	一	专栏	［現地評壇］天主堂に拾ふ ［当地评坛］拾于天主堂	《上海汗語》	
1942 年 10 月 19 日	早报	三	讲话	文豪鲁迅逝いて六年 逮捕令にも悠然読書 生前、中国の今日を予言 文豪鲁迅逝世六年　面对逮捕令仍悠然读书 生前预言当下中国	《鲁迅の思い出》《回忆鲁迅》）	收录内山的讲话内容,并附内山、鲁迅二人的照片

日　期	早报/晚报	版面	分类	作　品　名	著作集收录情况	注解
1942 年 10 月 20 日	晚报	一	专栏	［現地評壇］魯迅と法螺 ［当地评坛］鲁迅与大话	《上海汗語》；《魯迅の思い出》《回忆鲁迅》)	
1942 年 11 月 8 日	晚报	一	专栏	［現地評壇］贅言 ［当地评坛］赘言	《上海汗語》；《おなじ血の流れの友よ》《流着同一血脉的朋友啊》)	
1942 年 11 月 9 日	早报	四	随笔	からすみ考（上） 乌鱼子考（上）		
1942 年 11 月 10 日	早报	四	随笔	からすみ考（下） 乌鱼子考（下）		
1942 年 11 月 30 日	早报	四	随笔	寺から里へ（上） 从寺庙到故里（上）	《上海汗語》；《おなじ血の流れの友よ》《流着同一血脉的朋友啊》)	
1942 年 12 月 1 日	早报	四	随笔	寺から里へ（下） 从寺庙到故里（下）	同上	
1942 年 12 月 1 日	晚报	一	专栏	［現地評壇］茶話 ［当地评坛］茶话	《上海汗語》；《おなじ血の流れの友よ》《流着同一血脉的朋友啊》)	
1942 年 12 月 5 日	早报	四	随笔	老师生西 老师生西	《上海汗語》；《おなじ血の流れの友よ》《流着同一血脉的朋友啊》)	附弘一大师照片和绝笔
1942 年 12 月 16 日	晚报	一	专栏	［現地評壇］狗頭羊肉 ［当地评坛］狗头羊肉	《上海汗語》	

（续表）

日　　期	早报/ 晚报	版面	分类	作　品　名	著作集收录情况	注解
1942 年 12 月 21 日		四	随笔	革命の先賢 革命先贤		
1943 年 2 月 5 日	晚报	四	专栏	［問と答］欲しい書物を 手に入れるには ［问与答］想要的书如何 入手		读书阶层 问，内山书 店答
1943 年 2 月 16 日	晚报	四	专栏	［問と答］中国芝居の参 考書 ［问与答］中国戏剧参考书		一演剧爱 好者问，内 山书店答
1943 年 2 月 19 日	晚报	一	专栏	［現地評壇］礎石 ［当地评坛］基石	《上海汗語》； 《おなじ血 の流れの友 よ》（《流着同 一血脉的朋 友啊》）	
1943 年 5 月 19 日	早报	四	座谈会	文化映画を観て　本社 後援座谈会（一）華語版 が欲しい　製作の行方 には賛成 观文化电影　本社后援 座谈会（一）希望制作华 语版　赞成制作方向		内山完造 及教育界、 艺术界、新 闻界多方 人物出席
1943 年 5 月 20 日	早报	四	座谈会	文化映画を観て　本社 後援座谈会（二）大胆な 独逸の製作　日本のや り方は遠慮勝ち 观文化电影　本社后援座 谈会（二）大胆的德国制 作　日本的做法偏收敛		
1943 年 5 月 21 日	早报	四	座谈会	文化映画を観て　本社 後援座谈会（三）狙ひが 判然しない　"躍進す る国民政府"の教育篇 观文化电影　本社后援 座谈会（三）目的不明 "跃进的国民政府"之教 育篇		

（续表）

日　期	早报/晚报	版面	分类	作　品　名	著作集收录情况	注解
1943 年 5 月 22 日	早报	四	座谈会	文化映画を観て　本社後援座谈会（四）古い習慣を生かせ　青年から反対された"春節" 观文化电影 本社后援座谈会（四）活用旧习 青年反对的"春节"		
1943 年 5 月 23 日	早报	四	座谈会	文化映画を観て　本社後援座谈会（終）破壊より建設の映画を　日本の偉大さを知らしめよ 观文化电影 本社后援座谈会（终）比起破坏,更需歌颂建设的电影 宣传日本之伟大		
1943 年 6 月 12 日	早报	四	随笔	言葉の停止線 语言的停止线	《上海汗語》;《おなじ血の流れの友よ》（《流着同一血脉的朋友啊》）	
1943 年 7 月 6 日	早报	四	专栏	［わが愛誦歌］（九） ［我的爱诵歌］（九）		内山介绍了吉田松阴的一首诗歌
1943 年 7 月 14 日	晚报	一	评论	［新生上海に寄す二］嘘なき世界　道義顕現の第一步 ［寄予新生上海二］无谎世界 道义显现的第一步	《上海汗語》	以《无谎世界》为题收录
1943 年 8 月 24 日	早报	三	讲话	上海と島崎さん　文豪の思ひ出語る内山完造氏 上海与岛崎先生 内山完造氏谈文豪的回忆		
1943 年 8 月 24 日	早报	四	随笔	株式と股份 株式与股份		

（续表）

日　期	早报/晚报	版面	分类	作品名	著作集收录情况	注解
1943 年 9 月 12 日	早报	四	随笔	画本とおもちゃ（上） 画本与玩具（上）		
1943 年 9 月 13 日	早报	四	随笔	画本とおもちゃ（下） 画本与玩具（下）		
1943 年 9 月 28 日	早报	四	随笔	杞憂と希望：儲備券の仮票 杞忧与希望：储备券的临时票		
1943 年 10 月 3 日	早报	二	评论	印花税に就て 关于印花税		
1943 年 11 月 16 日	早报	四	随笔	利尿薬 利尿药		
1943 年 11 月 18 日	早报	三	讲话	内山完造柳雨生両氏に聴く日華提携の道（「赤裸々に隔てなく　小細工は寧ろ禁物」内山氏の話） 内山完造、柳雨生两位讲述日中合作之路（内山氏讲到"要坦诚无虑拘小节反成禁忌"）		附两位的照片
1943 年 11 月 24 日	晚报	一	专栏	［現地評壇］私の希望 ［当地评坛］我的希望		
1943 年 11 月 25 日	早报	三	座谈会	中国人を如何に理解すべきか　座談会（一）まづ風習を識れ　物の考へ方も大分違ふ 应当如何理解中国人座谈会（一）　首先知晓风俗　两国人民对事物的思考方式也相差甚大		
1943 年 11 月 26 日	早报	三	座谈会	中国人を如何に理解すべきか　座談会（二）"中国人だ"との観念　交際する場合一掃せよ 应当如何理解中国人　座谈会（二）交往中抛掉"对方是个中国人"之观念		

日 期	早报/晚报	版面	分类	作 品 名	著作集收录情况	注解
1943 年 11 月 27 日	早报	三	座谈会	中国人を如何に理解すべきか 座谈会（三）誤解を招く態度 自惚れ捨てゝ誠心で 应当如何理解中国人 座谈会（三）注意招致误会的态度 放弃自恋 用一片诚心		
1943 年 11 月 27 日	早报	四	随笔	薬いろいろ 药杂谈		
1943 年 11 月 28 日	早报	三	座谈会	中国人を如何に理解すべきか 座谈会（四）まづ言葉の勉強 反省の足りぬ現地邦人 应当如何理解中国人 座谈会（四）首先学习语言 当地日本侨民反省不足		
1943 年 11 月 29 日	早报	三	座谈会	中国人を如何に理解すべきか 座谈会（五）美しく濁った水 "潔癖"の強要は考へもの 应当如何理解中国人 座谈会（五）美丽的浊水 强行"洁癖"要反思		
1943 年 11 月 30 日	早报	三	座谈会	中国人を如何に理解すべきか 座谈会（完）率先躬行で当れ 中国人の性格は実用的 应当如何理解中国人 座谈会（完）率先躬行去接触 中国人的性格是实用主义		
1943 年 12 月 4 日	晚报	一	专栏	［現地評壇］訓よりさきの本能 ［当地评坛］比起训告本能为先		

（续表）

日　期	早报/晚报	版面	分类	作 品 名	著作集收录情况	注解
1943 年 12 月 18 日	早报	四	随笔	続・くすり色々 续・药杂谈		
1943 年 12 月 20 日	早报	三	讲话	"蘇淮地区は活況"内山さんの漫談行脚感想談 "苏淮地区兴旺"内山先生漫谈巡游感想		附内山照片
1944 年 1 月 14 日	早报	四	随笔	物も相談だが 万事虽商量		
1944 年 1 月 30 日	早报	四	随笔	淮南の拾物 淮南拾物		
1944 年 2 月 4 日	早报	四	随笔	臣と民 臣与民		
1944 年 2 月 7 日	早报	四	评论	小売税に就て 关于零售税		
1944 年 2 月 9 日	早报	四	书评	《浙江文化研究》 《浙江文化研究》		
1944 年 3 月 8 日	早报	三	讲话	全支を通じ十一人二団体　優良邦人を選抜　紅一点交へ光る上海の五氏（恐縮の至り　内山完造氏） 全中国十一人两团体被选为优良日侨 上海五氏闪耀的一点红（内山完造在讲话中不胜惶恐）		附十一人和两个团体的介绍、上海五位的照片、内山的讲话
1944 年 3 月 11 日	早报	四	评论	現地出版に就いて 关于当地出版		
1944 年 3 月 17 日	早报	四	评论	現地文化のために 为了当地文化		
1944 年 4 月 8 日	早报	四	座谈会	中国文学の現状を語る　還都四周年記念鼎談会（一）　事変直前の文学界 谈中国文学现状"还都"四周年纪念鼎谈会（一）事变前夕的文学界	《鲁迅の思い出》《回忆鲁迅》	参加者为陶晶孙、内山完造和草野心平，并附三位照片

（续表）

日　　期	早报/晚报	版面	分类	作　品　名	著作集收录情况	注解
1944 年 4月 9 日	早报	四	座谈会	中国文学の現状を語る　遷都四周年記念鼎談会（二）　遷都直後より今日迄 谈中国文学现状"还都"四周年纪念鼎谈会（二）从还都到今天	同上	此外还有大陆新报社的中村、池田、山本
1944 年 4月 11 日	早报	四	座谈会	中国文学の現状を語る　遷都四周年記念鼎談会（三）　中国文学協会の事 谈中国文学现状"还都"四周年纪念鼎谈会（三）中国文学协会事宜	同上	
1944 年 4月 12 日	早报	四	座谈会	中国文学の現状を語る　遷都四周年記念鼎談会（四）　中国新文学運動 谈中国文学现状"还都"四周年纪念鼎谈会（四）中国新文学运动	同上	
1944 年 4月 13 日	早报	四	座谈会	中国文学の現状を語る　遷都四周年記念鼎談会（五）　同人雑誌精神 谈中国文学现状"还都"四周年纪念鼎谈会（五）同人杂志精神	同上	
1944 年 9月 8 日	早报	四	随笔	目に立つ 引人注目		
1945 年 1月 7 日	早报	四	随笔	経済巷談 经济巷谈		
1945 年 1月 14 日	早报	四	评论	現地出版の一年間 当地出版这一年		
1945 年 2月 23 日	早报	四	评论	流言蜚語について 关于流言蜚语		

附录 2　《大陆新报》内山完造、
内山书店相关报道目录

日　期	早报/晚报	版面	分类	报道题目	作者	注　解
1939 年 1 月 8 日	早报	三	广告	影山巍著《实用速成上海語》影山巍著《实用速成上海话》		文求堂书店发行,上海销售处为内山书店
1939 年 2 月 19 日	早报	四	文学	［よき母よき妻］(五):内山書店みき子夫人［良母佳妻］(五):内山书店美喜子夫人		专栏,附照片
1939 年 4 月 15 日	早报	四	广告	内山完造《上海漫語》(内山書店)内山完造《上海漫语》(内山书店)		
1939 年 7 月 5 日	晚报	二	文化	上海のおぢさん内山氏近く帰滬上海的大叔　内山氏近日返沪		内山完造在长崎时胆结石发病,疗养结束后返沪
1939 年 9 月 19 日	早报	七	文学	内山完造氏、漫談の会(今夕)内山完造氏,漫谈会(今晚)		于长春路日本人基督教会
1939 年 9 月 20 日	早报	七	文学	内山完造氏の支那漫談会内山完造氏的中国漫谈会		附照片
1939 年 9 月 22 日	早报	四	广告	お断はり通知		内山完造《黄》停载的通知
1940 年 1 月 1 日	早报	六	大陆新报社	皇紀二千六百年記念の本社三大事業皇纪二千六百年纪念之际本社三大事业		三项分别为"设立大陆奖""建国体育大会""东亚新秩序快速环绕飞行"。马渊逸雄、内山完造等七名委员名列其中

（续表）

日　期	早报/晚报	版面	分类	报道题目	作者	注　解
1940 年 2 月 1 日	早报	四	广告	昭和十五年度版大陸年鑑（大陸新報社発行） 昭和十五年度版大陆年鉴（大陆新报社发行）		销售点有本社、各分社、内山书店、至诚堂、日本堂、大陆书房、金星堂、中联社、虹口贩卖所
1940 年 3 月 15 日	早报	七	文学	東亜文化の方向　来滬文士の座談会 东亚文化的方向　来沪文人座谈会		以丰岛、加藤、谷川三人为中心，上海艺文会于 14 日晚 7 点在日本俱乐部举办座谈会。艺文会方面有内山完造、松村雄藏、岛津四十起、五十岚富三郎等人，另有妇联成员，共二十余人出席
1940 年 4 月 7 日	早报	七	广告	土出忠治著《随筆：大陸茶話》 土出忠治著《随笔：大陆茶话》		收录作者在华北等地的见闻与俳句，内山书店发售
1940 年 4 月 26 日	早报	四	广告	土出忠治著《随筆大陸茶話》 土出忠治著《随笔：大陆茶话》		内山书店发售
1940 年 4 月 29 日	早报	九	文化	樹木に恵まれない　虹口サイドの家庭　老上海の嘆き 无树木之福　虹口的家庭　老上海的叹息		介绍内山完造的讲话
1940 年 5 月 10 日	早报	七	广告	内山完造著《上海夜話》《上海漫語》 内山完造著《上海夜话》《上海漫语》		改造社出版、内山书店发售
1940 年 6 月 24 日	早报	三	广告	聴講生募集：上海青年会　夏期大学講座 招收学生：上海青年会夏季大学讲座		讲师有内山完造（7 月 6 日，讲授中国社会概况）、伊藤武雄、米泽秀夫等

（续表）

日　期	早报/晚报	版面	分类	报道题目	作者	注　解
1940 年 8 月 1 日	早报	四	广告	不倒翁编 不倒翁编		内山书店发行的小册子,介绍中国纪念日的由来等内容
1940 年 8 月 3 日	早报	二	广告	興亜資料月報八月特輯号：浙江研究 兴亚资料月报八月特辑号：浙江研究		兴亚研究所发行、内山书店出售
1940 年 8 月 29 日	早报	二	文学	［連絡線］謙遜の士へ ［联络线］致谦逊之士	风太郎	谈到老上海内山完造的上海漫语
1940 年 9 月 1 日	晚报	一	大陆新报社	現地評壇新設　九月二日夕刊より第一面に連載 新设"当地评坛"栏目,于 9 月 2 日晚报开始头版连载		撰稿人有杉村广藏、小岩井浄、伊知地进、内山完造、小宫义孝等人
1940 年 9 月 21 日	早报	八	文学	スケッチ・ブック 见闻小品	柳田音吉	描写了新公园、公家公园、内山书店等地的见闻
1940 年 10 月 5 日	早报	四	出版	名著案内 名著指南		内山书店书籍广告
1940 年 10 月 27 日	早报	四	出版	名著案内 名著指南		内山书店书籍广告
1940 年 11 月 15 日	早报	一	出版	支那文化史（陳登原著・布施知足訳）など 中国文化史（陈登原著・布施知足译）等		发行：白杨社 特约出售：内山书店
1940 年 11 月 22 日	早报	五	出版	上海出版 上海出版		内山书店在售、上海发行的日文出版物广告
1941 年 2 月 22 日	早报	一	大陆新报社	第二回大陸賞　内山完造氏に贈呈　三月三日贈呈式を挙行 第二届大陆奖　授予内山完造 3 月 3 日举行颁奖仪式		附内山完造照片

（续表）

日　期	早报/晚报	版面	分类	报道题目	作者	注　解
1941 年 3 月 28 日	早报	五	广告	名著案内 名著指南		
1941 年 4 月 1 日	早报	一	广告	支那地理歴史大系（一） 中国地理历史大系（一）		发行：白杨社 特约出售：内山书店
1941 年 4 月 1 日	早报	一	广告	H・ポット「上海の歴史——上海租界発達史」 卜舫济《上海的历史：上海租界发达史》		发行：白杨社 特约出售：内山书店
1941 年 4 月 1 日	早报	一	广告	陳登原、布施知足編訳《支那文化史》 陈登原、布施知足编译《中国文化史》		发行：白杨社 特约出售：内山书店
1941 年 5 月 28 日	早报	四	文学	内山完造論（一）走り書き的序説 内山完造论（一）快笔疾书的序言	池田克己	
1941 年 5 月 30 日	早报	四	文学	内山完造論（二）走り書き的序説 内山完造论（二）快笔疾书的序言	池田克己	
1941 年 6 月 1 日	早报	四	文学	内山完造論（完）走り書き的序説 内山完造论（完）快笔疾书的序言	池田克己	
1941 年 7 月 2 日	晚报	二	文化	七七当時の上海戦争を避けたい文化人の感情　郭、鹿地を語る内山老 七七事变当时的上海文化人回避战争的心情 内山老人讲述郭、鹿地二人		

（续表）

日　　期	早报/晚报	版面	分类	报道题目	作者	注　解
1941 年 9 月 3 日	早报	六	文学	風語漫談（上） 风语漫谈（上）		
1941 年 9 月 4 日	早报	六	文学	風語漫談（下） 风语漫谈（下）		
1941 年 9 月 18 日	早报	五	广告	《上海風語》内山完造著　改造社版 新刊発売 《上海风语》内山完造著 改造社版 新刊发售		
1941 年 10 月 3 日	早报	三	出版	値上か食止めか 書籍問題で内山氏上京 价格上升还是控制 内山因书籍问题赴东京		
1941 年 10 月 14 日	早报	三	广告	名著案内　内山書店 名著指南 内山书店		
1942 年 1 月 10 日	早报	三	文学	支那人の生活中心の座談会 以中国人的生活为中心的座谈会		中日文化协会主办。小宫义孝、内山完造等人出席
1942 年 5 月 19 日	晚报	二	文化	芸文会の集ひ 艺文会集会		上海艺文会计划于 21 日下午在青年馆举办座谈会，以内山完造为中心
1942 年 7 月 14 日	早报	三	出版	名著案内　内山書店 名著指南 内山书店		
1942 年 7 月 15 日	早报	三	出版	名著案内　内山書店 名著指南 内山书店		
1942 年 7 月 24 日	早报	三	广告	名著案内　内山書店 名著指南 内山书店		
1942 年 10 月 16 日	早报	四	出版	支那最近大事年表 中国近来大事年表	内山完造	
1942 年 10 月 16 日	早报	四	文学	〔南船北馬〕 南船北马		对内山完造书评和人格魅力的评论文章

（续表）

日　　期	早报/晚报	版面	分类	报道题目	作者	注　　解
1942 年 10 月 25 日	早报	四	文学	花は紅、柳は緑　内山完造氏に寄せて 花红柳绿　赠内山完造	木泽康男	
1942 年 10 月 26 日	早报	四	文学	花は紅、柳は緑　内山完造氏に寄せて（二） 花红柳绿　赠内山完造（二）	木泽康男	
1942 年 10 月 27 日	早报	四	文学	花は紅、柳は緑　内山完造氏に寄せて（完） 花红柳绿　赠内山完造（完）	木泽康男	
1942 年 11 月 12 日	早报	四	文学	〔書評〕内山完造氏著《上海霖語》 〔书评〕内山完造著《上海霖语》	府川登	
1943 年 2 月 13 日	晚报	二	演剧舞蹈	コドモの大会　お話と紙芝居の楽しい一日 儿童大会：故事与连环画剧愉快的一天		上海儿童文化协会主办，讲师有内山完造等人
1943 年 6 月 10 日	晚报	二	出版	図書の売切、買切制内地で実施　外地は従来通り　内山書店のはなし 日本本土实行图书包购制度　国外保持不变　内山书店的消息		发于东京
1943 年 9 月 1 日	早报	三	文化	時局講演会　六日に開催 时局演讲会　6 日举办		内山完造演讲，题为《中国人的思考方式》
1943 年 9 月 26 日	早报	三	教育	基督教外語校に支那研究科設置 基督教外语学校增设中国研究科		每月举办两次讲座，第一次为"围坐在内山完造身边听中国漫语之夜"

（续表）

日　期	早报/晚报	版面	分类	报道题目	作者	注　解
1943 年 10 月 23 日	早报	三	宗教	一燈園々主来月三日来滬 一灯园园主次月三日来沪		次月西田天香来沪,希望聆听演讲的人可到内山书店
1943 年 11 月 16 日	早报	四	文学	詩集《戦心》評 诗集《战心》评论		作者为河西新太郎,上海内山书店发行
1943 年 11 月 28 日	早报	二	文化	〔連絡線〕内山氏の日華提携 〔联络线〕内山氏的日中合作	胜本生	作者前几日读内山完造的《日中合作之路》,深有同感
1943 年 12 月 7 日	早报	三	文化	内山氏招き 毎日長江会の講演会 每日长江会邀请内山演讲		6 日下午 5 点在日本人俱乐部召开了演讲会。讲师为内山完造,题为《中国人的感情》
1944 年 1 月 9 日	早报	三	电影	中華電影の催し 中华电影活动		14 日于国际剧场举办"日中合作演讲与电影"活动。演讲为内山完造的《中国之尺》,电影为《万世流芳》
1944 年 1 月 9 日	早报	四	广告	日華提携　講演と映画の夕　一月十四日午後七時　国際劇場 日中合作 演讲与电影之夜 1 月 14 日晚 7 点 国际剧场		演讲:内山完造;电影:《万世流芳》,由中华电影联合公司、中华剧场株式会社举办
1944 年 1 月 13 日	晚报	二	文学	月山、猛田両氏に上海文学賞授与 授予月山、猛田二位上海文学奖		上海文学研究会的上海文学奖由内山完造倡导、提供奖金而设立,1943 年度第一届获奖作品为月山雅的《长在中国街》,第二届为猛田章的《东洋人》
1944 年 1 月 15 日	早报	三	文化	日華親善の夕　"尺"の社会学を一席　内山さんの名調子 日华亲善之夜 一场"尺"的社会学 内山先生语惊四座		介绍 14 日"演讲与电影之夜"中内山的演讲内容,并附照片

（续表）

日　期	早报/晚报	版面	分类	报道题目	作者	注　解
1944 年 2 月 12 日	早报	四	文学	［書評］《滬畔随想》栗本寅治著 ［书评］《沪畔随想》栗本寅治著		内山书店发行
1944 年 3 月 12 日	早报	三	宗教	基督教女子青年会の三月度行事 基督教女子青年会三月份活动		第二次演讲会的讲师定为内山完造，题为"对中国的理解"
1944 年 3 月 17 日	早报	四	出版	《上海汗語》内山完造著 《上海汗语》内山完造著		本书对中国进行了多方面的研究，由华中铁道广报室发行
1944 年 3 月 23 日	早报	四	文学	［書評］《上海汗語》宇津坊也 内山完造著 ［书评］《上海汗语》内山完造著		

附录 3　《申报》刊载内山完造、内山书店相关报道目录

日　期	版次	标　题	作　者
1923 - 06 - 08	18 版	日侨妇女节制会成立	
1924 - 12 - 16	11 版	日本天文家在三中讲演纪	
1926 - 01 - 20	17 版	日本文学家谷崎润一郎来沪	
1926 - 01 - 24	22 版	日本文学家来沪	越石
1926 - 12 - 10	21 版	初次到内山书店	
1927 - 05 - 02	09 版	最近上海金融史（广告）	
1927 - 05 - 09	04 版	最近上海金融史（广告）	
1927 - 07 - 24	23 版	功德林的一个晚上	傅彦长
1931 - 05 - 16	05 版	大学高中适用现代日语（广告）	
1931 - 05 - 18	04 版	大学高中适用现代日语（广告）	

（续表）

日　期	版次	标　题	作　者
1931 - 09 - 10	01 版	大学高中适用现代日语(广告)	
1936 - 03 - 06	11 版	模范日语读本(广告)	
1936 - 10 - 20	09 版	本市新闻	
1936 - 10 - 20	05 版	国营招商局船期广告	
1936 - 10 - 21	02 版	讣告	
1936 - 10 - 21	18 版	万国殡仪馆　瞻仰鲁迅先生遗体	
1936 - 10 - 21	09 版	五千余人　昨日瞻仰鲁迅遗容　日俄两国均有电唁　今午入殓明午安葬	
1936 - 10 - 22	14 版	大殓情形	
1936 - 10 - 22	14 版	殡仪馆内灵堂	
1936 - 10 - 23	11 版	鲁迅昨日安葬　执绋送殡者六千余人	
1936 - 10 - 29	25 版	文坛巨星鲁迅逝世	
1936 - 10 - 29	26 版	文坛巨星鲁迅逝世	
1936 - 11 - 01	06 版	中英写作难关一齐打破	
1936 - 11 - 04	12 版	本市各界成立　纪念鲁迅委会　推蔡元培等为筹委　沈钧儒等接洽追悼	
1936 - 11 - 05	17 版	读《一个日本人的中国观》	鹃雄
1936 - 11 - 15	20 版	名人访问记　内山书店主人内山完造	徐心芹
1936 - 11 - 16	02 版	《作家》(广告)	
1936 - 11 - 18	02 版	鲁迅先生纪念委员会筹备会公告第一号	
1936 - 11 - 20	02 版	《译文》(广告)	
1936 - 12 - 16	20 版	外人眼中的中国	斯西
1937 - 01 - 14	01 版	现代文选(广告)	
1937 - 01 - 24	21 版	争正统	丁逢白
1937 - 07 - 17	15 版	纪念新文学作家　鲁迅纪念会明成立 被聘中外委员马相伯等七十余人已筹集数千元将先举办文学奖金	
1939 - 01 - 02	16 版	开明书店出版新书	
1941 - 02 - 10	07 版	工董竞选开始 华董委仍将连任 英美加强壁垒步调一致 日居留民团已选出议员	
1942 - 08 - 09	04 版	上海普善山庄第五百廿五号敬谢	

（续表）

日　期	版次	标　题	作　者
1942 - 11 - 10	01 版	《杂志》（广告）	P
1943 - 02 - 10	04 版	容海中学校招生	
1943 - 02 - 12	04 版	容海中学校招生	
1943 - 05 - 16	04 版	商工会议所　新设三委员会　网罗军政民间巨擘参加	
1943 - 05 - 19	05 版	学习日语的目的和方法	隆真定
1943 - 06 - 27	05 版	华北急赈捐款征信录　第十四号　各行庄代收捐款	
1943 - 09 - 03	02 版	上海普善山庄第五百八十号敬谢	
1943 - 09 - 17	03 版	收买纱布目的　田尻公使、内山完造对谈	
1943 - 11 - 02	01 版	《文友》十一月一日号第一卷第十二期出版	
1943 - 12 - 01	01 版	《文友》第二卷第二期十二月一日号出版了	
1944 - 01 - 13	03 版	申报六届助学金　定期举行登记　各组分期缴纳表格	
1944 - 01 - 15	03 版	华影公司举行电影演讲会	
1944 - 04 - 01	01 版	日侨民廿一人　国府予以褒扬　对中日亲善贡献至钜	
1944 - 04 - 30	03 版	读者助学消息	
1944 - 08 - 08	01 版	《小天地》每月十日出版	
1944 - 08 - 12	03 版	《现代週报》今日出版	
1944 - 11 - 15	01 版	《文友》　第四卷第一期十一月十五日号	
1944 - 12 - 10	03 版	《杂志》（广告）	
1945 - 01 - 21	02 版	《申报月刊》内容革新　复刊三卷一期出版预告	
1945 - 02 - 09	02 版	读者助学消息　日本侨民热心劝募	
1945 - 02 - 10	02 版	《申报月刊》　革新号出版	
1945 - 04 - 17	02 版	日旅沪女作家　佐藤俊子病逝	
1945 - 05 - 29	02 版	麻疯会捐款报告	
1945 - 12 - 02	02 版	管理日侨举行　日侨教育座谈	
1946 - 01 - 29	04 版	日侨自治会　代表委员选出	
1948 - 03 - 26	09 版	自由谈　守财奴	靖文
1948 - 06 - 01	06 版	内山完造遗留图书　由中央图书馆接收	

附录4　《人民日报》内山完造相关报道、
　　　　内山完造佚文目录

日期、版次	报　道　题　目
1950 年 3 月 23 日第 1 版	麦克阿瑟指使日本战犯　继续侵华的罪行
1952 年 6 月 5 日第 4 版	日中友好协会开第二届全国大会　决推广日中友好运动为全国国民运动
1952 年 6 月 16 日第 4 版	日本各界人民团体致电南汉宸　祝贺中日贸易协议
1952 年 9 月 30 日第 1 版	不顾吉田政府阻挠，通过种种困难　日本和平代表十三人胜利抵京
1952 年 12 月 11 日第 4 版	大阪日中友协成立
1953 年 1 月 8 日第 1 版	中国红十字会电复日本红十字会等三团体　同意日方岛津忠承等七人组代表团前来协商日侨归国问题
1953 年 2 月 1 日第 1 版	来华接洽日侨回国问题　日本代表抵北京
1953 年 2 月 19 日第 1 版	我红十字会代表团与日本代表团　就协助日侨归国问题举行首次正式会谈
1953 年 2 月 23 日第 1 版	我和平委员会和红十字会分别宴请日本代表
1953 年 2 月 25 日第 1 版	日本和平联络委员会等团体代表　向毛泽东主席宋庆龄副主席献礼　我保卫世界和平委员会副主席陈叔通代表接受
1953 年 2 月 26 日第 1 版	日本著名和平人士松本治一郎到北京
1953 年 5 月 29 日第 4 版	为促进日中两国人民的友谊而努力的日中友好协会
1953 年 6 月 9 日第 4 版	日中友协举行第三届全国大会　"日中友好旬"活动正在各阶层人民中展开
1953 年 6 月 16 日第 4 版	日中友好协会第三届全国大会记
1953 年 7 月 7 日第 4 版	日中友协召开理事会决定纪念"七七"和举办"日中友好月"
1954 年 7 月 12 日第 4 版	日中友协第四届全国大会在大阪开幕
1954 年 7 月 13 日第 4 版	日中友好协会第四届全国大会闭幕　大会通过促进邀请中国红十字会代表访日等决议和宣言
1954 年 8 月 15 日第 3 版	日本人民争取和新中国友好
1954 年 11 月 1 日第 1 版	应日本红十字会邀请到日本访问　中国红十字会访日代表团到东京

（续表）

日期、版次	报 道 题 目
1954 年 11 月 4 日第 1 版	日本红十字会、日中友好协会等团体　欢宴我国红十字会访日代表团
1954 年 11 月 5 日第 1 版	旅日侨胞热烈欢迎中国红十字会代表团
1954 年 11 月 5 日第 1 版	日本各界举行追悼我国抗日烈士大会　中国红十字会代表团参加聂耳纪念碑落成式
1954 年 11 月 13 日第 1 版	中国红十字会代表团离东京回国　李德全团长向东京各报记者发表谈话
1955 年 3 月 30 日第 1 版	我国访问日本贸易代表团到达东京
1955 年 4 月 1 日第 1 版	我贸易代表团出席日本贸易团体欢迎宴会　中日贸易代表就商订新的贸易协议日程问题进行了初次商谈
1955 年 5 月 5 日第 1 版	第三次中日贸易协定签字仪式在东京举行
1955 年 5 月 5 日第 1 版	日本两贸易团体设宴欢送我国贸易代表团
1955 年 5 月 6 日第 1 版	我国贸易代表团盛宴招待日本各界人士
1955 年 5 月 7 日第 1 版	我贸易代表团结束在日本访问离横滨回国　雷任民在回国前向日本报界发表谈话
1955 年 8 月 20 日第 4 版	东京举行法会吊祭在日殉难的我国抗日烈士
1955 年 9 月 17 日第 1 版	日中友好协会全国大会通过决议和宣言　要求日本政府促进日中邦交正常化
1955 年 10 月 4 日第 4 版	庆祝中华人民共和国成立六周年　旅日华侨欢欣鼓舞庆祝祖国的国庆节
1955 年 10 月 19 日第 4 版	中国商品展览会在东京举行盛大开幕典礼
1955 年 10 月 20 日第 1 版	中国商品展览会在东京正式开放　中国商品展览团在东京举行宴会
1955 年 11 月 25 日第 4 版	为促进中日贸易关系正常化而努力
1955 年 11 月 30 日第 1 版	日本促进恢复日中苏邦交全国大会开幕
1955 年 12 月 3 日第 1 版	中国访日科学代表团到达东京
1955 年 12 月 5 日第 1 版	日本学术会议欢宴我国访日科学代表团　我国访日科学代表团访问东京大学和箱根
1955 年 12 月 8 日第 1 版	中国科学代表团访问日本国会
1955 年 12 月 11 日第 4 版	我国访日科学代表团到京都参观访问
1955 年 12 月 22 日第 4 版	东京华侨总会欢迎中国访日科学代表团　郭沫若在日本三大报社联合主办的讲演会上发表演讲

（续表）

日期、版次	报　道　题　目
1956 年 4 月 13 日第 4 版	东京华侨和日本体育界人士　分别招待和访问我乒乓球队
1956 年 5 月 31 日第 1 版	东京出现了欢迎我国京剧团的热潮　日本各界人士举行盛大宴会欢迎剧团全体人员
1956 年 7 月 18 日第 5 版	我京剧团在东京举行辞行宴会　宾主们一再祝贺增强中日友好和加深文化交往
1956 年 8 月 6 日第 1 版	我出席禁止原子弹氢弹世界大会代表团到日本
1956 年 8 月 12 日第 5 版	日中友好运动的发展
1956 年 8 月 26 日第 7 版	日本神户举办中国美术展览
1956 年 10 月 3 日第 2 版	旅日华侨热烈庆祝国庆
1956 年 10 月 19 日第 1 版	首都纪念鲁迅大会今日举行　应邀参加大会的各国作家陆续到京
1956 年 10 月 20 日第 7 版	北京鲁迅博物馆开放
1956 年 10 月 22 日第 1 版	郭沫若、茅盾、周扬　欢宴应邀参加鲁迅纪念大会的各国作家
1956 年 10 月 24 日第 1 版	日本地方议员访华代表团到京
1956 年 11 月 10 日第 7 版	内山完造：一点观感
1957 年 1 月 15 日第 5 版	内山完造和村田省藏新年致函本报　愿继续为增进日中友谊而努力
1957 年 3 月 19 日第 8 版	编辑忆旧——关于中国新文学大系
1957 年 8 月 20 日第 6 版	日中友协要求政府同中国复交　斥责岸信介向六亿中国人民挑战的言论
1957 年 9 月 7 日第 6 版	促进早日恢复中日两国邦交　日本各界将举行日中友好月　以松本为首的代表团月内来我国访问
1957 年 12 月 8 日第 5 版	我国红十字会代表团访问日本群众团体　东京举行追悼中国殉难烈士大会
1958 年 1 月 12 日第 6 版	内山完造：新春漫语
1958 年 2 月 15 日第 5 版	转达日本人民的深厚友谊 中国红十字会代表团第二次访问日本的报告
1958 年 5 月 14 日第 5 版	内山完造等日本著名人士　呼吁恢复日中邦交
1958 年 5 月 18 日第 3 版	反对岸信介政府的反动统治
1958 年 5 月 21 日第 5 版	要求打开日中关系紧张局面
1958 年 7 月 2 日第 5 版	促进日中友好已成为当前主要课题

（续表）

日期、版次	报 道 题 目
1958 年 7 月 13 日第 3 版	日本"总评"举行工人大会　要岸政府改变敌视中国政策
1958 年 7 月 31 日第 3 版	日中友协决定开展国民运动　纠正岸政府敌视中国的政策
1958 年 9 月 9 日第 3 版	警告岸政府不要充当帮凶
1958 年 10 月 11 日第 4 版	谴责美国对我国进行军事挑衅
1958 年 11 月 21 日第 4 版	美帝国主义是日中人民的公敌
1959 年 1 月 28 日第 7 版	要求树立日中友好关系
1959 年 3 月 10 日第 4 版	中日友好的基础　两国人民的愿望
1959 年 3 月 24 日第 5 版	只有沿着共同声明的道路　才能使得日中关系正常化
1959 年 9 月 2 日第 6 版	反对"安全条约"恢复日中邦交
1959 年 9 月 20 日第 6 版	日中友协副会长内山完造夫妇到京
1959 年 9 月 21 日第 6 版	日中友协副会长内山完造在京逝世
1959 年 9 月 23 日第 6 版	悼唁日中友协副会长内山完造
1959 年 9 月 24 日第 6 版	石桥湛山离京抵广州
1959 年 10 月 2 日第 1 版、第 3 版	首都隆重举行建国十周年庆祝大典
1959 年 10 月 16 日第 5 版	日中友协副会长河崎夏等到京
1959 年 10 月 28 日第 5 版	内山完造骨灰安葬上海万国公墓
1959 年 11 月 3 日第 6 版	哥伦比亚等国贵宾离京回国
1959 年 11 月 25 日第 5 版	彻底粉碎修改"安全条约"的阴谋
1961 年 6 月 10 日第 4 版	日"中国殉难烈士名单捧持代表团"去杭州
1961 年 6 月 20 日第 8 版	仙台漫笔
1962 年 9 月 29 日第 2 版	日中友协代表团到京
1962 年 10 月 1 日第 2 版	陈毅副总理接见日本朋友　昨天午间设宴招待中岛健藏和白土吾夫
1962 年 10 月 1 日第 4 版	三百多位外宾从世界各地来京同首都人民共庆我国全民节日
1962 年 10 月 10 日第 2 版	对外文化协会会长楚图南举行酒会　欢送中岛健藏等日本朋友
1962 年 10 月 10 日第 2 版	中日两国人民的战斗友谊坚定不移　楚图南和中岛健藏签订两国人民之间文化交流的共同声明

日期、版次	报　道　题　目
1962 年 10 月 12 日第 2 版	纪念日本的爱国政治家和中国人民的好朋友　首都各界集会追悼浅沼逝世两周年
1962 年 10 月 13 日第 2 版	中日友好相处是两国人民的共同愿望　我对外文协与日中友协代表团发表共同声明
1962 年 10 月 27 日第 4 版	日中友协代表团和内山完造夫人回国
1968 年 3 月 10 日第 6 版	日团体和知名人士电唁许广平同志逝世
1971 年 10 月 4 日第 5 版	郭沫若副委员长会见日本朋友
1972 年 10 月 12 日第 6 版	日本各界人士和友好团体来电祝贺日中建交
1973 年 9 月 26 日第 5 版	鲁迅与中日文化交流
1973 年 10 月 18 日第 3 版	访问鲁迅的朋友增田涉先生
1974 年 4 月 21 日第 4 版	日本大阪市友好访华团离开上海　分别前往杭州和北京访问
1975 年 12 月 21 日第 6 版	友谊的洪流奔腾不息
1976 年 9 月 8 日第 5 版	增田涉回忆鲁迅
1976 年 11 月 7 日第 5 版	心随东棹忆华年
1976 年 11 月 29 日第 5 版	革命精神长存——记中华人民共和国鲁迅展览会
1977 年 3 月 13 日第 5 版	小米的回忆
1977 年 5 月 15 日第 6 版	鲁迅的日本朋友增田涉
1977 年 6 月 18 日第 3 版	郭沫若副委员长会见内山嘉吉和夫人
1977 年 7 月 1 日第 4 版	内山嘉吉在上海祭扫内山完造墓
1978 年 1 月 29 日第 6 版	梅花与春天
1978 年 7 月 31 日第 6 版	热爱鲁迅的内山嘉吉
1978 年 10 月 23 日第 5 版	日中友好运动促进中日关系的新发展
1979 年 4 月 8 日第 6 版	鲁迅题签的《呐喊》和《彷徨》
1979 年 4 月 9 日第 5 版	回顾三十年历程　喜看今日友好前景
1979 年 4 月 12 日第 5 版	邓副委员长会见日本已故老朋友亲属
1979 年 4 月 15 日第 4 版	邓副委员长抵京都访问受到热烈欢迎
1979 年 4 月 28 日第 6 版	别府行
1979 年 11 月 9 日第 5 版	内山完造纪念碑在日本建成
1980 年 5 月 30 日第 6 版	华总理会见已故日本友人的家属
1981 年 1 月 17 日第 8 版	鲁迅研究新成果的汇集

（续表）

日期、版次	报 道 题 目
1981 年 6 月 6 日第 1 版	邓颖超等再次到宋庆龄同志墓前致敬
1981 年 7 月 17 日第 8 版	诚挚的缅怀和纪念——日本朋友纪念鲁迅
1981 年 8 月 19 日第 5 版	"还是生在中国好"——纪念鲁迅诞生一百周年
1981 年 8 月 28 日第 7 版	鲁迅的书在日本——访出版和经销鲁迅著作的日本书店
1981 年 9 月 4 日第 8 版	内山书店逗留　重回上海忆童年（连载）
1981 年 9 月 5 日第 8 版	重回上海忆童年（连载）
1981 年 9 月 7 日第 8 版	斗鱼　重回上海忆童年（连载）
1981 年 9 月 8 日第 8 版	盆花与南瓜　重回上海忆童年（连载）
1981 年 9 月 11 日第 8 版	重回上海忆童年（连载）
1981 年 9 月 15 日第 4 版	鲁迅墓和故居整饰一新
1981 年 9 月 15 日第 8 版	我给鲁迅先生画遗像
1981 年 9 月 24 日第 1 版	欢迎来京参加鲁迅纪念活动的外宾
1981 年 9 月 30 日第 5 版	鲁迅对建设精神文明的宝贵意见
1982 年 7 月 4 日第 5 版	喜看《鲁迅与世界》画册
1982 年 8 月 1 日第 5 版	关于新版《鲁迅全集》的一张图片
1983 年 6 月 13 日第 7 版	逝后空余挂剑情——记岩波与郭老的友谊
1983 年 8 月 21 日第 7 版	东京"书店街"的启示
1983 年 9 月 13 日第 3 版	服务中有大学问——再访琉璃厂中国书店
1983 年 9 月 29 日第 4 版	王震会见日本内山书店董事长内山嘉吉
1984 年 7 月 29 日第 5 版	成仿吾同志在鄂豫皖苏区
1984 年 11 月 8 日第 6 版	日本纪念内山完造诞辰一百周年
1984 年 12 月 31 日第 6 版	日本友人内山嘉吉逝世
1985 年 1 月 13 日第 3 版	首都纪念日本友人内山完造诞辰一百周年
1985 年 1 月 13 日第 7 版	生为中华友　殁作华中土——纪念内山完造诞辰百周年
1985 年 1 月 29 日第 8 版	研究他人，也研究自己——访日随想之六
1985 年 2 月 6 日第 8 版	纪念内山嘉吉先生
1985 年 3 月 24 日第 7 版	追怀内山嘉吉先生
1985 年 9 月 14 日第 6 版	日本纪念内山完造诞辰和内山书店创立五十周年
1986 年 5 月 21 日第 8 版	缘缘堂巡礼
1986 年 6 月 16 日第 8 版	"期文化之交互"——记夏丏尊先生和内山完造先生

（续表）

日期、版次	报　道　题　目
1986 年 10 月 16 日第 8 版	鲁迅故乡纪念鲁迅
1987 年 12 月 17 日第 8 版	喜读《弘一大师遗墨》（品书札记）
1988 年 2 月 14 日第 7 版	悠悠我思
1988 年 11 月 19 日第 8 版	友情长留人间——记父亲郭沫若与日本学者田中庆太郎的友谊
1991 年 2 月 24 日第 7 版	文求堂与郭沫若
1991 年 10 月 31 日第 8 版	鲁迅藏中国现代木刻作品选刊
1992 年 9 月 20 日第 5 版	中日友好难忘的史话——记五十年代协助大批日侨归国
1993 年 12 月 20 日第 8 版	鲁迅手稿——书林奇葩
1996 年 11 月 7 日第 12 版	走进内山书店
1996 年 11 月 13 日第 10 版	《鲁迅挚友内山完造的肖像》出版
1998 年 4 月 10 日第 12 版	"文求堂"主人
1998 年 11 月 17 日第 10 版	认真兴邦　马虎误国（思想纵横）
2003 年 1 月 11 日第 7 版	黄源先生，您走好！（故人故事）
2008 年 1 月 28 日第 16 版	治人事天莫若啬（金台随感）
2012 年 7 月 14 日第 8 版	内山书店的鲁迅书法
2013 年 1 月 13 日第 12 版	《海上述林》与鲁迅书单
2016 年 11 月 6 日第 12 版	高山仰止　景行行止——版画中的鲁迅形象与鲁迅精神

附录 5　新资料目录汇编

一、内山完造或上海内山书店出版图书目录

［1］上海商務官事務所.支那通商報告：第 1 号［M］.上海：内山完造，1924.

［2］上海駐在帝国商務官事務所.支那通商報告：第 3 号［M］.上海：内山完造，1924.

［3］三井銀行上海支店.支那為替投機業者論（支那経済研究第 3 編）［M］.上海：内山書店，1927.

［4］李家弘，下村良敏.大連ヲ中心トスル上海日本間為替三角関係［M］.上海：

内山書店,1927.

［5］支那経済研究会.上海ノ通貨［M］.上海：内山書店,1928.

［6］和田喜八.商工實務計算［M］.上海：内山書店,1928.

［7］清水温生.支那問題管見［M］.上海：内山書店,1929.

［8］織岡芳太郎.上海港［M］.上海：内山書店,1929.

［9］支那経済研究会.支那経済研究［M］.上海：内山書店,1930.

［10］湯浅正一.中国各种纪念日的由来［M］.不倒翁,编.上海：内山書店,1934.

［11］須藤五百三.酒［M］.上海：内山書店,1939.

［12］松村雄藏.畫文聖戦の跡［M］.上海：内山書店,1940.

［13］張謇.張謇自訂年譜［M］.鈴木拓郎,译.上海：内山書店,1942.

［14］内山完造.木刻新风：中国新木刻集初集［M］.上海：内山書店,1942.

［15］栗本寅治.滬畔隨想［M］.上海：内山書店,1943.

［16］栗本寅治.長江三十年［M］.上海：内山書店,1943.

［17］不倒翁.中国人の民族的特性［M］.上海：内山書店,1944.

［18］内山完造.生ける支那の姿［M］.上海：内山書店,1944.

［19］内山完造.上海風語［M］.上海：内山書店,1944.

［20］田川大吉郎.基督教の再生［M］.上海：内山書店,1944.

［21］須藤五百三.目・湄・へそ［M］.上海：内山書店,1944.

［22］小石俊三郎.實戦即應武術と軍刀［M］.上海：内山書店,1945.

［23］山岸多嘉子.獨白［M］.上海：内山書店,1945.

［24］上海滿鐵調査課.豚毛［M］.上海：内山書店,1945.

二、内山书店"支那剧研究会"同人杂志《支那劇研究》目录(编辑发行人：内山完造)

第一辑(1924 年 9 月)

菅原英《支那芝居の見方》　　　　　　　　　　　　　　　　　1－10

都路多景湖《欧陽予倩印象記》　　　　　　　　　　　　　　　11－16

胡児《副浄の悪の美》　　　　　　　　　　　　　　　　　　　16－17

菅原英《緑牡丹のことども》　　　　　　　　　　　　　　　　18－22

多景湖《譚派鬚生揚宝忠》　　　　　　　　　　　　　　　　　22－24

胡児《南天門の印象》　　　　　　　　　　　　　　　　　　　24－26

三、内山书店"文艺漫谈会"会刊《万華鏡》目录（创刊号～第 3 卷第 4 期）①

创刊号（1927 年 7 月）

---

① 参照中沢弥.上海・内山書店と文芸漫談会[J].経営情報研究：多摩大学研究紀要，
2017(21)：77－84.

① 从第2期起，内山完造署名"鄔起山"或"乌起山"，这是他据日语发音取同音命名的中文名字。

第 2 巻第 2 号(1928 年 4 月)

第 3 卷第 3 号（1929 年 7 月，未详）

第 3 卷第 4 号（1929 年 10 月）

四、紫燕译内山完造佚文目录（笔者发现整理）

［1］内山完造.上海漫话（一）［N］.紫燕,译.总汇报,1939 – 11 – 25（5）.

［2］内山完造.上海漫语（一）［N］.紫燕,译.总汇报,1939 – 11 – 29（5）.

［3］内山完造.上海漫语（二）［N］.紫燕,译.总汇报,1939 – 11 – 30（5）.

［4］内山完造.上海漫语（三）［N］.紫燕，译.总汇报，1939－12－02(5).

［5］内山完造.上海漫语（四）［N］.紫燕，译.总汇报，1939－12－03(5).

［6］内山完造.上海漫语（五）［N］.紫燕，译.总汇报，1939－12－04(5).

［7］内山完造.上海漫语（六）［N］.紫燕，译.总汇报，1939－12－05(5).

［8］内山完造.上海漫语（七）［N］.紫燕，译.总汇报，1939－12－06(5).

［9］内山完造.上海漫语（八）［N］.紫燕，译.总汇报，1939－12－07(5).

［10］内山完造.上海漫语（九）［N］.紫燕，译.总汇报，1939－12－08(5).

［11］内山完造.上海漫语（十）［N］.紫燕，译.总汇报，1939－12－09(5).

［12］内山完造.上海漫语（一一）［N］.紫燕，译.总汇报，1939－12－10(5).

［13］内山完造.上海漫语（一二）［N］.紫燕，译.总汇报，1939－12－11(5).

［14］内山完造.上海漫语（一三）［N］.紫燕，译.总汇报，1939－12－12(5).

［15］内山完造.上海漫语（一四）［N］.紫燕，译.总汇报，1939－12－13(5).

［16］内山完造.上海漫语（一五）［N］.紫燕，译.总汇报，1939－12－14(5).

［17］内山完造.上海漫语（一六）［N］.紫燕，译.总汇报，1939－12－17(5).

［18］内山完造.上海漫语（一七）［N］.紫燕，译.总汇报，1939－12－18(5).

［19］内山完造.上海漫语（一八）［N］.紫燕，译.总汇报，1939－12－19(5).

［20］内山完造.上海漫语（一九）［N］.紫燕，译.总汇报，1939－12－20(5).

［21］内山完造.上海漫语（二〇）［N］.紫燕，译.总汇报，1939－12－21(5).

［22］内山完造.上海漫语（二一）［N］.紫燕，译.总汇报，1939－12－22(5).

［23］内山完造.上海漫语（二二）［N］.紫燕，译.总汇报，1939－12－23(5).

［24］内山完造.上海漫语（二三）［N］.紫燕，译.总汇报，1939－12－24(5).

［25］内山完造.上海漫语（二四）［N］.紫燕，译.总汇报，1939－12－25(5).

［26］内山完造.上海漫语（二五）［N］.紫燕，译.总汇报，1939－12－27(5).

［27］内山完造.上海漫语（二六）［N］.紫燕，译.总汇报，1939－12－28(5).

［28］内山完造.上海漫语（二七）［N］.紫燕，译.总汇报，1939－12－29(5).

［29］内山完造.上海漫语（二八）［N］.紫燕，译.总汇报，1939－12－30(5).

［30］内山完造.上海漫语（二九）［N］.紫燕，译.总汇报，1940－01－02(5).

［31］内山完造.上海漫语（三〇）［N］.紫燕，译.总汇报，1940－01－03(5).

［32］内山完造.上海漫语（三一）［N］.紫燕，译.总汇报，1940－01－04(5).

［33］内山完造.上海漫语（三二）［N］.紫燕，译.总汇报，1940－01－05(5).

［34］内山完造.上海漫语（三三）[N].紫燕,译.总汇报,1940-01-06(5).

［35］内山完造.上海漫语（三四）[N].紫燕,译.总汇报,1940-01-07(5).

［36］内山完造.上海漫语（三五）[N].紫燕,译.总汇报,1940-01-08(5).

［37］内山完造.上海漫语（三六）[N].紫燕,译.总汇报,1940-01-09(5).

［38］内山完造.上海漫语（三七）[N].紫燕,译.总汇报,1940-01-10(5).

［39］内山完造.上海漫语（三八）[N].紫燕,译.总汇报,1940-01-11(5).

［40］内山完造.上海漫语（三九）[N].紫燕,译.总汇报,1940-01-12(5).

［41］内山完造.上海漫语（四〇）[N].紫燕,译.总汇报,1940-01-13(5).

［42］内山完造.上海漫语（四一）[N].紫燕,译.总汇报,1940-01-15(5).

［43］内山完造.上海漫语（四二）[N].紫燕,译.总汇报,1940-01-16(5).

［44］内山完造.上海漫语（四三）[N].紫燕,译.总汇报,1940-01-17(5).

［45］内山完造.上海漫语（四四）[N].紫燕,译.总汇报,1940-01-18(5).

［46］内山完造.上海漫语（四五）[N].紫燕,译.总汇报,1940-01-19(5).

［47］内山完造.上海漫语（四六）[N].紫燕,译.总汇报,1940-01-20(5).

［48］内山完造.上海漫语（四七）[N].紫燕,译.总汇报,1940-01-21(5).

［49］内山完造.上海漫语（四八）[N].紫燕,译.总汇报,1940-01-22(5).

［50］内山完造.上海漫语（四九）[N].紫燕,译.总汇报,1940-01-23(5).

［51］内山完造.上海漫语（五〇）[N].紫燕,译.总汇报,1940-01-24(5).

［52］内山完造.上海漫语（五一）[N].紫燕,译.总汇报,1940-01-25(5).

［53］内山完造.上海漫语（五二）[N].紫燕,译.总汇报,1940-01-26(5).

［54］内山完造.上海漫语（五三）[N].紫燕,译.总汇报,1940-01-27(5).

［55］内山完造.上海漫语（五四）[N].紫燕,译.总汇报,1940-01-28(5).

［56］内山完造.上海漫语（五五）[N].紫燕,译.总汇报,1940-01-29(5).

［57］内山完造.上海漫语（五六）[N].紫燕,译.总汇报,1940-01-30(5).

［58］内山完造.上海漫语（五七）[N].紫燕,译.总汇报,1940-01-31(5).

［59］内山完造.上海漫语（五八）[N].紫燕,译.总汇报,1940-02-01(5).

［60］内山完造.上海漫语（五九）[N].紫燕,译.总汇报,1940-02-02(5).

［61］内山完造.上海漫语（六〇）[N].紫燕,译.总汇报,1940-02-03(5).

［62］内山完造.上海漫语（六一）[N].紫燕,译.总汇报,1940-02-04(5).

［63］内山完造.上海漫语（六二）[N].紫燕,译.总汇报,1940-02-11(4).

[64] 内山完造.上海漫语(六三)[N].紫燕,译.总汇报,1940－02－12(4).

[65] 内山完造.上海漫语(六四)[N].紫燕,译.总汇报,1940－02－13(4).

[66] 内山完造.上海漫语(六五)[N].紫燕,译.总汇报,1940－02－14(4).

[67] 内山完造.上海漫语(六六)[N].紫燕,译.总汇报,1940－02－15(4).

[68] 内山完造.上海漫语(六七)[N].紫燕,译.总汇报,1940－02－16(4).

[69] 内山完造.上海漫语(六八)[N].紫燕,译.总汇报,1940－02－17(4).

[70] 内山完造.上海漫语(六九)[N].紫燕,译.总汇报,1940－02－18(4).

[71] 内山完造.上海漫语(七○)[N].紫燕,译.总汇报,1940－02－19(4).

[72] 内山完造.上海漫语(七一)[N].紫燕,译.总汇报,1940－02－20(4).

[73] 内山完造.上海漫语(七二)[N].紫燕,译.总汇报,1940－02－21(4).

[74] 内山完造.上海漫语(七三)[N].紫燕,译.总汇报,1940－02－22(4).

[75] 内山完造.上海漫语(七四)[N].紫燕,译.总汇报,1940－02－23(4).

[76] 内山完造.上海漫语(七五)[N].紫燕,译.总汇报,1940－02－24(4).

[77] 内山完造.上海漫语(七六)[N].紫燕,译.总汇报,1940－02－25(4).

[78] 内山完造.上海漫语(七七)[N].紫燕,译.总汇报,1940－02－26(4).

[79] 内山完造.上海漫语(七八)[N].紫燕,译.总汇报,1940－02－27(4).

[80] 内山完造.上海漫语(七九)[N].紫燕,译.总汇报,1940－02－28(4).

[81] 内山完造.上海漫语(八○)[N].紫燕,译.总汇报,1940－02－29(4).

[82] 内山完造.上海漫语(八一)[N].紫燕,译.总汇报,1940－03－01(4).

[83] 内山完造.上海漫语(八二)[N].紫燕,译.总汇报,1940－03－02(4).

[84] 内山完造.上海漫语(八三)[N].紫燕,译.总汇报,1940－03－03(4).

[85] 内山完造.上海漫语(八四)[N].紫燕,译.总汇报,1940－03－04(4).

[86] 内山完造.上海漫语(八五)[N].紫燕,译.总汇报,1940－03－05(4).

[87] 内山完造.上海漫语(八六)[N].紫燕,译.总汇报,1940－03－06(4).

[88] 内山完造.上海漫语(八七)[N].紫燕,译.总汇报,1940－03－07(4).

[89] 内山完造.上海漫语(八八)[N].紫燕,译.总汇报,1940－03－08(4).

[90] 内山完造.上海漫语(八九)[N].紫燕,译.总汇报,1940－03－09(4).

[91] 内山完造.上海漫语(九○)[N].紫燕,译.总汇报,1940－03－10(4).

[92] 内山完造.上海漫语(九一)[N].紫燕,译.总汇报,1940－03－11(4).

[93] 内山完造.上海漫语(九二)[N].紫燕,译.总汇报,1940－03－12(4).

［94］内山完造.上海漫话（九三）［N］.紫燕,译.总汇报,1940－03－13（4）.

［95］内山完造.上海漫话（九四）［N］.紫燕,译.总汇报,1940－03－14（4）.

［96］内山完造.上海漫话（九五）［N］.紫燕,译.总汇报,1940－03－15（4）.

［97］内山完造.上海漫话（九六）［N］.紫燕,译.总汇报,1940－03－16（4）.

［98］内山完造.上海漫话（九七）［N］.紫燕,译.总汇报,1940－03－17（4）.

［99］内山完造.脱离空袭下的上海（一）［N］.紫燕,译.总汇报,1940－03－18（4）.

［100］内山完造.脱离空袭下的上海（二）［N］.紫燕,译.总汇报,1940－03－19（4）.

［101］内山完造.脱离空袭下的上海（三）［N］.紫燕,译.总汇报,1940－03－20（4）.

［102］内山完造.脱离空袭下的上海（四）［N］.紫燕,译.总汇报,1940－03－21（4）.

［103］内山完造.脱离空袭下的上海（五）［N］.紫燕,译.总汇报,1940－03－22（4）.

［104］内山完造.脱离空袭下的上海（六）［N］.紫燕,译.总汇报,1940－03－23（4）.

［105］内山完造.脱离空袭下的上海（七）［N］.紫燕,译.总汇报,1940－03－24（4）.

［106］内山完造.脱离空袭下的上海（八）［N］.紫燕,译.总汇报,1940－03－25（4）.

［107］内山完造.脱离空袭下的上海（九）［N］.紫燕,译.总汇报,1940－03－26（4）.

［108］内山完造.脱离空袭下的上海（一〇）［N］.紫燕,译.总汇报,1940－03－27（4）.

［109］内山完造.脱离空袭下的上海（一一）［N］.紫燕,译.总汇报,1940－03－28（4）.

［110］内山完造.脱离空袭下的上海（一二）［N］.紫燕,译.总汇报,1940－03－29（4）.

［111］内山完造.脱离空袭下的上海（一三）［N］.紫燕,译.总汇报,1940－03－30（4）.

［112］内山完造.鲁迅先生与版画（一）［N］.紫燕,译.总汇报,1940－03－31（4）.

［113］内山完造.鲁迅先生与版画（二）［N］.紫燕,译.总汇报,1940－04－01（4）.

［114］内山完造.鲁迅先生与版画（三）［N］.紫燕,译.总汇报,1940－04－02（4）.

［115］内山完造.鲁迅先生与版画（四）［N］.紫燕,译.总汇报,1940－04－03（4）.

［116］内山完造.鲁迅先生与版画（五）［N］.紫燕,译.总汇报,1940－04－04（4）.

［117］内山完造.鲁迅先生与版画（六）［N］.紫燕,译.总汇报,1940－04－05（4）.

［118］内山完造.鲁迅先生与版画（七）［N］.紫燕,译.总汇报,1940－04－06（4）.

［119］内山完造.鲁迅先生与版画（八）［N］.紫燕,译.总汇报,1940－04－07（4）.

［120］内山完造.鲁迅先生与版画（九）［N］.紫燕,译.总汇报,1940－04－08（4）.

［121］内山完造.鲁迅先生与版画（十）［N］.紫燕,译.总汇报,1940－04－09（4）.

［122］内山完造.鲁迅先生与版画（十一）［N］.紫燕,译.总汇报,1940－04－10（4）.

［123］内山完造.最后的鲁迅（一）［N］.紫燕,译.总汇报,1940－04－11（4）.

［124］内山完造.最后的鲁迅（二）［N］.紫燕,译.总汇报,1940－04－12(4).

［125］内山完造.最后的鲁迅（三）［N］.紫燕,译.总汇报,1940－04－13(4).

［126］内山完造.最后的鲁迅（四）［N］.紫燕,译.总汇报,1940－04－14(4).

［127］内山完造.最后的鲁迅（五）［N］.紫燕,译.总汇报,1940－04－15(4).

［128］内山完造.忆鲁迅先生（一）［N］.紫燕,译.总汇报,1940－04－16(4).

［129］内山完造.丙子漫语（一）［N］.紫燕,译.总汇报,1940－04－17(4).

［130］内山完造.丙子漫语（二）［N］.紫燕,译.总汇报,1940－04－18(4).

［131］内山完造.丙子漫语（三）［N］.紫燕,译.总汇报,1940－04－19(4).

［132］内山完造.丙子漫语（四）［N］.紫燕,译.总汇报,1940－04－20(4).

［133］内山完造.丙子漫语（五）［N］.紫燕,译.总汇报,1940－04－21(4).

［134］内山完造.丙子漫语（六）［N］.紫燕,译.总汇报,1940－04－22(4).

［135］内山完造.四库全书的信用（一）［N］.紫燕,译.总汇报,1940－04－24(4).

［136］内山完造.四库全书的信用（二）［N］.紫燕,译.总汇报,1940－04－25(4).

［137］内山完造.四库全书的信用（三）［N］.紫燕,译.总汇报,1940－04－26(4).

［138］内山完造.古董与古董商（一）［N］.紫燕,译.总汇报,1940－04－27(4).

［139］内山完造.古董与古董商（二）［N］.紫燕,译.总汇报,1940－04－28(4).

［140］内山完造.古董与古董商（三）［N］.紫燕,译.总汇报,1940－04－29(4).

［141］内山完造.古董与古董商（四）［N］.紫燕,译.总汇报,1940－04－30(4).

［142］内山完造.古董与古董商（五）［N］.紫燕,译.总汇报,1940－05－01(4).

［143］内山完造.当然之事（一）［N］.紫燕,译.总汇报,1940－05－03(4).

［144］内山完造.当然之事（二）［N］.紫燕,译.总汇报,1940－05－04(4).

［145］内山完造.当然之事（三）［N］.紫燕,译.总汇报,1940－05－05(4).

［146］内山完造.当然之事（四）［N］.紫燕,译.总汇报,1940－05－06(4).

［147］内山完造.谈翻译（一）［N］.紫燕,译.总汇报,1940－05－07(4).

［148］内山完造.谈翻译（二）［N］.紫燕,译.总汇报,1940－05－08(4).

［149］内山完造.谈翻译（三）［N］.紫燕,译.总汇报,1940－05－09(4).

［150］内山完造.谈翻译（四）［N］.紫燕,译.总汇报,1940－05－10(4).

［151］内山完造.谈翻译（五）［N］.紫燕,译.总汇报,1940－05－11(4).

［152］内山完造.谈翻译（六）［N］.紫燕,译.总汇报,1940－05－12(4).

［153］内山完造.谈翻译（七）［N］.紫燕,译.总汇报,1940－05－13(4).

［154］内山完造.可笑的文字（一）［N］.紫燕,译.总汇报,1940－05－14(4).

［155］内山完造.可笑的文字（二）［N］.紫燕,译.总汇报,1940－05－15(4).

［156］内山完造.可笑的文字（三）［N］.紫燕,译.总汇报,1940－05－16(4).

［157］内山完造.可笑的文字（四）［N］.紫燕,译.总汇报,1940－05－17(4).

［158］内山完造.汉字六分之一说（一）［N］.紫燕,译.总汇报,1940－05－18(4).

［159］内山完造.汉字六分之一说（二）［N］.紫燕,译.总汇报,1940－05－19(4).

［160］内山完造.汉字六分之一说（三）［N］.紫燕,译.总汇报,1940－05－20(4).

［161］内山完造.汉字六分之一说（四）［N］.紫燕,译.总汇报,1940－05－21(4).

［162］内山完造.汉字六分之一说（五）［N］.紫燕,译.总汇报,1940－05－22(4).

［163］内山完造.汉字六分之一说（七）［N］.紫燕,译.总汇报,1940－05－24(4).

［164］内山完造.六分之一的汉字（六）［N］.紫燕,译.总汇报,1940－05－25(4).

［165］内山完造.汉字废止说（一）［N］.紫燕,译.总汇报,1940－05－26(4).

［166］内山完造.汉字废止说（二）［N］.紫燕,译.总汇报,1940－05－27(4).

［167］内山完造.汉字六分之一说（八）［N］.紫燕,译.总汇报,1940－05－28(4).

［168］内山完造.汉字废止说（三）［N］.紫燕,译.总汇报,1940－05－29(4).

［169］内山完造.汉字废止说（四）［N］.紫燕,译.总汇报,1940－05－30(4).

［170］内山完造.汉字废止说（五）［N］.紫燕,译.总汇报,1940－05－31(4).

［171］内山完造.房字（一）［N］.紫燕,译.总汇报,1940－06－01(4).

［172］内山完造.房字（二）［N］.紫燕,译.总汇报,1940－06－02(4).

［173］内山完造.房字（三）［N］.紫燕,译.总汇报,1940－06－03(4).

［174］内山完造.勿忘大小数（一）［N］.紫燕,译.总汇报,1940－06－04(4).

［175］内山完造.勿忘大小数（二）［N］.紫燕,译.总汇报,1940－06－05(4).

［176］内山完造.勿忘大小数（三）［N］.紫燕,译.总汇报,1940－06－06(4).

［177］内山完造.勿忘大小数（四）［N］.紫燕,译.总汇报,1940－06－07(4).

［178］内山完造.三种货币（一）［N］.紫燕,译.总汇报,1940－06－08(4).

［179］内山完造.三种货币（二）［N］.紫燕,译.总汇报,1940－06－09(4).

［180］内山完造.三种货币（三）［N］.紫燕,译.总汇报,1940－06－10(4).

［181］内山完造.三种货币（四）［N］.紫燕,译.总汇报,1940－06－16(4).

［182］内山完造.三种货币（五）［N］.紫燕,译.总汇报,1940－06－17(4).

［183］内山完造.小儿世界与大人世界（一）［N］.紫燕,译.总汇报,1940－06－18(4).

［184］内山完造.小儿世界与大人世界（二）［N］.紫燕,译.总汇报,1940-06-19(4).

［185］内山完造.小儿世界与大人世界（三）［N］.紫燕,译.总汇报,1940-06-20(4).

［186］内山完造.小儿世界与大人世界（四）［N］.紫燕,译.总汇报,1940-06-21(4).

［187］内山完造.双喜（一）［N］.紫燕,译.总汇报,1940-06-22(4).

［188］内山完造.双喜（二）［N］.紫燕,译.总汇报,1940-06-23(4).

［189］内山完造.双喜（三）［N］.紫燕,译.总汇报,1940-06-24(4).

［190］内山完造.凯旋于养老院（一）［N］.紫燕,译.总汇报,1940-06-25(4).

［191］内山完造.凯旋于养老院（二）［N］.紫燕,译.总汇报,1940-06-26(4).

［192］内山完造.凯旋于养老院（三）［N］.紫燕,译.总汇报,1940-06-27(4).

［193］内山完造.凯旋于养老院（四）［N］.紫燕,译.总汇报,1940-06-28(4).

［194］内山完造.凯旋于养老院（五）［N］.紫燕,译.总汇报,1940-06-29(4).

［195］内山完造.分邮局长（一）［N］.紫燕,译.总汇报,1940-06-30(4).

参考文献

一、内山完造著作文献（出版时间序）

（一）中文著作集（译文集）

［1］内山完造.一个日本人的中国观［M］.尤炳圻,译.上海：开明书店,1936.

［2］内山完造.活中国的姿态［M］.尤炳圻,译.兰州：敦煌文艺出版社,1995.

［3］内山完造,渡边秀方,原惣兵卫.三只眼睛看中国：日本人的评说［M］.肖孟,林力,译.北京：中国社会出版社,1997.

［4］沈益洪.内山完造谈中国［M］.杭州：浙江文艺出版社,2001.

［5］内山完造,渡边秀方,原惣兵卫.中国人的劣根和优根：日本人眼中的近代中国［M］.尤炳圻,高明,吴藻溪,译.南昌：江西人民出版社,2009.

［6］内山完造.上海下海：上海生活35年［M］.杨晓钟,等译.西安：陕西人民出版社,2012.

［7］内山完造.我的朋友鲁迅［M］.何花,徐怡,等译.北京：北京联合出版公司,2012.

［8］康桥.内山完造：魔都上海［M］.上海：上海辞书出版社,2014.

［9］内山完造.隔壁的中国人：内山完造眼中的中国生活风景［M］.赵贺,译.北京：世界图书出版公司,2015.

［10］内山完造.中国人的生活风景：内山完造漫语［M］.吕莉,译.北京：现代出版社,2015.

［11］内山完造.一个日本人的中国观［M］.尤炳圻,译.北京：新星出版社,2015.

［12］内山完造.花甲录［M］.曹珺红,译.天津：天津出版传媒集团,2020.

［13］内山完造.花甲录［M］.刘柠,译.北京：九州出版社,2021.

（二）日文著作集

［1］内山完造.生ける支那の姿［M］.东京：学芸书院,1935.

［2］内山完造.日本文化第十五冊：支那の民情習俗に就いて［M］.东京：日本文化協会出版部,1938.

［3］内山完造.上海漫語［M］.东京：改造社,1938.

［4］内山完造.上海夜話［M］.东京：改造社,1940.

［5］内山完造.上海風語［M］.东京：改造社,1941.

［6］内山完造.上海霖語［M］.东京：大日本雄弁会講談社,1942.

［7］内山完造.上海汗語［M］.上海：華中鉄道株式会社総裁室弘報室,1944.

［8］内山完造.おなじ血の流れの友よ［M］.东京：中国文化協会,1948.

［9］内山完造.中国四十年［M］.东京：羽田書店,1949.

［10］内山完造.そんへえ・おおへえ［M］.东京：岩波新書,1949.

［11］内山完造,斎藤秋男,编.中国的子どもと教師［M］.东京：明治図書出版,1953.

［12］内山完造.両辺倒［M］.东京：乾元社,1953.

［13］内山完造.平均有銭：中国の今昔［M］.东京：同文館,1955.

［14］内山完造,编.新中国読本［M］.东京：産業経済新聞社,1955.

［15］内山完造.花甲録［M］.东京：岩波書店,1960.

［16］内山完造.中国人の生活風景［M］.东京：東方書店,1979.

［17］内山完造,内山嘉吉,内山篱,鲁迅友の会,编.鲁迅の思い出［M］.东京：社会思想社,1979.

［18］内山完造.花甲録：日中友好の架け橋［M］.东京：平凡社,2011.

［19］内山完造.内山完造批評文集：両辺倒——中国人的政治・経済感覚の古層［M］.东京：書肆心水,2011.①

（三）中文报刊佚文②

［1］内山完造.漫談の支那（一）［J］.大陆画报,1934(1).

［2］内山完造.漫談の支那（二）［J］.大陆画报,1934(2).

---

① 本书是内山完造作品的选集,收录《生ける支那の姿》《そんへえ・おおへえ》《両辺倒》《平均有銭》等随笔集中的作品,并且在卷头收录《生ける支那の姿》中鲁迅的序言,卷尾收录《上海内山書店》一文。
② 《人民日报》刊载佚文、紫燕译佚文已在附录中列出。

［3］ 内山完造.漫談の支那（三）[J].大陆画报,1934(3).①

［4］ 内山完造.忆鲁迅先生[J].现代文选,1936,1(1).

［5］ 内山完造.鲁迅先生漫谈一则[J].冯河清,摘译.建民周刊,1936,1(23).

［6］ 内山完造.忆鲁迅先生[J].作家,1936,2(2).

［7］ 内山完造.鲁迅先生[J].雨田,译.译文,1936,2(3).

［8］ 内山完造.伟大的存在(讲演)[J].黄源,译.译文,1936,2(3).

［9］ 内山完造.关于鲁迅[J].金谷,译.中国公论(北京),1939,1(6).

［10］ 内山完造.上海的声音[J].中国月刊,1939,2(1).

［11］ 内山完造.上海的声音[J].晓奏,译.文艺(上海1938),1939,3(3-4).

［12］ 内山完造.回忆鲁迅先生[J].华文大阪每日,1940,4(1).

［13］ 内山完造.上海漫话[J].朋,译.吾友,1941,1(44).

［14］ 内山完造.漫谈鲁迅[J].政治月刊(上海),1941,2(6).

［15］ 内山完造.随笔：豆腐百态[J].大陆往来,1941,2(12).

［16］ 内山完造.忆鲁迅[J].中国月刊,1941,7(1).

［17］ 内山完造.中国的剪嵌细工[J].晔,译.政治月刊(上海),1942,3(1).

［18］ 内山完造.弘一法师的回忆[J].大东亚经济,1942,5(6).

［19］ 内山完造.唐字漫语[J].杂志,1942,10(2).

［20］ 内山完造.文化·宣传·书籍[N].清乡新报,1942-07-14(2).

［21］ 内山完造.临终时的鲁迅先生[J].成章,译.新流,1943,1(3).

［22］ 内山完造,陶晶孙.文学对谈会[J].文友(上海1943),1943,1(12).

［23］ 内山完造.一人点头[J].太平洋周报,1943,1(86).

［24］ 内山完造.内山漫谈(中日文对照)[J].术华,译.新学生,1943,2(1).

［25］ 内山完造.涂鸦[J].山,译.文友(上海1943),1943,2(2).

［26］ 内山完造.回忆弘一法师[J].柳黛,译.人间味,1943,2(2).

［27］ 内山完造.木刻之复兴[J].中国木刻,1943(2).

［28］ 内山完造.包与帮[J].国民杂志(北京),1943,3(6).

［29］ 内山完造.儒教与革命(中日文对照)[J].半士,译.吾友,1943,3(39).

［30］ 内山完造.可以茶庄[J].吕蕴玉,译.华文每日,1943,10(4).

---

① 该杂志为中日文合刊,以上三篇文章为日文。

[31] 内山完造等.日本人对中国及中国人的希望[J].浙东文化,1943(15-16).

[32] 内山完造.弘一律师[J].觉有情,1943(83-84).

[33] 内山完造.唯吃论[J].文之,译.小天地,1944(1).

[34] 内山完造.唯吃论[J].王珏,译.中华周报(北京),1944,1(3).

[35] 内山完造.观感两点[J].新生命,1944,1(4).

[36] 内山完造.社会[J].轶明,译.北极,1944,3(2).

[37] 内山完造.食人肉的习俗[J].崇明,译.文友(上海1943),1944,4(1).

[38] 内山完造.某座谈会[J].华铁月刊,1944(8).

[39] 内山完造,等.掌故座谈会[J].杂志,1944,14(2).

[40] 内山完造.甜蜜的回忆[J].荻崖,译.杂志,1944,14(3).

[41] 内山完造.胜败[J].导报,1945(1).

[42] 内山完造.上海漫语[J].伍东,译.文帖,1945,1(2).

[43] 内山完造.抗战须[J].导报,1945(3).

[44] 内山完造.关于中国的文化[J].吉,译.申报月刊,1945,3(1).

[45] 内山完造.回忆漫语[J].女声(上海1942),1945,4(1).

[46] 内山完造.自然与人为[J].文友(上海1943),1945,4(7).

[47] 内山完造.一个小话[J].大陆画刊,1945,6(3).

[48] 船津辰一郎,内山完造,波多博.今年的希望[J].杂志,1945,14(4).

[49] 内山完造.关于"义理"[J].荻崖,译.杂志,1945,14(5).

[50] 内山完造.制裁醉汉[J].改造论坛,1946(1).

[51] 内山完造.日本再建的关键[J].导报,1946(11).

[52] 内山完造.漫谈日本总选举[J].导报,1946(12).

[53] 内山完造.悼夏丏尊先生[J].导报,1946(13-14).

[54] 内山完造.在六三园[J].远风,1947(4).

[55] 内山完造.一辆悲惨的前车：失败了的日本军国主义[J].学风(上海1947),
     1947,2(1).

[56] 内山完造.顶门一针[J].华文国际,1948,1(15).

[57] 内山完造.根柢[J].文之,译.春秋(上海1943),1948,5(4).

[58] 内山完造.不能断念的郁达夫[N].周维权,译.益世报(上海版),1949-04-07(3).

[59] 内山完造.思念鲁迅先生[N].王孝宏,译.文艺报,1956-03-28(15).

［60］内山完造.对上海说几句话［N］.葛祖兰,译.新民晚报,1956－12－04(5).

［61］内山完造.沪上散记［J］.夏凡,译.纪念与研究,1986(8).

［62］内山完造.我所认识的鲁迅先生——在北师大鲁迅逝世二十周年纪念会上的讲话［J］.秋帆,译.鲁迅研究月刊,1987(8).

［63］内山完造.回忆鲁迅［J］.王吉鹏,译.语文学刊,1987(4).

［64］内山完造.我的朋友鲁迅［J］.何花,徐怡,译.南风窗,2012(22).

［65］内山完造.初识先生［J］.百姓生活(下半月),2012(12).

［66］内山完造.我的朋友鲁迅［J］.美文(上半月),2013(1).

［67］内山完造.我和鲁迅先生的交往［J］.东西南北,2013(2).

［68］内山完造.我的朋友鲁迅［J］.美文(上半月),2013(2).

［69］内山完造.内山完造回忆鲁迅［J］.报刊荟萃,2013(2).

［70］内山完造.我的朋友鲁迅［J］.美文(上半月),2013(3).

［71］内山完造.我的朋友鲁迅［J］.何花,徐怡,译.领导文萃,2013(11).

［72］内山完造.中国人和日本人的相互看法［J］.视野,2015(10).

［73］内山完造.从择茶看中日差异［J］.意林,2015(15).

［74］内山完造.郭沫若［J］.赵艺真,译.郭沫若学刊,2016(3).

［75］内山完造.愉快的回忆［J］.赵艺真,译.郭沫若学刊,2016(4).

［76］内山完造.花甲录［J］.曹珺红,译.鲁迅研究月刊,2021(3).

［77］内山完造.花甲录［J］.刘柠,译.鲁迅研究月刊,2021(9).

(四)日文报刊佚文①

［1］内山完造.是か非か［J］.廓清,1920,10(5).

［2］内山完造.中国的奇習を語る:細かい日常生活振り［N］.朝日新聞(早报),1932－04－13(5).

［3］内山完造.上海漫談［J］.教育問題研究,1932(72).

［4］内山完造.上海生活二十年［J］.改造,1935,17(2).

［5］内山完造.上海漫談［J］.改造,1936,18(11).

［6］内山完造,等.上海在留日本人座談会［J］.改造,1936,18(11).

［7］内山完造,等.上海現地座談会［J］.中央公論,1936,51(11).

---

① 《改造日报》刊载作品在正文,《大陆新报》《万华镜》刊载作品目录在附录列出。

［8］内山完造.鲁迅先生追憶[J].改造,1936,18(12).

［9］内山完造.臨終の鲁迅先生[J].文藝春秋,1936,14(12).

［10］内山完造.鲁迅の死と世論[J].雲の柱,1937,16(1).

［11］内山完造.中国的近況を報告す山本実彦[J].改造,1937,19(2).

［12］内山完造.日本文化の海外進出：新居格[J].改造,1937,19(3).

［13］内山完造.上海漫語[J].改造,1937,19(6).

［14］内山完造.上海漫語[J].改造,1937,19(7).

［15］内山完造.上海漫語[J].改造,1937,19(9).

［16］内山完造.社会[J].星座,1937,3(9).

［17］内山完造.街頭に拾ふ支那[J].グラフィック,1937(9).

［18］内山完造.上海漫語[J].改造,1937,19(10).

［19］内山完造.漫談"裏と表"[J].中央公論,1937,52(11).

［20］内山完造.上海漫語(事変と上海読書界)[J].東京堂月報,1937(10).

［21］内山完造.上海漫語[J].改造,1937,19(13).

［22］内山完造.上海漫語[J].改造,1937,19(14).

［23］内山完造.南市から城内へ[J].改造,1937,19(15).

［24］内山完造.生ける支那の姿：内山完造氏に聴く[J].グラフィック,1938(1).

［25］内山完造.上海の将来[J].経済倶楽部講演,1938(167).

［26］内山完造.支那経済を支配する銭荘[J].セルパン,1938(85).

［27］内山完造.上海漫語[J].改造,1938,20(2).

［28］内山完造.対談：上海に帰りて[J].改造,1938,20(7).

［29］内山完造.上海漫語[J].改造,1938,20(9).

［30］内山完造.内山完造氏を囲み："支那を語る"座談会[J].新天地,1938,18(9).

［31］内山完造.武漢三鎮の地理[J].大陸(改造社),1938,1(10).

［32］内山完造.聴見説[J].揚子江,1938,1(2).

［33］内山完造.上海漫語[J].改造,1938,20(12).

［34］内山完造.上海だより[J].中央公論,1939,54(1－7,9－12).

［35］内山完造.上海漫語：官祭[J].改造,1939,21(1).

［36］内山完造.上海漫語：装飾と財産[J].改造,1939,21(3).

［37］内山完造.二つの握り拳[J].大陸(改造社),1939,2(3).

［38］内山完造.星空を仰ぐ［J］.自然,1939(8).

［39］内山完造.上海漫語：声のいろいろ［J］.改造,1939,21(4).

［40］内山完造.見方・考へ方［J］.光(一燈園),1939(208).

［41］内山完造.上海漫語：死児の葬に就いて［J］.改造,1939,21(7).

［42］内山完造.上海漫語［J］.大陸(改造社),1939,2(7).

［43］内山完造.上海寅話［J］.中央公論,1939,54(11).

［44］内山完造.汪氏へのある思ひ出［J］.日本学芸新聞,1939(73).

［45］内山完造.上海漫語：家賃について［J］.改造,1939,21(11).

［46］内山完造.華僑と革命［J］.揚子江,1939,2(11).

［47］内山完造,等.此際特に一言［J］.満蒙,1939,20(12).

［48］内山完造.上海だより［J］.中央公論,1940,55(1-6).

［49］内山完造.上海漫語：新年と過年［J］.改造,1940,22(1).

［50］内山完造.上海漫語：蝗とかげらふ［J］.大陸(改造社),1940,3(1).

［51］内山完造.上海漫語：冬枯れの上海［J］.大陸(改造社),1940,3(2).

［52］内山完造.上海漫語［J］.国語教育,1940,25(2).

［53］内山完造.上海漫語：一圓に四つだ 上海仏租界に隣接の"南市"［J］.大陸(改造社),1940,3(3).

［54］内山完造.上海漫語［J］.上海,1940(4).

［55］内山完造.上海漫語：野球の説［J］.改造,1940,22(8).

［56］内山完造.上海漫語：高買い、高物価に喘ぐ上海［J］.大陸(改造社),1940,3(5).

［57］内山完造.上海漫語［J］.大陸(改造社),1940,3(6).

［58］内山完造.公司と買辦［J］.中央公論,1940,55(7).

［59］内山完造.上海漫語：宝山捕虜収容所訪問期［J］.大陸(改造社),1940,3(7).

［60］内山完造.時局と感想：杞憂する人・しない人［J］.政界往来,1940,11(7).

［61］内山完造.上海漫語：緩衝地帯［J］.大陸(改造社),1940,3(8).

［62］内山完造.上海漫語：一桁違ひ［J］.大陸(改造社),1940,3(9).

［63］内山完造.上海漫語：普洱茶［J］.改造,1940,22(18).

［64］内山完造.二つの苦手［J］.大陸(改造社),1940,3(10).

［65］内山完造.暦は暦だ［J］.大陸(改造社),1940,3(11).

［66］内山完造.襲名について［J］.大陸(改造社),1940,3(12).

[67] 内山完造.上海漫語：包について[J].大陸（改造社）,1941,4(1).

[68] 内山完造.上海漫語：二つの標準[J].改造,1941,23(2).

[69] 内山完造.現地随筆：金針菜[J].観光東亜,1941,8(1).

[70] 内山完造.上海漫語：魔都[J].大陸（改造社）,1941,4(2).

[71] 内山完造.上海漫语[J].中日文化,1941,1(1).

[72] 内山完造.お客を忘れな[J].大陸往来,1941,2(3).

[73] 内山完造.上海漫語[J].改造,1941,23(7).

[74] 内山完造.上海漫語：面子[J].大陸（改造社）,1941,4(4).

[75] 内山完造.座談会：老上海が語る文化運動今昔譚[J].大陸往来,1941,2(5).

[76] 内山完造.上海漫語[J].東亜連盟,1941,3(6).

[77] 内山完造.上海漫語：老牌子[J].大陸（改造社）,1941,4(7).

[78] 内山完造.老字に就いて[J].大陸往来,1941,2(8).

[79] 内山完造.陣立は出来ている[J].日本学芸新聞,1941(116).

[80] 内山完造.西瓜子を嚙む（覚書）[J].文化組織,1941,2(11).

[81] 内山完造.豆腐百態[J].大陸往来,1941,2(11).

[82] 内山完造.長寿秘箋[J].食通,1942,10(1).

[83] 内山完造.滬上雑筆：一両と云ふこと[J].上海,1942(1).

[84] 内山完造.機敏[J].オール上海,1942,4(5).

[85] 内山完造.杭州行[J].大陸往来,1942,3(5).

[86] 内山完造.杭州味[J].オール上海,1942,4(6).

[87] 内山完造.忘れ物[J].大陸往来,1942,3(6).

[88] 内山完造.家賃：上海漫語[J].上海,1942(6).

[89] 内山完造.漫談二題[J].中国文学,1942,8(85).

[90] 内山完造.尻餅の記[J].大陸往来,1942,3(8).

[91] 内山完造.度量衡問答[J].大陸往来,1942,3(9).

[92] 内山完造.鉄瓶の蓋[J].上海,1942(9).

[93] 内山完造.老幣[J].中央公論,1942,57(12).

[94] 内山完造.在滬漫語[J].満蒙,1942,23(12).

[95] 内山完造.上海漫語：仏手柑[J].改造,1943,25(2).

[96] 内山完造.当心的有両面[J].文化組織,1943,4(2).

［97］内山完造.上海漫語：二本建［J］.改造,1943,25(4).

［98］内山完造.魯迅先生と丙牛［J］.上海文学(春季作品),1943(1).

［99］内山完造.外地日本人論［J］.時局雑誌,1943,2(5).

［100］内山完造.随想二題［J］.緑旗,1943(6).

［101］内山完造.花街［J］.上海文学(夏秋作品),1943(2).

［102］内山完造.土台石［J］.大陸往来,1943,4(10).

［103］内山完造.上海漫語［J］.大陸往来,1944,5(1).

［104］内山完造.座談会：日華文化の決意——大東亜文学者大会出席者と語る［J］.大陸往来,1944,5(1).

［105］内山完造.思い切り、提灯について［J］.揚子江,1944,7(1).

［106］内山完造.天秤棒時代［J］.揚子江,1944,7(3).

［107］内山完造.金門郵票社［J］.北支那,1944,11(3).

［108］内山完造.蓖麻と初霜［J］.大陸往来,1944,5(3).

［109］内山完造.初漫語［J］.上海文学(冬春作品),1944(3).

［110］内山完造.上海漫語：示唆［J］.大陸往来,1944,5(5).

［111］内山完造.支那人気質に就て［J］.廓清,1944,34(9).

［112］内山完造.すなほであれ［J］.大陸(大陸新報社),1944,2(1).

［113］内山完造.お茶について［J］.上海文学(秋冬作品),1944(4).

［114］内山完造.寄書：日本債市場を支那に設けよ［J］.週刊東洋経済新報,1945(2156).

［115］内山完造.遺された私［J］.上海文学(春作品・小説特輯),1945(5).

［116］内山完造.初夏の声々［J］.大陸(大陸新報社),1945,2(6).

［117］内山完造.幇に学ぶ［J］.改造週報,1946(9).

［118］内山完造.歴史に書いてない話［N］.改造日報児童新聞,1946-03-15(2).

［119］内山完造.総選挙への私見［J］.改造週報,1946(13-14).

［120］内山完造.中国には中国の尺［J］.新生,1946(3).

［121］内山完造.蒸発作用［J］.朝日評論,1946,1(7).

［122］内山完造.憶夏丏尊先生［J］.中国文学,1946(98).

［123］内山完造.憶夏丏尊先生［J］.改造評論,1946(2).

［124］内山完造.美に就いて［J］.新中華,1946,1(3).

[125] 内山完造.蒸発作用（朝日評論九月より）[J].日本ダイジェスト,1946,1(3).

[126] 内山完造.ローマ字化是非論[J].中国語雑誌,1947,2(1).

[127] 内山完造.その後の上海[J].随筆中国,1947(1).

[128] 内山完造.上海近語[J].民鐘,1947,2(5-6).

[129] 内山完造.観相[J].ニューサラリーマン,1947,1(2).

[130] 内山完造.安楽と速力[J].朝日評論,1947,2(11).

[131] 内山完造.法幣インフレ[J].社会,1947,2(10).

[132] 内山完造.中国の双璧[J].週刊東洋経済新報,1948(2303).

[133] 内山完造.夢と空想[J].週刊東洋経済新報,1948(2304).

[134] 内山完造.上海漫語[J].日本古書通信,1948,13(1).

[135] 内山完造.小車の油について[J].桃源,1948,2(1).

[136] 内山完造.量は忘れてはならぬ[J].週刊東洋経済新報,1948(2306).

[137] 内山完造.新輸出品[J].週刊東洋経済新報,1948(2307).

[138] 内山完造.最近の上海：暗くないインフレ[J].週刊朝日,1948,52(5).

[139] 内山完造.学者よ注意して呉れ[J].中国語雑誌,1948,3(1).

[140] 内山完造.現象的の相違[J].週刊東洋経済新報,1948(2310).

[141] 内山完造.上海インフレ漫語：千元札も路傍の紙屑[J].旬刊ニュース,1948(37).

[142] 内山完造.上海インフレ：大根一本が一万元[J].婦人朝日,1948,3(3).

[143] 内山完造.迷信・賭博・富籤[J].婦人画報,1948(522).

[144] 内山完造.上海[J].改造,1948,29(3).

[145] 内山完造.魯迅先生記念日から帰国へ[J].日本未来派,1948(9).

[146] 内山完造.三十五年の夢[J].丸,1948,1(1).

[147] 内山完造.右の目左の目[J].社会,1948,3(3).

[148] 内山完造.賄賂に於ける二種の人[J].交通,1948,6(4).

[149] 内山完造,奥谷松治.民主随想[J].民主評論,1948,4(4).

[150] 内山完造.上海漫話[J].民主評論,1948,4(4).

[151] 内山完造.未来派雑記[J].日本未来派,1948(10).

[152] 内山完造.インフレとバクチ[J].新生,1948,4(5).

[153] 内山完造.上海漫語[J].時論,1948,3(5).

［154］内山完造.最近の中国事情［J］.東北興信社報,1948,1(15).

［155］内山完造.諦められぬ郁達夫［J］.丸,1948,1(4).

［156］内山完造.中国人の社交術［J］.外国文化,1948(1).

［157］内山完造.鈔票是不是銅銭(オサツハオカネデハナイ)［J］.ワールド,1948,3(6).

［158］内山完造.中日人の違い［J］.産業新報,1948,3(8).

［159］内山完造.中国人の公的生活の二面［J］.中国公論,1948(2).

［160］内山完造.偏る勿れ［J］.民鐘,1948,3(6).

［161］内山完造.中華民国の女:魅惑の都［J］.サン,1948,2(7).

［162］内山完造.上海片々［J］.新東方,1948,1(3).

［163］内山完造.愛情の表現に就て:あたるか・あたらんか(中国)［J］.じーぷ,1948,1(1).

［164］内山完造.訪中友好使節をめぐる座談会記録:関西中国文化団体懇談会［J］.中国同好会会報,1948,1(3).

［165］内山完造.あれこれ漫語［J］.信濃路,1948,3(22).

［166］内山完造.上海のインフレーションと日本のインフレーション［J］.中国と日本,1948(2).

［167］内山完造.インフレと上海生活［J］.開拓者,1948,42(6).

［168］内山完造.世界の書店:中華民国の本屋［J］.出版ニュース,1948(65).

［169］内山完造.上海から帰りて［J］.民鐘,1948,3(7-8).

［170］内山完造.中国の子供［J］.出版天国,1948(6).

［171］内山完造.魯迅先生のことば［J］.中国語雑誌,1948,3(2).

［172］内山完造.卵一個一万元なり:上海のインフレーション風景［J］.家の光,1948,24(10).

［173］内山完造.中国漫談:男尊女卑か官尊民卑か［J］.不同調,1948,2(7).

［174］内山完造.見事な一幕(中国幣制改革雑感)［J］.中国公論,1948,1(5).

［175］内山完造.中国の育児法［J］.新しい教室,1948,3(10).

［176］内山完造,柯宮.華僑の商法［J］.商業界,1948,1(2).

［177］内山完造.中国と日本［J］.中国語雑誌,1948,3(3).

［178］内山完造.地獄が楽園に［J］.主婦之友(海外版),1948,32(12).

［179］内山完造.東洋の問題［J］.中国語雑誌,1948,3(4).

[180] 内山完造.先覚者があるらしい[J].中国語雑誌,1949,4(1).

[181] 内山完造.魯迅について[J].丸,1949,2(2).

[182] 内山完造.座談会：中国の運命[J].評論,1949(30).

[183] 内山完造.座談会：中国を語る[J].婦人之友,1949,43(3).

[184] 内山完造.秩父随行記[J].光,1949(340).

[185] 内山完造.中国の運命とその国民性：在華四十年の中国通対談[J].サンデー
一毎日,1949,28(13).

[186] 内山完造.呉山放声：電車内の広告ビラ[J].産業新報,1949,3(5).

[187] 内山完造.中國人に就いて[J].月刊さきがけ,1949,5(5).

[188] 内山完造.福・禄・寿[J].文化ノート,1949(4).

[189] 内山完造.人間魯迅[J].桃源,1949,4(3).

[190] 内山完造.魯迅先生の臨終[J].ニューエイジ,1949,1(6).

[191] 内山完造.上海の酒肴[J].丸,1949,2(6).

[192] 内山完造.中国の運命とその国民性：在華四十年の中国通対談（サンデー
毎日誌3月27日号より採録）[J].探書マンスリー,1949,3(6).

[193] 内山完造.中国の民衆を語る[J].講演時報,1949(7).

[194] 内山完造.寸観中国人[J].月刊東奥,1949,11(7).

[195] 内山完造.信用と貨幣インフレーション[J].産業新報,1949,3(11).

[196] 内山完造.前門の狼・後門の老虎[J].中国語雑誌,1949,4(3).

[197] 内山完造.商品完成への兆[J].産業新報,1949,3(12).

[198] 内山完造.スガ眼がくせ者だ[J].産業新報,1949,3(13).

[199] 内山完造.東京漫語：上海を憶う[J].改造,1949,30(9).

[200] 内山完造.東京漫語：約束について[J].改造,1949,30(10).

[201] 内山完造.特性を生かせ[J].中国語雑誌,1949,4(6).

[202] 内山完造.魯迅先生を偲ぶ[J].新日本文学,1949,4(11).

[203] 内山完造.教育の日本的偏り[J].教育と社会,1950,5(1).

[204] 内山完造.心の練れた中国人[J].丸,1950,3(1).

[205] 内山完造.外交の妙[J].教育手帖,1950(1).

[206] 内山完造.一辺例[J].中央公論,1950,65(5).

[207] 内山完造.島には根がある[J].部落問題,1950(15).

[208] 内山完造.東京漫語[J].部落問題,1950(18).

[209] 内山完造.今の上海はどんなか[J].図書,1951(18).

[210] 内山完造.戦争と老朋友[J].世界,1951(65).

[211] 内山完造.講和後の社会教育に何をのぞむか——アンケート[J].社会教
育,1951,6(11).

[212] 内山完造.魯迅さんをしのぶ[J].人民文学,1951,2(11).

[213] 内山完造.今日に生きる魯迅：悼魯迅先生[J].改造,1951,32(12).

[214] 内山完造.中国服随想[J].被服文化,1952(16).

[215] 内山完造.生朋死友[J].随筆,1952(5).

[216] 内山完造.空語[J].図書,1952(32).

[217] 内山完造.中国の教科書[J].ダイヤモンド,1952,40(17).

[218] 内山完造.坎児井[J].読書家,1952(20).

[219] 内山完造.消極から積極へ[J].地域,1952,1(4).

[220] 内山完造,山本一郎.私たちの誌上旅行(中国編)[J].女学生の友,1952,3(3).

[221] 内山完造.言語漫語[J].言語生活,1952(13).

[222] 内山完造,竹内好,石垣綾子.座談会：新しい中国について——書評によせ
て[J].世界,1952(83).

[223] 内山完造.中国人気質[J].郵政,1952,4(12).

[224] 内山完造.座談会：中国へ出発するにあたつて[J].世界,1953(87).

[225] 内山完造.赤い北京で顔を赤らめた話[J].週刊サンケイ,1953,2(13).

[226] 内山完造.新中国現地通信[J].エコノミスト,1953,31(12).

[227] 内山完造.新中国の見聞[J].現代人,1953,1(3).

[228] 内山完造.清潔なる車中[J].文藝春秋,1953,31(6).

[229] 内山完造.談话室[J].世界,1953(88).

[230] 内山完造.日僑帰国と新中国——世界平和への第一歩[J].教育,1953,3(5).

[231] 内山完造.中国から帰って[J].世界,1953(89).

[232] 内山完造.北京片鱗[J].人民文学,1953,4(5).

[233] 内山完造.中国旅行四十五日——内山完造氏にきく[J].婦人之友,1953,47(5).

[234] 内山完造.名言・失言・随言[J].丸,1953,6(5).

[235] 内山完造.新中国の文化[J].図書館雑誌,1953,47(6).

［236］内山完造.日本に招きたい中国人［J］.東洋経済新報(別冊)，1953(14).

［237］内山完造.一歩天国に近い［J］.Books，1953(39).

［238］内山完造.北京往復［J］.鉄道ピクトリアル，1953，3(7).

［239］内山完造.新中国見聞記［J］.ニューエイジ，1953，5(7).

［240］内山完造.東京——北京［J］.小説公園，1953，4(7).

［241］内山完造.中国見たまま［J］.新しい学校，1953，5(7).

［242］内山完造.池田克己君を悼む［J］.日本未来派，1953(57).

［243］内山完造.最近の中国事情［J］.教育技術，1953，8(6).

［244］内山完造.日本人と大差のない中国人の成功観［J］.別冊実業之日本，1953(27).

［245］内山完造.私の生活転換［J］.財政，1953，18(13).

［246］内山完造.支那が中国になったのだ［J］.文庫，1953(26).

［247］内山完造.固定と流動［J］.国立公園，1954(52).

［248］内山完造.郭沫若［J］.世界，1954(100).

［249］内山完造.新中国の実態(中)［J］.先見経済，1954(422)①.

［250］内山完造.新中国の実態(下)［J］.先見経済，1954(423).

［251］内山完造.十人十説：日中国交は何故できないか［J］.知性，1954，1(3).

［252］内山完造，風見章.発刊を祝して［J］.日中漁業，1954，1(1).

［253］内山完造.世界めぐり：中華人民共和国［J］.女学生の友，1954，5(8).

［254］内山完造.中国的実態［J］.青淵，1954(68).

［255］内山完造.日中貿易に中小企業はどう進出すべきか(座談会)［J］.中小企業
協同組合，1954，9(12).

［256］内山完造.想い出す人びと［J］.改造，1955，36(1).

［257］内山完造.時が来た［J］.Books，1955(57).

［258］内山完造.中国革命の現実［J］.先見経済(臨時増刊)，1955(468).

［259］内山完造.私の新しい希望［J］.大世界，1955，10(1).

［260］内山完造.これだけはやめましょう：職場で一番きらわれること［J］.知性，
1955，2(5).

［261］内山完造.文芸漫談会の思ひ出［J］.老朋友，1955(1).

［262］内山完造.我が著書を語る：自家広告《平均有銭》［J］.Books，1955(62).

---

① 笔者在日本国立国会图书馆未能检索到 421 期及上篇相关信息。

［263］内山完造.祝祭日と紀念節日［J］.世界週報,1955,36(22).

［264］内山完造.魯迅さんを偲ぶ［J］.文庫,1955(46).

［265］内山完造.著者点描［J］.Books,1955(64).

［266］内山完造.考えて見たい［J］.随筆,1955,2(8).

［267］内山完造.環境条件［J］.ニューエージ,1955,7(8).

［268］内山完造.平和運動に何故しりごみするか［J］.開拓者,1955,50(9).

［269］内山完造.彼等はこうして独立する(中国)［J］.オール生活,1955,10(10).

［270］内山完造.魯迅さん［J］.図書,1955(73).

［271］内山完造.ダニのつぶやき［J］.エコノミスト,1956,34(2).

［272］内山完造.ひとこと：時の来るまで［J］.新女性,1956(60).

［273］内山完造.矢張り新中国だ［J］.新中国,1956(2).

［274］内山完造等.巻頭のことば［J］.中学生活,1956,2(2).

［275］内山完造.思いついたまま［J］.樹木と果実,1956,1(3).

［276］内山完造.新中国と旧中国［J］.政界往来,1956,22(6).

［277］内山完造.パ々、媽々、弟々［J］.図書,1956(84).

［278］内山完造.革命後の中国の表情［J］.経済時代,1956,21(10).

［279］内山完造.魯迅回顧20年［J］.中国語,1956(16).

［280］内山完造.魯迅精神の開花［J］.ことばの教育,1956,18(9).

［281］内山完造.李少春の型は千両だ［J］.新中国,1957(3).

［282］内山完造.日中復交はどう進めたらよいか(座談会)［J］.知性,1957,4(3).

［283］内山完造.特集：お隣の国"中国"とは？［J］.中学生の友,1957,1(4).

［284］内山完造.北京［J］.知性,1957,4(6).

［285］内山完造.新中国通貨の過去と現在──中国人の経済観は日本人よりも大人だ［J］.経済時代,1958,23(4).

［286］内山完造.新中国貨弊の過去と現在［J］.経済時代,1958,23(6).

［287］内山完造.日中友好促進の考え方［J］.政界往来,1958,24(8).

［288］内山完造.現代の中国──流れる水はくさらない［J］.歴史教育,1958,6(10).

［289］内山完造.羊羹の疑義［J］.高梁川,1958(7).

［290］内山完造.外交随想：東のない西はない［J］.外交時報,1959(958).

［291］内山完造.屯田兵として生きよ［J］.丸,1959,12(10).

［292］内山完造.雨夜の故郷［J］.高梁川，1960(8).

［293］内山完造.自ら省みて恥かしい［J］.アジア経済旬報，1970(793).

［294］内山完造研究会.内山完造雑記1944年8月18日から46年10月5日［J］.
人文学研究所報，2021(65).

［295］内山完造研究会.内山完造《1953年引揚交渉雑記》［J］.人文学研究所報，
2022(67).

［296］内山完造研究会.内山完造《上海で書いた原稿》(1945年9月～1946年5
月)［J］.人文学研究所報，2023(69).

二、内山完造研究相关文献(出版时间序)

(一) 中文著作

［1］鲁迅，何凝.鲁迅杂感选集［M］.上海：青光书局，1933.

［2］鲁迅纪念馆.鲁迅日文作品集［M］.上海：上海文艺出版社，1981.

［3］刘献彪，林治广.鲁迅与中日文化交流［M］.长沙：湖南人民出版社，1981.

［4］小泽正元.内山完造传：献身于日中友好事业的伟大公民［M］.赵宝智，吴德
烈，译.天津：百花文艺出版社，1983.

［5］勝尾金弥.日中友谊架桥人——内山完造［M］.孙伯韬，译.哈尔滨：哈尔滨出
版社，1990.

［6］上海鲁迅纪念馆，上海国际友人研究会.中日友好的先驱：鲁迅与内山完造图
集［M］.上海：上海人民美术出版社，1995.

［7］吉田旷二.鲁迅挚友内山完造的肖像［M］.村尾沙耶佳，李恒伟，译.北京：新华
出版社，1996.

［8］史沫特莱，等.回望鲁迅：海外回响——国际友人忆鲁迅［M］.石家庄：河北教
育出版社，2000.

［9］李欧梵.上海摩登：一种新都市文化在中国1930—1945［M］.毛尖，译.北京：
北京大学出版社，2001.

［10］西原大辅.谷崎润一郎与东方主义：大正日本的中国幻想［M］.赵怡，译.北京：
中华书局，2005.

［11］鲁迅.鲁迅全集［M］.北京：人民文学出版社，2005.

［12］周国伟.鲁迅与日本友人［M］.上海：上海书店出版社，2006.

［13］刘家鑫.日本近代知识分子的中国观［M］.天津：南开大学出版社,2007.

［14］陈祖恩.上海日侨社会生活史(1868—1945)［M］.上海：上海辞书出版社,2009.

［15］上海鲁迅纪念馆,编.内山完造纪念集［M］.上海：上海文化出版社,2009.

［16］李相银.上海沦陷时期文学期刊研究［M］.上海：上海三联书店,2009.

［17］许广平.鲁迅回忆录［M］.周海婴,主编.武汉：长江文艺出版社,2010.

［18］陈祖恩.上海的日本文化地图［M］.上海：上海锦绣文章出版社,2010.

［19］安倍能成.岩波茂雄传［M］.杨琨,译.北京：生活·读书·新知三联书店,2014.

［20］本尼迪克特·安德森.想象的共同体——民族主义的起源与散布［M］.吴叡人,译.上海：上海人民出版社,2016.

［21］徐静波.近代日本文化人与上海(1923—1946)［M］.上海：上海人民出版社,2017.

［22］谷崎润一郎.秦淮之夜［M］.徐静波,译.杭州：浙江文艺出版社,2018.

［23］孙红卫.民族［M］.北京：外语教学与研究出版社,2019.

［24］赵国新,袁方.文化唯物主义［M］.北京：外语教学与研究出版社,2019.

［25］徐静波.魔都镜像：近代日本人的上海书写(1862—1945)［M］.上海：上海大学出版社,2021.

(二) 日文著作

［1］村松梢風.魔都［M］.东京：小西书店,1924.

［2］後藤朝太郎.支那今日の社会相と文化［M］.东京：文明協会,1927.

［3］小田嶽夫.支那人·文化·風景［M］.东京：竹村書房,1937.

［4］後藤朝太郎.支那の下層民［M］.东京：高山書院,1939.

［5］小竹文夫.上海三十年［M］.东京：弘文堂書房,1948.

［6］小澤正元.内山完造伝：日中友好につくした偉大な庶民［M］.东京：番町書房,1972.

［7］竹内好.日本と中国のあいだ［M］.东京：文藝春秋,1973.

［8］内山嘉吉.内山書店小史［M］.东京：内山書店,1975.

［9］かつおきんや作,小沢重行絵.大陸にかけた友情の橋——中国と日本をむすんだ内山完造［M］.京都：PHP研究所,1981.

［10］内山嘉吉，奈良和夫.魯迅と木刻［M］.东京：研文出版，1981.

［11］谷崎潤一郎.谷崎潤一郎全集（第十卷）［M］.东京：中央公論社，1982.

［12］小林勇.遠いあし音・人はさびしき——人物回想［M］.东京：筑摩書房，1987.

［13］尾崎秀樹.上海 1930 年［M］.东京：岩波書店，1989.

［14］小泉譲.評伝：魯迅と内山完造［M］.东京：図書出版，1989.

［15］森田靖郎.上海：モダンの伝説［M］.东京：JICC 出版局，1990.

［16］横光利一.上海［M］.东京：講談社，1991.

［17］前田愛.都市空間のなかの文学［M］.东京：ちくま学芸文庫，1992.

［18］吉田曠二.魯迅の友・内山完造の肖像［M］.东京：新教出版社，1994.

［19］井上ひさし.井上ひさし全芝居：その五［M］.东京：新潮社，1994.

［20］NHK 取材班.魔都上海：十万の日本人［M］.东京：角川書店，1995.

［21］池田鮮.曇り日の虹：上海日本人 YMCA40 年史［M］.东京：教文館，1995.

［22］泉彪之助.魯迅と上海内山書店の思い出［M］.金沢：泉彪之助，1996.

［23］和田博文，大橋毅彦，真銅正宏，等.言語都市・上海 1840—1945［M］.东京：藤原書店，1999.

［24］木之内誠.上海歴史ガイドマップ［M］.东京：大修館書店，1999.

［25］小島勝，馬洪林.上海の日本人社会：戦前の文化・宗教・教育［M］.京都：永田文昌堂，1999.

［26］日本上海史研究会.上海——重層するネットワーク［M］.东京：汲古書院，2000.

［27］芥川龍之介.上海游記［M］.东京：講談社，2001.

［28］片山由子.岡山ゆかりの作家たち——その青春の日の彷徨を追って［M］.东京：近代文芸社，2001.

［29］丸山昇.上海物語：国際都市上海と日中文化人［M］.东京：講談社，2004.

［30］千葉俊二.谷崎潤一郎：上海交遊記［M］.东京：みすず書房，2004.

［31］瀧本弘之，奈良和夫，鎌田出，等.中国抗日戦争時期新興版画史の研究［M］.东京：研文出版，2007.

［32］大桥毅彦，趙夢雲，竹松良明，等.上海 1944—1945：武田泰淳《上海の蛍》注釈［M］.东京：双文社出版，2008.

［33］太田尚樹.伝説の日中文化サロン：上海・内山書店［M］.东京：平凡社，2008.

［34］堀田善衛.上海にて［M］.東京：集英社,2008.

［35］紅野謙介.堀田善衛上海日記：滬上天下一九四五［M］.東京：集英社,2008.

［36］高綱博文."国際都市"上海のなかの日本人［M］.東京：研文出版,2009.

［37］金子光晴.金子光晴（ちくま日本文学038）［M］.東京：筑摩書房,2009.

［38］馬場公彦.戦後日本人の中国像［M］.東京：新曜社,2010.

［39］劉建輝.（増補）魔都上海：日本知識人の"近代"体験［M］.東京：筑摩書房,2010.

［40］山本武利.朝日新聞の中国侵略［M］.東京：文芸春秋,2011.

［41］大橋毅彦,竹松良明,趙夢雲,等.新聞で見る戦時上海の文化総覧——《大陸新報》文芸文化記事細目［M］.東京：ゆまに書房,2012.

［42］鈴木貞美,李征.上海一〇〇年：日中文化交流の場所［M］.東京：勉誠出版,2013.

［43］石田仁志,掛野剛史,渋谷香織,等.戦間期東アジアの日本語文学［M］.東京：勉誠出版,2013.

［44］本庄豊.魯迅の愛した内山書店［M］.京都：かもがわ出版,2014.

［45］池内輝雄,木村一信,竹松良明,等.〈外地〉日本語文学への射程［M］.東京：双文社出版,2014.

［46］和田博文,徐静波,西村将洋,等.上海の日本人社会とメディア1870—1945［M］.東京：岩波書店,2014.

［47］和田博文,黄翠娥.〈異郷〉としての大連・上海・台北［M］.東京：勉誠出版,2015.

［48］高綱博文,石川照子,松村良明,等.戦時上海のメディア——文化的ポリティクスの視座から［M］.東京：研文出版,2016.

［49］堀井弘一郎,木田隆文.戦時上海グレーゾーン——溶融する"抵抗"と"協力"［M］.東京：勉誠出版,2017.

［50］大橋毅彦.昭和文学の上海体験［M］.東京：勉誠出版,2017.

［51］戦前期中国関係雑誌細目集覧刊行会.戦前期中国関係雑誌細目集覧［M］.京都：三人社,2018.

［52］猪木正実.内山完造の世界：日中友好に生涯を捧げた岡山人［M］.岡山：日本文教出版,2020.

［53］孫安石,柳澤和也.内山完造研究の新展開［M］.東京：東方書店,2024.

（三）中文报刊文献①

［1］最近上海金融史［N］.新闻报,1927-03-11(1).

［2］最近上海金融史［N］.新闻报,1927-04-29(9).

［3］最近上海金融史［N］.时事新报（上海）,1927-06-07(5).

［4］乌衣.内山书店里的栗子头［J］.中国摄影学会画报,1928,3(134).

［5］现代日语上卷（经售处：内山书店）［N］.时报,1930-04-30(5).

［6］现代日语上卷（经售处：内山书店）［N］.时报,1930-05-01(5).

［7］现代日语上卷（经售处：内山书店）［N］.时报,1930-05-03(5).

［8］现代日语上卷（经售处：内山书店）［N］.时报,1930-05-18(8).

［9］现代日语上卷（经售处：内山书店）［N］.时报,1930-05-19(5).

［10］现代日语上卷（经售处：内山书店）［N］.时报,1930-05-20(6).

［11］现代日语上卷（经售处：内山书店）［N］.时报,1930-05-21(5).

［12］同仁会.同仁会发行书目［N］.华北医报,1931-04-01(4).

［13］内山书店.内山书店声明［N］.民国日报,1931-04-18(1).

［14］内山书店.内山书店声明［N］.民国日报,1931-04-19(1).

［15］大学高中适用现代日语［N］.新闻报,1931-05-19(2).

［16］防不胜防的冒名寄书：内山书店的一纸声明［J］.中国新书月报,1931,1(6-7).

［17］大学高中适用现代日语［N］.时事新报（上海）,1933-02-15(10).

［18］修正再版东文新教程［N］.中央日报,1933-12-30(8).

［19］修正再版东文新教程［N］.中央日报,1933-12-31(8).

［20］白羽遐.内山书店小坐记［J］.文艺座谈,1933,1(1).

［21］新皖.党政文化秘闻：内山书店与左联［J］.社会新闻,1933,4(2).

［22］修正再版东文新教程［N］.中央日报,1934-01-01(8).

［23］修正增补东文新教程［N］.新闻报,1934-01-06(15).

［24］修正增补东文新教程［N］.新闻报,1934-04-26(16).

［25］修正增补东文新教程［N］.新闻报,1934-04-29(15).

［26］东文新教程［N］.新闻报,1934-10-31(16).

［27］东文新教程［N］.新闻报,1934-11-01(20).

［28］东文新教程［N］.新闻报,1934-11-02(16).

---

① 《申报》《人民日报》相关报道在附录中已列出。

[29] 盗道.鲁迅借助于内山[N].社会日报,1934-05-26(2).

[30] 小的花：林芙美子像一九三一年来沪时摄于内山书店[J].万象,1934(1).

[31] 天一.时事特讯：内山完造底秘密[J].社会新闻,1934,7(16).

[32] 鲁迅与内山书店[J].摄影画报,1934,10(7).

[33] 华文医书[N].时报,1935-09-12(4).

[34] 岩波版辞典短期特卖[N].时报,1935-11-30(8).

[35] 西阶.鲁迅与内山书店[N].晶报,1936-02-29(3).

[36] 军青."满洲国"的"新小说"：内山书店有得卖[N].铁报,1936-05-06(2).

[37] 同仁会版中文医书[N].新闻报,1936-06-05(18).

[38] 汉字索引日华大字典,代售处：内山书店[N].时报,1936-06-07(6).

[39] 汉字索引日华大字典,代售处：内山书店[N].时报,1936-06-08(7).

[40] 汉字索引日华大字典,代售处：内山书店[N].大公报(上海版),1936-06-10(14).

[41] 汉字索引日华大字典,代售处：内山书店[N].大公报(上海版),1936-06-11(13).

[42] 最完善之日文教程：日文津梁[N].大公报(天津版),1936-08-16(8).

[43] 最完善之日文教程：日文津梁[N].大公报(天津版),1936-08-22(12).

[44] 同仁会医书最新刊：妇科学[N].新闻报,1936-09-13(7).

[45] 同仁会医书最新刊：妇科学[N].新闻报,1936-09-20(17).

[46] 内山完造谈鲁迅近年生活[N].大公报(上海版),1936-10-21(4).

[47] 汪以果.鲁迅逝世[N].西京日报,1936-10-23(5).

[48] 耳.内山完造真够朋友[N].立报,1936-10-25(6).

[49] 弹铗.内山完造的中国观[N].晶报,1936-10-27(3).

[50] 苏日文化界续电唁鲁迅[N].大公报(上海版),1936-11-01(7).

[51] 李阿毛.内山完造[N].晶报,1936-11-12(2).

[52] 影愚.内山完造笔下鲁迅的风貌[N].铁报,1936-11-24(2).

[53] 天喜.亟须肃清的汉奸文学：内山完造说中国人好他偏说中国人坏[N].福尔摩斯,1936-11-24(4).

[54] 鲁迅先生绝笔(原纸藏内山先生处)[J].作家(上海),1936,2(2).

[55] 鲁迅先生及其好友内山完造氏与日本改造社社长山本实彦氏聚谈[J].作家(上海),1936,2(2).

[56] 鲁迅先生生前常至之上海北四川路底内山书店[J].作家(上海),1936,2(2).

[57] 先生每至内山书店时必坐之藤椅[J].作家（上海）,1936,2(2).

[58] 鲁迅先生与内山书店主人欢宴改造社社长[J].青年界,1936,10(4).

[59] 海上述林上卷出版[J].文学（上海 1933）,1936,7(6).

[60] 王愈.书报介绍：海外述林[J].通俗文化,1936,4(8).

[61] 亚峰.书报介绍：一个日本人的中国观[J].关声,1936,5(5).

[62] 宗珏.书评：《一个日本人的中国观》[J].国闻周报,1936,13(49).

[63] 新书提要：一个日本人的中国观[J].图书展望,1936,1(12).

[64] 内山书店.来函照登[N].同济旬刊,1936(111).

[65] 日本文艺界编《鲁迅全集》第一卷已出版[N].大公报（上海版）,1937 - 02 - 18(4).

[66] 旦华.近日文坛纷纷传说姑妄听之：鲁迅的灵魂出现内山书店[N].上海报,
1937 - 02 - 24(6).

[67] 大学高中适用现代日语[N].大公报（天津）,1937 - 03 - 21(1).

[68] 内山完造目中之中国[N].世界晨报,1937 - 07 - 01(3).

[69] 西阶.鲁迅最后遗作不必再借重内山[N].晶报,1937 - 07 - 30(2).

[70] 为了欠稿费太利害：郭沫若售稿子有妙法[N].电声周刊（上海）,1937,6(16).

[71] 日军司令部被轰击：日司令部前面内山书店等均被我炮毁[J].抗敌画报,1937(3).

[72] 无奇.内山书店老板将任"宣抚"工作[N].社会日报,1938 - 07 - 15(2).

[73] 老孩子.倚老卖老斋老话：内山完造（卅七）[N].总汇报,1939 - 11 - 17(5).

[74] 内山书店职员携款遭路劫[N].新闻报,1941 - 04 - 17(9).

[75] 云林.学生之页：内山先生的演讲[J].新学生,1942(6).

[76] 木泽康男.内山完造论[N].回教周报,1943 - 09 - 03(4).

[77] 赵俊.各科答问[J].新学生,1943,3(4 - 5).

[78] 世界著名拜罗德自来水笔[N].新闻报,1944 - 12 - 16(2).

[79] 海上汗漫人.记内山完造的宴会[J].现代周报,1944,1(1).

[80] 史蟫.怀内山书店[J].文友（上海 1943）,1944,3(7).

[81] 鼎谈三家：内山完造[J].杂志,1944,13(2).

[82] 黎柏岱.记内山完造：中国之礼赞者[J].中国周报,1944(128).

[83] 柏岱.记内山完造氏（下）：中国之礼赞者[J].中国周报,1944(130).

[84] 晦庵.书话[J].万象,1945,4(7).

[85] 天闻.内山完造谈日本[N].市民日报,1946 - 01 - 10(2).

[86] 郑振铎内山完造等对上海日本人广播[N].世界晨报,1946-01-30(4).

[87] 黑.内山完造看宁波人[N].世界晨报,1946-07-19(2).

[88] 苏子.内山完造滞沪何为[N].沪报,1946-08-26(3).

[89] 潘德枫.鲁迅在内山书店[N].文汇报,1946-10-24(7).

[90] 内山完造的出身[J].大光明,1946(1).

[91] 谢似颜.鲁迅旧诗录:赠邬其山[J].台湾文化,1946,1(2).

[92] 沈订.夏丏尊大义凛然:内山完造暗中惊服[J].飘,1946(9).

[93] 大甬烈士.内山完造狂捧宁波人[J].东南风,1946(20).

[94] 青黎.内山完造谈:郭沫若的日本太太![J].吉普,1946(27).

[95] 内山书店判还原告[N].新民晚报,1947-03-19(4).

[96] 莫嵩.内山完造留华[N].光报,1947-07-10(1).

[97] 敬.内山完造变化多[N].真报,1947-07-19(2).

[98] 山青.内山完造在上海[N].益世报(上海版),1947-08-07(4).

[99] 定一.郭沫若没有良心!内山完造愿终老中国[N].立报,1947-10-06(3).

[100] 晁.澈查日侨身份,请走内山完造[N].飞报,1947-10-28(1).

[101] 日侨遣返又一批,内山完造也在内[N].立报,1947-12-09(3).

[102] 胡传栻."胜利土"上的"战败国"民:残留在上海市的日侨[N].平民日报,1947-12-21(2).

[103] 金山.内山完造致书彭学沛[N].飞报,1948-01-06(2).

[104] 日商内山完造藏书由中央图书馆接收[N].大公报(上海版),1948-06-01(3).

[105] 内山完造遗著暂由中央图书馆接收[N].新闻报,1948-06-01(7).

[106] 内山完造遗书由中央图书馆接收[N].益世报(上海版),1948-06-04(3).

[107] 锋.内山致"木协"的一封信[N].大公报(上海版),1948-07-15(7).

[108] 洛昧.鲁迅与内山完造[N].大公报(上海版),1948-07-22(8).

[109] 洛昧.鲁迅与内山完造[N].大公报(香港版),1948-08-07(8).

[110] 中日交换木刻,内山完造接洽中[N].大公报(上海版),1948-09-28(3).

[111] 陈.围城东迁[N].大公报(上海版),1948-09-23(7).

[112] 天行.鲁迅和内山完造[J].创世,1948(17).

[113] 陈姆生.为鲁迅精神活下去:内山完造著文纪念故人[N].大公报(香港版),1949-01-23(8).

[114] 陈姆生.死者为生者写的墓碑铭：夏丏尊替内山完造写墓碑[N].大公报（香港版），1949-01-25(8).

[115] 陈姆生.夏丏尊为内山完造铭墓[N].益世报（上海版），1949-03-13(3).

[116] 何谷.内山完造拜谒鲁迅墓[N].新民晚报，1956-11-20(3).

[117] 张林岚.上海的老朋友内山完造[N].新民晚报，1956-11-24(1).

[118] 孙世恺.内山完造在北京鲁迅博物馆（上）[N].新民晚报，1956-11-26(5).

[119] 孙世恺.内山完造在北京鲁迅博物馆（下）[N].新民晚报，1956-11-27(5).

[120] 内山嘉吉.我的回忆[J].李平凡，译.版画，1956(10).

[121] 银絮.鲁迅的诗和邬其山[N].新民晚报，1961-03-03(3).

[122] 刘德有.访东京内山书店[N].光明日报，1965-04-09(4).

[123] 李菁.鲁迅与中日文化交流[J].吉林师大学报，1975(3).

[124] 访内山嘉吉先生[N].光明日报，1976-05-09(3).

[125] 郭沫若副委员长会见内山嘉吉和夫人[N].文汇报，1977-06-18(3).

[126] 内山嘉吉在上海祭扫内山完造先生墓[N].文汇报，1977-07-01(3).

[127] 纪念内山完造先生逝世二十周年[N].文汇报，1979-09-21(2).

[128] 杨磊.读鲁迅给日本友人的几首诗[J].思想战线，1979(4).

[129] 凌月麟.鲁迅在上海第一次避难的地点[J].纪念与研究，1980(3).

[130] 吴德仁.鲁迅与内山嘉吉[J].美苑，1980(3).

[131] 辛光琪.重温鲁迅和内山的深情[N].文汇报，1981-09-28(2).

[132] 凌月麟，王笃荣.鲁迅在上海寓居的地方[J].上海师范大学学报（哲学社会科学版），1981(3).

[133] 周朴农，冯继烈.内山完造和内山书店[J].浙江学刊，1982(2).

[134] 孙世恺.访内山完造和鲁迅故居——在北京采访留下的片断史料[J].新闻研究资料，1982(3).

[135] 章成鈞.内山书店将在沪恢复开办[N].文汇报，1984-11-30(2).

[136] 赵家璧.内山书店两兄弟[N].新民晚报，1984-12-07(5).

[137] 赵家璧.内山书店两兄弟[N].新民晚报，1984-12-08(5).

[138] 戈宝权.鲁迅和内山完造的友谊——纪念内山完造先生诞生一百周年[J].鲁迅研究动态，1985(1).

[139] 肖林.书肆津梁 中华之友——上海纪念内山完造诞辰百周年纪实[J].纪念

与研究,1985(11).

[140] 周海婴.中国人民的好朋友[J].纪念与研究,1985(11).

[141] 王聪.重建上海内山书店将成为现实[N].文汇报,1986 - 10 - 30(4).

[142] 萧军.庆祝内山完造先生百年诞辰及日本东京内山书店建业五十周年纪念
[J].鲁迅研究动态,1986(3).

[143] 江小蕙.内山嘉吉与鲁迅[J].鲁迅研究动态,1986(9).

[144] 项玮.内山书店旧址纪念室迎客[N].新民晚报,1988 - 09 - 25(11).

[145] 本市设立内山书店图书专柜[N].文汇报,1990 - 11 - 11(2).

[146] 朱惠兴.日本内山之会访华团参观上海鲁迅纪念馆[J].上海鲁迅研究,1991(1).

[147] 周国伟.鲁迅与内山书店职员——鲁迅与日本友人交往和文化交流之一[J].
上海鲁迅研究,1991(1).

[148] 周国伟.鲁迅与日本友人——与紧邻山本初枝、木村重、浅野要的友谊[J].上
海鲁迅研究,1991(2).

[149] 乐以钧.怀念内山嘉吉老师[J].文史杂志,1993(1).

[150] 马蹄疾.鲁迅与日本人士二考[J].鲁迅研究月刊,1994(3).

[151] 茅铨.内山夫妇实现了葬在中国的心愿[J].民国春秋,1994(3).

[152] 孙世恺.跟踪采访内山完造[J].新闻与写作,1994(4).

[153] 杨兰.日中友好"内山会"[J].上海鲁迅研究,1995(1).

[154] 蒋静林.中国人民的朋友——内山完造[J].上海党史研究,1995(4).

[155] 刘建平.内山书店的毛泽东研究书籍专柜[J].毛泽东思想论坛,1995(4).

[156] 李浩."纪念内山完造先生诞辰 110 周年"座谈会在上海举行[J].鲁迅研究月
刊,1995(12).

[157] 薛理勇.上海三处内山书店[N].文汇报,1996 - 10 - 26(10).

[158] 程天良.鲁迅、钱君匋、内山的书缘[N].文汇报,1996 - 12 - 29(3).

[159] 王锡荣.鲁迅与内山完造友谊的三个基点[J].上海鲁迅研究,1996(1).

[160] 李浩.纪念内山完造先生诞辰 110 周年座谈会在上海举行[J].上海鲁迅研
究,1996(1).

[161] 凌月麟.放射异彩的"漫文"——读内山完造《活中国的姿态》[J].上海鲁迅研
究,1996(1).

[162] 周国伟.内山完造掩护、帮助中国进步人士的行为与动因[J].上海鲁迅研究,

1996(1).

[163] 王建华.关于内山书店杂志部的辨证[J].上海鲁迅研究,1996(1).

[164] 柳哲.曹聚仁笔下的内山书店[J].鲁迅研究月刊,1996(8).

[165] 薄凤,等.纪念内山书店创立 80 周年[N].文汇报,1997 - 05 - 29(3).

[166] 竺济法.内山完造笔下的"宁波帮"[N].宁波日报,1997 - 08 - 20(8).

[167] 周学鲁.内山书店史实寻踪——纪念内山书店创建 80 周年[J].上海鲁迅研究,1997(1).

[168] 白撞雨.鲁迅推荐的写中国人的两种书[J].书城,1997(3).

[169] 永定.内山书店[N].文汇报,1998 - 04 - 06(8).

[170] 陈特明.鲁迅与内山完造[N].文汇报,1998 - 04 - 16(8).

[171] 拜谒内山完造和鲁迅墓[N].文汇报,1998 - 09 - 17(4).

[172] 王勇.郭沫若与内山完造的友情[J].文史杂志,1998(1).

[173] 李浩.中日人士隆重纪念内山书店创立 80 周年[J].上海鲁迅研究,1998(1).

[174] 竹内实.《鲁迅日文书信手稿》序[J].鲁迅研究月刊,1998(4).

[175] 耕夫.从内山书店纪念室说起[J].党政论坛,1998(11).

[176] 夏弘宁.夏丏尊与内山完造[N].新民晚报,1999 - 02 - 17(21).

[177] 陈祖恩.早期上海日本居留民的文化活动[J].档案与史学,2001(2).

[178] 吴永贵.神往内山书店[N].中国图书商报,2002 - 11 - 22(8).

[179] 徐心芹.内山书店主人内山完造[J].上海鲁迅研究,2002(1).

[180] 金逢孙.回忆"MK 木刻研究会"[J].鲁迅研究月刊,2002(3).

[181] 高梁.内山完造"生为中华 殁作华中土"[J].炎黄春秋,2002(9).

[182] 江榕惠.许广平在日本宪兵队总部的日子里[J].福建党史月刊,2003(2).

[183] 刘向楠.从鲁迅与内山完造的交往看中日两国文化交流的重要性[J].成都行政学院学报(哲学社会科学),2003(3).

[184] 李允经.木刻讲习会导师内山嘉吉[J].鲁迅研究月刊,2004(6).

[185] 余晞慕.内山书店书目话旧[J].上海鲁迅研究,2005(3).

[186] 王晓渔.鲁迅、内山书店和电影院——现代知识分子与新型媒介[J].同济大学学报(社会科学版),2006(3).

[187] 赵修慧.赵家璧与内山书店[J].出版史料,2006(3).

[188] 佐藤明久.儿岛亨与鲁迅先生的渊源——"鲁迅先生·内山完造先生日中友

好基金"的由来[J].瞿斌,译.纪念鲁迅逝世七十周年国际学术讨论会论文集,2006(10).

[189] 周海婴.一桩解不开的心结:须藤医生在鲁迅重病期间究竟做了些什么?[J].鲁迅研究月刊,2006(11).

[190] 左庆斌.内山完造与内山书店[J].语文天地,2006(20).

[191] 吉田旷二.1930年代的上海内山书店——上海时代的鲁迅和内山完造为反战而共同努力[J].瞿斌,译.上海鲁迅研究,2007(3).

[192] 江枫.鲁迅与文艺漫谈会[J].纪念鲁迅定居上海80周年学术研讨会论文集,2007(7).

[193] 鲁宣.内山完造逝世50周年纪念活动在日本举行[N].中国文物报,2009-05-29(2).

[194] 姜秀花.内山完造及其内山书店[J].高校图书馆工作,2009(4).

[195] 陈南.内山完造先生逝世50周年纪念活动在日本冈山举行[J].鲁迅研究月刊,2009(6).

[196] 王锡荣.解读新版许广平《鲁迅回忆录》[J].世纪,2010(5).

[197] 张立波.浅谈井上厦的以鲁迅为主人公的传记剧《上海月亮》——以该剧的创作特点及创作意图为中心[J].上海鲁迅研究,2010(1).

[198] 乐融.鲁迅收藏和关注过的儿童版画[J].上海鲁迅研究,2011(3).

[199] 张立波.国家战争体制下的"非国民"——《上海月亮》中的鲁迅[J].鲁迅研究月刊,2013(2).

[200] 陆其国.鲁迅与内山完造在上海[N].解放日报,2014-02-04(8).

[201] 那些与鲁迅交往的日本人[J].新文学史料,2015(11).

[202] 王锡荣.邂逅"内山会"[N].文汇报,2016-05-02(2).

[203] 尹敏志.东京的三家汉学书店[J].书城,2016(10).

[204] 思庵."周鲁迅"是内山书店店员的发明[J].鲁迅研究月刊,2016(11).

[205] 赵林.出版文化、民族主义与上海文化场域——鲁迅与内山完造的交往史[J].西北大学学报(哲学社会科学版),2017,47(3).

[206] 姜庆刚.内山书店购书函考释[N].中国社会科学报,2018-01-29(8).

[207] 惜珍.山阴路上的红色记忆[J].档案春秋,2018(2).

[208] 赵怡.鲁迅与日本文人夫妇金子光晴、森三千代[J].鲁迅研究月刊,2018(4).

［209］沈闪."周鲁迅"是内山书店店员发明的吗？［J］.现代中文学刊,2018(4).

［210］沈洁.文化空间的生成——20世纪二三十年代上海的印刷与消费主义［J］.史林,2018(5).

［211］郝庆军.迁居与隐居：鲁迅活动地图和上海文化空间［J］.文艺理论与批评,2019(1).

［212］曹建南.鲁迅在内山书店喝什么茶［J］.茶博览,2019(3).

［213］乐融.鲁迅与版画［J］.人民周刊,2019(23).

［214］蔡震.郭沫若与内山完造和内山书店［J］.郭沫若学刊,2020(1).

［215］施晓燕.鲁迅居沪期间生病考［J］.上海鲁迅研究,2020(3).

［216］张勇.鲁迅、郭沫若与内山完造相关史实疏正［J］.鲁迅研究月刊,2020(4).

［217］陈漱渝.内山完造与鲁迅［N］.天津日报,2021－06－07(11).

［218］内山完造的《花甲录》中译本出版［J］.郭沫若学刊,2021(1).

［219］吕慧君.从外国文化输入到中国文化输出：上海内山书店在中日出版文化交流中的媒介性研究［J］.编辑之友,2021(4).

［220］吕慧君.日本国策文学在海外的蔓延和变异——以沦陷期日文杂志《上海文学》为中心［J］.复旦学报(社会科学版),2022(2).

［221］许旸.立体还原"大先生",1927·鲁迅与内山纪念书局揭幕［N］.文汇报,2022－11－27(1).

［222］吕慧君.新见鲁迅致内山完造信札及小田岳夫译鲁迅杂文三篇考索［J］.现代中文学刊,2023(2).

［223］吕慧君.上海沦陷时期中日文人交流场域与文学关系——以《上海文学》同人为中心［J］.复旦学报(社会科学版),2023(6).

（四）日文报刊报道①

［1］［広告］内山书店［N］.朝日新聞,1917－03－03(1).

［2］［国民政府の中国における日本書籍の将来］下：在上海·内山書房·ウ起山生［N］.読売新聞,1928－09－26(4).

［3］2月の雑誌：改造［N］.朝日新聞,1935－02－18(9).

［4］大陸文化関係の新刊書(中)［N］.朝日新聞,1938－09－12(4).

---

① 《改造日报》相关报道在正文,《大陆新报》相关报道在附录中已介绍。

［5］戦争と書籍：二つの行き方、上海・内山完造［N］.読売新聞（晩報），1941－08－03（3）.

［6］可東みの助.上海人あの顔この顔：内山完造氏の巻［J］.オール上海，1942，4（3）.

［7］上海霖語［N］.読売新聞（晩報），1942－11－11（1）.

［8］優良邦人表彰：日華親善に貢献［N］.朝日新聞，1944－03－08（2）.

［9］笠利記者.中日文化交流への実績──内山完造氏のこと［J］.民鐘，1947，2（5－6）.

［10］ニュース・フラッシュ：内山完造氏帰国［J］.日本古書通信，1948，13（1）.

［11］煙草一箱二万元の上海で人々はいかに暮してゐるか？ 内山完造氏に聴く：紙幣都市上海の社会生活［J］.アンサーズ，1948，3（2）.

［12］中国生活三十五年：内山完造氏の歩んだ道［J］.伝記，1948，2（11）.

［13］中国生活三十五年：伝記誌［J］.探書マンスリー，1949，3（2）.

［14］内山嘉吉.中国木刻と魯迅さん［J］.桃源，1949，4（3）.

［15］内山完造さんについて［N］.日向日日新聞，1949－09－19（2）.

［16］実際的中国人：来宮の内山完造氏談［N］.日向日日新聞，1949－09－23（1）.

［17］内山氏講演会［N］.南日本新聞，1949－09－25（3）.

［18］内山完造氏の中国事情講演会［N］.佐賀新聞，1949－09－29（1）.

［19］きのう内山氏長崎で講演［N］.長崎民友，1949－10－04（2）.

［20］内山完造氏諫早で講演［N］.長崎民友，1949－10－05（2）.

［21］内山完造氏巡回講演会［N］.大分合同新聞，1949－10－13（1）.

［22］内山氏講演宇佐区日程［N］.大分合同新聞，1949－10－14（2）.

［23］内山完造氏へ［N］.朝日新聞，1952－09－26（3）.

［24］香港まで雲また雲の旅、内山完造氏から第一信、中共引揚げ代表団出発［N］.朝日新聞，1953－01－31（7）.

［25］内山完造氏盗難［N］.朝日新聞（晩報），1953－03－16（3）.

［26］内山氏のカバン現れる［N］.朝日新聞，1953－03－17（7）.

［27］内山完造著《両辺倒》［N］.朝日新聞，1953－04－20（4）.

［28］知られざる反面、"内山完造"とはどんな男か？［J］.全貌，1953，2（11）.

［29］内山完造さんへ［N］.朝日新聞，1954－02－12（3）.

［30］［広告］平均有銭［N］.読売新聞，1955－05－18（1）.

［31］新中国の庶民の姿：内山完造著《平均有銭》［N］.朝日新聞，1955－05－23（4）.

[32] 加美山節.開拓者図書室：内山完造著《平均有銭》[J].開拓者,1955,50(8).

[33] 玉砕主義から反戦論に乗り換えた"内山完造"[J].全貌,1955,4(8).

[34] 内山完造編《新中国読本》[J].伊藤忠商事株式会社調査時報,1955(73).

[35] 上海"内山書店"の主人・内山さん、再度の中国ぐらし、北京の旧友に招かれて[N].朝日新聞,1959－08－30(11).

[36] 内山完造さん夫妻中国へ出発[N].朝日新聞,1959－09－17(10).

[37] 内山氏北京で死去[N].読売新聞,1959－09－21(9).

[38] 中国へ着いたばかり：内山完造氏の死去[N].読売新聞,1959－09－21(9).

[39] 内山氏、北京で急死[N].朝日新聞,1959－09－21(11).

[40] 北京で故内山完造氏の葬儀[N].読売新聞(晩報),1959－09－22(7).

[41] "骨は上海に埋めて"：北京で内山完造氏葬儀[N].朝日新聞,1959－09－23(10).

[42] 上海の内山書店[N].読売新聞,1959－10－10(1).

[43] 内山完造氏の生前の言葉から[J].明るい生活：農家の雑誌,1959(74).

[44] 菊田要.内山完造氏を悼む[J].学校劇,1959,6(11).

[45] 内山完造著《花甲録》[N].朝日新聞,1960－10－07(7).

[46] 中国通の自叙伝：内山完造著《花甲録》[N].読売新聞(晩報),1960－10－13(3).

[47] 幼方直吉.内山完造《花甲録》[J].アジア経済旬報,1960(447).

[48] 竹内好.内山完造と"漫談"――《花甲録》について[J].思想,1961(439).

[49] 岩崎太郎.文豪魯迅と内山完造[J].経済往来,1968,20(6).

[50] 小澤正元.庶民・内山完造伝――日中友好に不滅の足跡[J].朝日アジアレビュー,1971,2(1).

[51] 日中友好に生涯をささげた故内山完造氏夫人：内山マサノさん[N].読売新聞,1971－10－27(4).

[52] 増井経夫.近代日本と中国-18-内山完造と田中慶太郎[J].朝日ジャーナル,1972,14(23).

[53] 小林勇.人間を書きたい・内山完造[J].文藝春秋,1972,50(9).

[54] 知識の細い糸つなぐ：内山書店の内山嘉吉氏、亡き兄と共に37年[N].朝日新聞,1972－09－25(3).

[55] 内山嘉吉.日中にかけた心の橋〈兄・内山完造のこと〉[J].母の友,1973(236).

[56] 内山嘉吉.兄完造のこと[J].高梁川,1973(30).

［57］ 中西寛治.内山完造さんのこと［J］.高梁川,1973(30).

［58］ 磯崎龍子郎.内山完造さんの思い出［J］.高梁川,1973(30).

［59］ 倉田清市.内山完造さんを偲びて［J］.高梁川,1973(30).

［60］ 吉岡金市.内山完造と魯迅と［J］.高梁川,1973(30).

［61］ 難波行彦.内山完造のこと［J］.高梁川,1973(30).

［62］ 安藤次郎.内山老板の思い出［J］.高梁川,1973(30).

［63］ 松山吾一.友好の父内山さん［J］.高梁川,1973(30).

［64］ 小澤正元.芳井印象記［J］.高梁川,1973(30).

［65］ 孫平化氏も出席して：内山完造生誕90年［N］.朝日新聞(晩報),1975-10-04(9).

［66］ 内山嘉吉.魯迅と兄完造と木刻と［J］.本の本,1976,2(10).

［67］ 短評：中国人の生活風景、内山完造著［N］.読売新聞,1979-08-27(9).

［68］ 新島淳良.〔書評〕内山完造著《魯迅の思い出》［J］.流動,1979(12).

［69］ 山下武.内山完造《魯迅の思い出》(社会思想社)［J］.50冊の本,1980(19).

［70］ 山本登.魯迅と内山完造［J］.魯迅の会会報,1980(1).

［71］ 魯迅の理解者、内山完造氏の碑［N］.朝日新闻,1981-09-29(22).

［72］ 鄧健吾.内山嘉吉・奈良和夫著《魯迅と木刻》を読んで［J］.中国研究月報,1981(404).

［73］ 于振領.内山書店と魯迅——内山書店記念碑のかいわい［J］.魯迅の会会報,1983(7).

［74］ 黄源.魯迅や内山完造のことなど［J］.季刊鄔其山,1983(1).

［75］ 春名徹.内山完造著《そんへえ・おおへえ》［J］.季刊鄔其山,1984(4).

［76］ 魯迅が通った上海"内山書店"復活へ［N］.朝日新聞,1984-12-03(3).

［77］ 魯迅が戦前訪ねた上海の"サロン"内山書店よみがえる［N］.読売新聞,1984-12-03(3).

［78］ 日中文化交流に貢献：内山嘉吉氏死去［N］.朝日新聞,1984-12-31(23).

［79］ 内山嘉吉氏(日本児童劇作の会会長、内山書店会長)死去［N］.読売新聞,1984-12-31(23).

［80］ 内山完造生誕百周年の式典［N］.朝日新聞,1985-01-12(3).

［81］ 内山書店からのお願い［J］.季刊鄔其山,1985(7).

［82］蕭軍.劫波を歴尽して兄娣あり：内山完造先生生誕百年と東京内山書店建
　　　業五十周年を祝して［J］.季刊鄔其山,1985(9).

［83］小森田一.内山精神よ永遠たれ［J］.季刊鄔其山,1985(9).

［84］尾崎秀樹.内山完造と尾崎秀実［J］.季刊鄔其山,1985(9).

［85］河野さくら.内山完造さんへのお礼のことば［J］.季刊鄔其山,1985(9).

［86］飯倉照平.一ツ橋の内山書店へ通ったころ［J］.季刊鄔其山,1985(9).

［87］王宝良,孫武勲.なつかしい内山書店の日々［J］.季刊鄔其山,1985(9).

［88］島田政雄.内山完造さんと会った上海［J］.季刊鄔其山,1985(9).

［89］黄源.内山完造《偉大なる存在》［M］.代田智明,訳.季刊鄔其山,1985(9).

［90］山田善二郎.鹿地事件と内山完造先生のこと［J］.季刊鄔其山,1985(9).

［91］黎波.わが内山書店［J］.季刊鄔其山,1985(9).

［92］福山直登.上海内山書店の再開を［J］.季刊鄔其山,1985(9).

［93］中日友好協会会長夏衍,中国出版対外貿易総公司,三聯書店香港分店.祝
　　　辞：内山完造生誕百年、東京内山書店創立五十周年を記念して、内山書店
　　　の発展と繁栄を［J］.季刊鄔其山,1985(9).

［94］中国図書輸出入総公司,人民中国雑誌社,中国国際図書貿易総公司,等.祝
　　　辞：内山完造生誕百年、東京内山書店創立五十周年を記念して、内山書店
　　　の発展と繁栄を［J］.季刊鄔其山,1985(9).

［95］呉朗西.内山さんをめぐる二つの回想［J］.季刊鄔其山,1985(9).

［96］内山正雄.内山完造の頌徳碑と胸像［J］.季刊鄔其山,1985(9).

［97］内山完造・内山書店略年譜［J］.季刊鄔其山,1985(9).

［98］内山完造著編書一覧［J］.季刊鄔其山,1985(9).

［99］内山嘉吉,内山松藻.東京内山書店五十年［J］.季刊鄔其山,1985(9).

［100］内山完造生誕百年：日中出版界の交流かみしめ［N］.読売新聞(晩報),
　　　　1985－09－10(7).

［101］内山完造生誕百年・東京内山書店創立五十周年祝賀会［J］.季刊鄔其山,
　　　　1985(10).

［102］上海：内山完造氏夫妻の墓［N］.朝日新聞(晩報),1986－10－20(3).

［103］内山書店［N］.朝日新聞,1988－09－02(29).

［104］秋山専一.政治論壇——大正デモクラシー——日中友好人士・内山完造

［J］.世界と議会,1990(328).

［105］45年ぶり、上海に内山書店復活［N］.朝日新聞,1990－11－11(30).

［106］内山松藻さん：中国専門書店経営者、倉石賞受賞［N］.朝日新聞（晩報）,
　　　1990－12－05(2).

［107］内山松藻さん：第2回倉石賞受賞を受賞した内山書店経営者［N］.毎日新
　　　聞,1990－12－15(3).

［108］井上ひさしの新作《シャンハイムーン》ようやく東京上演：高橋長英と安
　　　奈淳で［N］.毎日新聞（晩報）,1991－02－27(7).

［109］《シャンハイムーン》（こまつ座）"井上の世界"だが［N］.毎日新聞（晩報）,
　　　1991－03－07(7).

［110］シャンハイムーン：こまつ座公演［N］.朝日新聞（晩報）,1991－03－08(19).

［111］内山マツモ氏死去［N］.朝日新聞（晩報）,1991－03－09(19).

［112］内山マツモさん：死去（内山書店常務、店長）［N］.毎日新聞,1991－03－10(27).

［113］完造さん［N］.朝日新聞（晩報）,1991－03－16(1).

［114］内山籬.内山完造と魯迅［J］.La international,1992,29(10).

［115］長堀祐造.上海内山書店と魯迅をめぐる風景［J］.びぶろす（Biblos）,1992,
　　　43(9).

［116］関井光男.《上海漫語》内山完造［J］.彷書月刊,1993(94).

［117］吉田曠二.上海の内山完造：新島襄との見えざる糸の結びつき［J］.新島研
　　　究,1994(84).

［118］吉田曠二.上海内山書店と文化サロン［J］.京古本や往来,1995(67).

［119］吉田曠二.マイ　トリップ　トウ　チャイナ：魯迅と内山完造の周辺［J］.新島
　　　研究,1997(88).

［120］藤井省三.上海の梁山泊──光晴、魯迅、内山完造［J］.太陽,1997,35(4).

［121］魯迅ら記念し：内山書店跡の壁に石版［N］.朝日新聞（晩報）,1998－10－15(11).

［122］内山完造の銅像完成、上海の"魯迅記念館"に設置［N］.朝日新聞（岡山版）,
　　　1999－11－12(27).

［123］内山完造の銅像建立へ、6日に実行委設立、芳井町で募金活動［N］.朝日新
　　　聞（岡山版）,2000－02－01(27).

［124］内山完造の銅像、完成祝い除幕式、芳井町で記念講演会も［N］.朝日新聞

（岡山版），2000－07－11(35).

[125] 児島亨さん88歳、死去（元福山市日中友好協会会長）[N].毎日新聞（広島版），2001－07－30(17).

[126] 鈴木明.上海、わが街〔6〕上海・横浜橋付近の風景——文豪魯迅と17歳の革命青年[J].プレジデント，2001,39(17).

[127] 片岡和男.ヒューマン・アルバム：内山完造——庶民の心が結んだ日中友好の架け橋[J].潮，2003(528).

[128] 築添正生.特集・書店の記憶〈書店はサロン〉①内山書店と魯迅[J].BOOKISH(ブッキッシュ),2004(7).

[129] 吉田曠二.1930年代の長谷川テルと内山完造——上海のリーペン・レン[J].あごら，2004(296).

[130] 谷川栄子.日中相互理解のために——内山完造氏と大森夫妻に学ぶ[J].現代中国事情，2005(4).

[131] 魯迅と内山の交遊[N].朝日新聞，2006－03－22(4).

[132] 田中健之.神田神保町の五・四運動（日本の中の近代アジア史〔4〕）[J].中央公論，2006,121(5).

[133] 森まゆみ.瑞金賓館、内山書店、上海画廊："租界"で見た夢、上海のサロン文化[J].東京人，2006,21(12).

[134] 亀井友美子.内山完造の新史料発見——上海からの書簡や履歴書：井原市教委複写を入手、出張員時代の活動伝える[N].山陽新聞，2007－03－08(34).

[135] 日中結んだ庶民、内山完造たたえ、没後50年控え記念事業、井原の顕彰会企画[N].朝日新聞（岡山版），2007－05－25(22).

[136] 日中の懸け橋・内山完造、漫画で次世代に：先人顕彰会・井原が小中校へ寄贈[N].朝日新聞（岡山版），2008－11－11(27).

[137] 《内山完造の生涯》次世代に：先人顕彰会・井原、漫画本を小中学校などへ寄贈[N].朝日新聞，2008－11－16(32).

[138] 没後50年しのび催し：日中友好協会創設の内山完造、井原で17日[N].朝日新聞，2009－05－13(25).

[139] 内山完造：魯迅を支援、あす没後50年記念事業、井原[N].毎日新聞（岡山版），2009－05－16(25).

［140］森まゆみ,内山籬.上海→神保町：海を越えた文化人サロン"内山書店"［J］.東京人,2011,26(11).

［141］渡辺達治.中国の知育んだ：上海・内山書店［N］.読売新聞（晩报）,2014－06－17(3).

［142］龔暁霏.新刊紹介：本庄豊著《魯迅の愛した内山書店：上海雁ヶ音茶館をめぐる国際連帯の物語》［J］.明大アジア史論集,2015(19).

［143］譚璐美.日中百年の群像：魯迅と蒋介石が日本に見た夢（第16回）上海、内山書店交友記［J］.新潮45,2015,34(8).

［144］内山深."人"と"本"と"アジア"をつなぐ：中国・アジアの本［J］.内山書店タイ国情報,2019(1).

［145］シンポジウム："内山完造と日中関係"［N］.岡山と中国,2019－08－09(2).

（五）日文研究論文

［1］陸艶.1930年代中国社会の風景——内山完造の中国観から［J］.龍谷大学仏教文化研究所所報,1997(21).

［2］大橋毅彦.邦字新聞《大陸新報》瞥見［J］.昭和文学研究,1999(39).

［3］高綱博文.内山完造の中国社会体験［J］.研究紀要（日本大学通信教育部编）,2000(13).

［4］金子えつこ.クリスチャン商人・内山完造［J］.四国学院キリスト教教育研究所年報,2000(7).

［5］館蔵資料から、未発表資料紹介：小田嶽夫宛書簡（四）［J］.日本近代文学館,2004(199).

［6］久保卓哉.医薬学者中村耕雲の系譜——児島亨と内山完造とそして魯迅と［J］.福山大学人間文化学部紀要,2007(7).

［7］久保卓哉.魯迅の絶筆——許広平と内山完造と児島亨——その時刻と経路をめぐって［J］.野草,2007(80).

［8］北岡正子.80号合評：久保卓哉、魯迅の絶筆——許広平と内山完造と児島亨——その時刻と経路をめぐって［J］.野草,2008(81).

［9］高綱博文.内山完造の新史料——《大正一四年上海内山通信》［J］.研究紀要（日本大学通信教育部编）,2008(21).

[10] 久保卓哉.林芙美子蔵釋芝峰七言絶句について[J].福山大学人間文化学部紀要,2009(9).

[11] 松岡愛与.谷崎潤一郎と内山書店[J].大手前比較文化学会会報,2009(10).

[12] 大橋毅彦.上海・内山書店文芸文化ネットワークの形成と奥行——文芸漫談会機関誌《萬華鏡》を中心にして[J].日本文藝研究,2009,61(1-2).

[13] 久保卓哉.林芙美子蔵：魯迅親筆、銭起《帰雁》詩について——これまでの定説と新見解[J].福山大学人間文化学部紀要,2010(10).

[14] 鈴木正夫.魯迅と日本人特務——そして上海内山書店[J].関東学院大学文学部紀要,2010(120-121).

[15] 趙夢雲.《上海文学》とその同人たち——戦時上海邦人文学活動研究へのアプローチ[J].中国文化研究,2011(27).

[16] 呂慧君.《上海日日新聞》から見た内山完造の上海における文学・文化活動"童話会"研究(一)[J].日本文芸研究,2011,62(2).

[17] 木田隆文.武田泰淳《中秋節の頃(上)》の周辺[J].日本近代文学,2011(85).

[18] 呂慧君.《大陸新報》から見る内山完造の中国観(一)——《大陸新報》掲載作品概覧[J].比較文化研究,2012(101).

[19] 山本英史.中国の素顔を見極めた書：内山完造の世界[J].アジア遊学,2012(150).

[20] 呂慧君.内山漫語における中国人を描く視点と特徴——小竹文夫との比較を中心に[J].阪神近代文学研究,2012(13).

[21] 久保卓哉.内山完造宛林芙美子書簡見つかる：昭和5年満洲上海への旅,野草,2013(91).

[22] 呂慧君."老上海"内山完造と"支那通"後藤朝太郎の中国認識[J].日本文芸研究,2013,64(2).

[23] 呂慧君.終戦直後における内山完造の文化活動——《改造日報》を中心に[J].比較文化研究,2013(106).

[24] 呂慧君.内山完造の作品世界——〈人情味〉の溢れる伝統的都市空間としての上海[J].阪神近代文学研究,2013(14).

[25] 呂慧君.占領期上海における《上海文学》と《雑誌》——内山完造と中国文化人荻崖、陶亢徳に着眼して[M]//石田仁志,掛野剛史,渋谷香織,等.アジア

遊学 167：戦間期東アジアの日本語文学.東京：勉誠出版,2013.

[26] 呂慧君.終戦直後における内山完造の言論姿勢[J].季刊中国,2013(114).

[27] 秦剛.戦前日本出版メディアの上海ルート——内山書店と改造社の海を越えたネットワーク[J].日本近代文学,2013(89).

[28] 浜田直也.賀川豊彦と魯迅：賀川豊彦の"第一次上海事変"認識と魯迅・内山完造との交流について[J].神女大史学,2013(30).

[29] 秦剛.柳瀬正夢の漫画と一九三〇年代中国の左翼美術：媒介としての魯迅と内山書店[J].Juncture：超域的日本文化研究,2015(6).

[30] 髙綱博文.敗戦直後の上海における《改造日報》について[J].研究紀要(日本大学通信教育部編),2015(28).

[31] 呂慧君.内山完造と大陸賞[M]//堀井弘一郎,木田隆文.アジア遊学 205：戦時上海グレーゾーン.東京：勉誠出版,2017.

[32] 渡邊ルリ.上海日僑管理処発行《導報》誌の中の日本人たち：内山完造・海野昇雄・林俊夫(三木七石)[M]//堀井弘一郎,木田隆文.アジア遊学 205：戦時上海グレーゾーン.東京：勉誠出版,2017.

[33] 中沢弥.上海・内山書店と文芸漫談会[J].経営情報研究：多摩大学研究紀要,2017(21).

[34] 中沢弥.内山完造と雑誌《萬華鏡》[J].経営情報研究：多摩大学研究紀要,2017(22).

[35] 菊池敏夫.内山完造《花甲録》読み合わせ会の記録(1)[J].人文学研究所報,2019(61).

[36] 川崎真美.内山完造の足跡を辿る：岡山・大阪・京都[J].人文学研究所報,2019(61).

[37] 髙綱博文.戦時上海における内山完造：内山完造の〈グレーゾーン〉問題を中心に[J].研究紀要(日本大学通信教育部編),2020(33).

[38] 内山籬.内山完造の自筆文書について[J].人文学研究所報,2020(64).

[39] 大里浩秋.内山完造の雑記を読む[J].人文学研究所報,2020(64).

[40] 菊池敏夫.内山完造《花甲録》読み合わせ会の記録(2)[J].人文学研究所報,2020(64).

[41] 大里浩秋.敗戦直後、思索を重ねた完造さん[J].人文学研究所報,2021(65).

［42］内山籬.上海内山書店の結末［J］.人文学研究所報，2021(65).

［43］菊池敏夫.内山完造と同時代日本へのまなざし［J］.人文学研究所報，2021(65).

［44］川崎真美.上海における内山完造ゆかりの地［J］.人文学研究所報，2021(65).

［45］松本和也.内山完造《花甲録》の書法［J］.人文学研究所報，2021(65).

［46］孫安石.上海の内山書店と医学書、医療機器の販売について(1)［J］.人文学研究所報，2021(65).

［47］髙綱博文.戦後上海〈グレーゾーン〉：上海最後の日本語新聞《改造日報》をめぐって［J］.研究紀要(日本大学通信教育部編)，2021(34).

［48］髙綱博文.戦後上海における内山完造：新史料による検討を中心に［J］.研究紀要(日本大学通信教育部編)，2022(35).

［49］内山籬.《1953 年引揚交渉雑記》について［J］.人文学研究所報，2022(67).

［50］大里浩秋.内山完造と日中友好運動［J］.人文学研究所報，2022(67).

［51］川崎真美.“引揚げ打合せ代表団”内山完造の中国訪問(1953 年)［J］.人文学研究所報，2022(67).

［52］柳澤和也.《花甲録》における内山完造の三田忠幸評に関する考察［J］.人文学研究所報，2022(67).

［53］中村みどり.大東亜文学者大会をめぐる交渉の力学：内山完造の関わりと“二本建”論［J］.人文学研究所報，2022(67).

［54］内山籬.内山完造の自筆文書について(2)［J］.人文学研究所報，2023(69).

［55］柳澤和也.上海滞在時の日常的事象に対する内山完造の視座：《花甲録》の読解を通じたアプローチ［J］.人文学研究所報，2023(69).

后　记

　　本书以笔者留日期间撰写的博士学位论文及主持完成的国家社科基金青年项目"近代中日文化沟通的'媒介者'内山完造研究"（批准号：16CWW014）结项成果为基础，经系统修改增补完成，同时获得上海外国语大学学术著作出版专项经费（中央高校基本科研业务费）资助。

　　回首求学之路，本科阶段上海外国语大学的日语专业培养，使我打下坚实的日语语言文学基础。在日本攻读硕士、博士时，我对日本产生了更直观的体验，对日本文化有了更深入的认知。博士导师大桥毅彦教授，将我从日本近代文学研究引进了中日文学关系研究的大门。在他的言传身教中，我感受到日本学者对一手资料的重视态度和严谨的科研精神。尽管他们的学问所涉及的研究对象或许并非多么"高大上"，然而，他们却进入每一个值得深入研究的对象内部，挖地三尺，鞭辟入里。如此研究令人倍感踏实，我也对此做派乐此不疲。诚挚感谢以大桥毅彦老师为核心，由竹松良明、木田隆文、赵梦云、渡边琉璃等教授组成的研究团队，以及共同开展研究的高纲博文、和田博文、孙安石等教授，为我的研究提供了不可或缺的一手日文报刊资料，并提出了宝贵的建议。

　　依稀记得我在日本的大学图书馆连日查看日文报纸微缩胶卷，逐卷放入仪器，逐页翻看版面，逐字辨析文字，终有一日竟晕倒在浴室。我在读博期间利用暑假到上海图书馆和徐家汇藏书楼查阅资料，直到闭馆都舍不得离开的场景也历历在目。其实，日本求学早期，我在坚持学习研究的主业之余，还曾"不务正业"。从起初的中文教师、中日口译等兼职，到后来接触五彩斑斓的文艺界，从事日本广播电台主持人等媒体行业的工作以及配音、话剧等各种"副业"。这些经历为我在平淡的学习之余增添了一丝乐趣、几分历练和对日本社会的全方位认知。

忆昔抚今，我自博士毕业回国从事日语学科的教学科研工作已十载有余。我致力于与国内学界接轨，在先后承担的国家社科基金青年项目、一般项目、上海市哲学社会科学规划课题等课题研究及期刊论文发表等方面，得到了陈子善、陈祖恩、程洁、郭勇、胡开宝、黄乔生、李晶、李征、刘婷、罗岗、马场公彦、马军、秦刚、孙尧天、谭晶华、王升远、王锡荣、王晓平、汪涌豪、徐静波、徐明真、周异夫、朱康等专家学者的大力帮助和勉励指导。其中几位在我留日求学时已为我指点迷津，在此深表谢意，若有疏漏，还请见谅。

衷心感谢上海交通大学出版社张冠男主任及各位同仁的精心编辑，没有他们的辛勤付出，就没有这本书的诞生。同时感谢现任职单位上海外国语大学日本文化经济学院院长、启蒙恩师高洁教授的伯乐之恩，以及前任职单位太原理工大学外国语学院原院长刘兵教授的悉心栽培。我作为学界小辈，在今后漫长崎岖的学术道路上，唯有笃行致远，砥砺前行。最后感谢我的父母对我多年的无私奉献与默默付出，在物质上为我提供了无忧的成长环境，在精神上对我学业和事业大力支持，他们就是我最坚强的后盾。感恩之心，无以言表，在此敬请各位专家学者指正包涵。

吕慧君

2024 年 12 月

于上海云深轩